JESÚS CALLEJO

El gabinete de las maravillas y los misterios

Los 101 objetos más asombrosos de la España insólita

Con ilustraciones de
Marcos Carrasco

ALMUZARA

Primera edición: abril de 2025

Editorial Almuzara • Enigma
Editora: Ángeles López
Corrección: Jorge Fernández Cienfuegos
Maquetación: Joaquín Treviño

www.editorialalmuzara.com
pedidos@almuzaralibros.com - info@almuzaralibros.com

Editorial Almuzara
Parque Logístico de Córdoba. Ctra. Palma del Río, km 4
C/8, Nave L2, nº 3. 14005 - Córdoba

Imprime: Liberdúplex
ISBN: 978-84-10527-34-8
Depósito legal: CO-680-2025
Hecho e impreso en España - *Made and printed in Spain*

Índice

Prólogo: ¿Qué es la magia?

Sencilla pregunta, difícil respuesta. No me refiero a la magia del ilusionismo de asombro y aplauso; tampoco a la de videncias impostadas e interesadas. ¿De qué hablamos, entonces? Quizá de una sensación. Posiblemente de un anhelo. Quién sabe si la *magia* bien entendida es una chispa, la que uno siente cuando vemos por primera vez a ese retoño, sangre de nuestra sangre, que acaba de llegar al mundo. O por qué no mencionar ese momento electrizante en el que dos almas que se complementan se miran a los ojos, conectan rápidamente y se dan cuenta de que lo suyo es un amor a primera vista. Qué complicado es explicar aquello que no puede transmitirse con palabras. Qué arriesgado es poner coto a aquello que nunca comprenderemos...

Puede que sea todo lo señalado a la vez o que, realmente, estemos en una vorágine, en un eterno retorno irrompible que, como un uroboros sin final, no lleva a ninguna parte. Única y exclusivamente tenemos una certeza inamovible: que la magia bien comprendida existe, bulle libre, y que, en cualquier instante, puede pasarnos algo increíble, algo mágico. Por ese motivo, la perseguimos, la buscamos hasta la saciedad, removemos Roma con Santiago para poder hacerla nuestra cada vez que nos plazca. Sin embargo, cuando estamos convencidos de tenerla entre las manos, bien agarrada, como si fuésemos capaces de explicarla y controlarla, se escapa como si nada: la magia puede ser acechada, diría incluso que oteada, pero en ningún caso alcanzada. A fin de cuentas, es como el alquimista que dedica una vida entera a buscar la piedra filosofal y jamás consigue la ansiada transmutación. Es como aquel héroe clásico que, tras completar doce trabajos, se va del mundo sin poder disfrutar de su merecido hueco entre la divinidad. O también recuerda a la historia de aquel científico loco de Ingolstadt que, jugando a ser Dios, insufló vida de la nada sin saber que su propia creación se volvería en su contra. La magia nos demuestra nuestra finitud, disfruta estando un poco más allá como una ciudad legendaria en mitad de tierras inexploradas.

De alguna forma, la magia bien manifestada puede ser también ese sentimiento que nos recuerda que somos humanos; los mismos a los que, por muchas fronteras que rompamos y por muchos muros que derrumbemos, siempre nos queda algo por explicar. Como leen, a estas alturas seguimos sin haber sido capaces de proponer, ni tan siquiera dilucidar, una posible definición ante tan magno término. Y es que, por mucho que nos empecinamos en fanfarronear sobre que somos la maravilla de la creación, estamos profundamente limitados. Hay detalles que se nos escapan: existen procesos «mágicos» que nos están vedados de manera inherente. Aunque, ¿cómo nos enfrentamos a ellos? ¿Qué métodos seguimos para plantar cara a lo inefable? Sin duda, por medio de lenguajes que sí comprendemos. La metáfora, el cuento, la moraleja, el mito o la leyenda se convierten en armas con las que luchar frente a aquellas realidades que no se nos han concedido. Y, dentro de esa amalgama de instrumentos defensivos, uno de esos clavos ardiendo al que nos agarramos cuando surge lo inenarrable es la materialización; es decir, recurrimos a elementos materiales, palpables que nos permitan acercarnos a ese estado superior desconocido. Es en esto último donde entran en juego los objetos con tintes mágicos, como puede ser esa pieza que despierta gran veneración por parte de una determinada comunidad, ese ídolo remoto o ignoto al que se rendía pleitesía desde antiguo, aquel amuleto que nos protegería contra todo tipo de veleidades, o aquel artefacto único y extraño que sería núcleo de fenómenos prodigiosos e inexplicables. Pero ¿y si el objeto venerado por tener vinculación con la divinidad, aquel talismán que alejaría váyase a saber el qué, ese tótem que potencia algunas necesidades humanas o el cachivache conectado con leyendas o hechos sobrenaturales nos están mostrando lo mismo, aunque con distinto nombre? ¿Y si todos son ejemplos donde la magia queda camuflada con etiquetas que todos comprendemos y que varían en función del sesgo de cada uno? En todo caso, están ahí, de manera material, física, tangible, y cualquiera puede contemplarlos si se hallan accesibles al público.

De ser así, se podría hablar, por tanto, de objetos mágicos en tanto en cuanto la magia estaría proyectada en ellos; sin olvidar la labor de mediación que realizan como intermediarios que nos ayudan a aproximarnos a incertezas que muy de vez en cuando se dejan sondear. Elementos que, quienes disfrutamos de ir en busca de lo imposible y escrutar caminos sin rumbo fijo, perseguimos con ahínco. Además, dentro de estas piezas también pueden incluirse aquellas que inducen al asombro, esas que solo un quijote en un mundo atiborrado de sanchos es capaz de valorar. Porque, dentro de esa España extraña, fabulosa, acaso pelipúntica en ocasiones, la magia bien dilucidada se oculta tras objetos que no deberían estar en ella. ¿Cómo lo hace? Por medio del instante incomparable que inunda al curioso cuando se topa con uno de estos tesoros transformados en odas al asombro y al deslumbramiento. El sustrato mágico yace latente en aquel que, cuando contempla un objeto extraño, raro o bizarro, primero se sorprende, después se ilumina y finalmente comprende. Porque la curiosidad, como diría un tal Miguel de Unamuno, es la bendita fuente del conocimiento. Pero también el faro que sirve de guía en rutas sin transitar.

Hasta ahora hemos hablado de la materialización de la magia mediante objetos físicos, ya sea por la atribución del prodigio o por la activación de la curiosidad. Sin embargo, otro de los elementos que conforman nuestro armamento para enfrentarnos, siempre en desventaja, ante lo que se nos escapa es la personificación, y también, permítase el «palabro», la mitologización. *Izena duen guztia omen da*, dice el viejo proverbio vasconavarro para designar que «todo lo que tiene nombre existe». Hoy en día, el Basajaun ya no toca su cencerro en mitad de los bosques de Euskadi y Navarra. En la actualidad, en el norte de Extremadura ya no se culpa al Entiznáu, ni en Asturias se señala a un *nuberu* cuando una fuerte tormenta desata el caos en tal o cual región. O también, en los tiempos que corren, los martinicos castellanos ya han dejado de ser los bromistas que eran. El mundo que conocemos, en el que las hadas agonizan y los duendes espiran hálitos moribundos, cualquier recuerdo a los personajes mágicos es una bomba de oxígeno para el sustrato, la raigambre, los cimientos de una comunidad, que veía en dichas figuras míticas el parche ante situaciones que ocurrían, sí, pero que demostraban lo finito que es el hombre. Por tanto, ¿por qué no convertirlos en eternos antes de que el angustioso boqueo que sufren nuestros personajes míticos derive en un trágico final? ¿Por qué no darles, antes de que dejen de ser nombrados (y por ello, su existencia se esfume), un pequeño rincón, un recinto singular en una plaza o calle mayor en aquellas poblaciones donde han cobrado vida? No hay que pasar por alto que gran cantidad de pueblos y municipios de España son recordados gracias a sus seres mágicos y míticos. Solo hay que ojear los posibles candidatos de la UNESCO para ser Patrimonio Cultural Inmaterial de la Humanidad y ver que el jienense lagarto de la Malena está en la lista; únicamente hay que hacer una búsqueda en Internet sobre Liérganes, y lo primero que nos aparece de la bella localidad cántabra es la historia, con estatua incluida, de su hombre pez; o basta con hacer un pequeño rastreo en redes sociales para darse cuenta de que uno de los puntos más fotografiados de la comarca extremeña de La Vera es, con permiso del monasterio de Yuste, el monumento dedicado a la legendaria y verata serrana.

Aun así, y como queda patente, hay muchas formas de intentar dar luz a lo inalcanzable, a aquello que ni con palabras ni con hechos puede ser expresado. Si no, ¡vaya magia de pacotilla! Sin embargo, de haber alguien que pueda vislumbrar, incluso otear, esa vertiente indescifrable que nos rodea, esa persona tiene nombre propio: empieza por «Jesús» y acaba por «Callejo». Porque nadie mejor que Jesús Callejo para hacer de cicerone por la España mágica. Nadie mejor que él para conocer esos objetos de nuestro país en los que lo mágico palpita con fuerza, ya sea en materializaciones de lo sobrenatural o por medio de elementos curiosos que despiertan la capacidad de asombro. Nadie mejor que él para guiarnos por enclaves de leyenda donde el diablo haría de las suyas, donde santos imposibles alimentarían códigos velados o donde el aliento de criaturas y seres mágicos aún sería insuflado por aquellos que son conscientes de su legado. Jesús es quien mejor puede adentrarse en terrenos encantados donde la maravilla cobra forma. Nadie mejor que él para escribir lo que viene a continuación…

Álvaro Anula Pulido, escritor, investigador, viajero y buen conocedor de nuestra España mágica e insólita

El collar de perlas de Indra

> «Indra, el rey de los dioses, vive en un palacio magnífico, en el reino de los treinta y tres dioses. Indra tiene muchos tesoros en su palacio y, según las leyendas, entre sus tesoros hay una red.
>
> Ahora bien, ésta no es una red ordinaria. Para empezar, está hecha completamente con joyas. Además, esta red de joyas tiene características maravillosas y extraordinarias. Una de estas características es que cuando se mira a las facetas de cualquiera de las joyas, se ve todas las otras joyas reflejadas en ellas.
>
> Cada una de las joyas de la red refleja a todas las demás, de modo que todas las joyas relucen en cada una de ellas, y cada una reluce en las demás».
>
> Contenido en el *Sutra del loto blanco*

Alan Watts, filosofo británico y estudioso del budismo zen, también describió poéticamente la metáfora de la red de Indra de esta manera:

> «Imagina una telaraña multidimensional en la mañana temprano, cubierta con gotas de rocío. Y cada gota de rocío contiene el reflejo de todas las otras gotas de rocío y, en cada gota reflejada, el reflejo de todas las otras gotas de rocío en ese reflejo. Y así hasta el infinito. Esa es la concepción Budista del universo en una imagen».

Hablemos de objetos morrocotudos

«Detente aquí, viandante curioso, porque aquí verás un mundo en una casa, en un museo: un microcosmos o un compendio de cosas extrañas».

Inscripción en la puerta del gabinete de curiosidades de Pierre Borel (1620-1671)

¡Madre mía! Cuántos cachivaches, imágenes, artefactos, joyas, armatostes, artilugios, aparatos, ídolos, cruces, amuletos, exvotos, reliquias, cacharros, lápidas, pedruscos, estatuas, sarcófagos, chirimbolos y objetos en general nos pueden causar asombro.

Y de todo hay en nuestra España insólita y extraña. Tenemos para dar y tomar. La mayoría de ellos no solo son inauditos, sino también desconocidos. Y ya sabéis lo que dice un viejo adagio: «solo existe aquello que tiene nombre». O, dicho de otro modo, no hay manera más eficaz de ocultar, invisibilizar e incluso negar la existencia de algo que no nombrándolo. Aquí nombraremos estos objetos y diremos dónde están ubicados, para que se vean y, en algunos casos, los toquemos y fotografiemos.

Uno de los aspectos más genuinos y apasionantes en la vida (al menos para un servidor) es buscar esas «cosas» aparentemente insignificantes que forman parte del imaginario popular y que dan sentido a muchas creencias (de antaño y también de hogaño) y a los rituales y fiestas de una población. Es decir, objetos que conforman el pensamiento mágico. Algunos están dentro del ámbito de la laicidad y otros de la sacralidad e incluso de la superstición más genuina e ingenua a la vez.

Objetos que han sido considerados misteriosos o terapéuticos, raros o absurdos, mágicos o poderosos, pero todos ellos relacionados, de una manera u otra, con el *anima mundi* de una nación, en este caso de una España muy bizarra. Se pueden percibir a través de los cinco sentidos, sobre todo de la vista, el oído y el tacto (aunque hay quien usa el gusto y el olfato para estos menesteres).

¿Y por qué morrocotudos? Porque, haciendo honor a la definición de la RAE, tienen que ser extraordinarios en sentido amplio al tener todos ellos cualidades que te dejan pasmado o impresionado por su originalidad, significado y extrañeza. Objetos que incitan a la curiosidad, la cual a su vez motiva y estimula la visita al lugar donde están ubicados. Objetos grandes y minúsculos, cristianos y paganos, ortodoxos y heterodoxos; todos tienen cabida dentro de mi particular gabinete de curiosidades. Un espacio para el asombro. Y los encontramos en el arte, la religión, la arqueología, la biología, la antropología, la geología, la música, etc. Algunos de ellos están considerados talismanes, otros van perseguidos por un aura de malditismo y otros son piezas únicas, símbolos de una localidad o un territorio determinado.

De nuevo acudimos a la RAE que define el objeto de una manera un tanto filosófica al decir que es «todo lo que puede ser materia de conocimiento o sensibilidad de parte del sujeto, incluso este mismo». Y, efectivamente, todos los que vamos a mostrar aquí nos ofrecen conocimiento (a veces oculto) y sentimiento (a veces muy sutil), pues cada objeto tiene adosada una historia sentimental, una vetusta tradición o una leyenda tremebunda, trascendente, fantástica, insólita o ridícula; pero leyenda, al fin y al cabo.

No entrarán en nuestro gabinete las pinturas rupestres ni los monumentos megalíticos como dólmenes o menhires ni los templos ni los seres que estén vivos (incluidos árboles y flores). Descartaremos también la mayoría de las reliquias católicas, al igual que sus momias o los cuerpos incorruptos de personajes elevados a los altares, pues sería caldo de cultivo de otro libraco. Por tanto, no leeréis nada sobre el cáliz de Valencia, la cruz de Caravaca, el Santo Rostro de Jaén o la momia de san Isidro Labrador, por ejemplo.

Haré una excepción con algunas reliquias rocambolescas que rebasan el campo de la credulidad y entran en el mundo de la imaginación portentosa. Porque hay reliquias (sean de hueso, metal, piedra, madera o tela) que se salen de lo ordinario y se convierten en extraordinarias al funcionar como un talismán, en la creencia de que protegen de calamidades naturales, uniendo a su función primigenia la de conjurar los peligros que amenazan su existencia.

Decía Goethe: «Lo más difícil de ver es lo que está delante de tus ojos». Muchas personas dicen que han perdido su capacidad de asombro, tan común en los niños. De acuerdo con su etimología, el asombro consiste en salir de la sombra e iluminar la mente, descubriendo algo que antes ignorabas, lo cual te provoca una grata perplejidad ante tal hallazgo inesperado.

Eso espero: que os asombréis. Mientras estrenemos el mundo cada mañana al levantarnos de la cama, mientras sigamos en la aventura del descubrimiento diario, creo que el asombro será nuestro aliado. Si no te ha sorprendido absolutamente nada durante el día, es que no ha habido día. «Saber mirar es saber amar» es una frase que se repite en la película *Canción de Cuna*, de José Luis Garci (1994), y yo añado que «saber mirar es saber admirar».

Lancémonos de cabeza y sin red al sobresalto de lo diferente, a la magia de lo cotidiano, al misterio de las pequeñas cosas y a la belleza de lo efímero. Conozcamos un poco mejor nuestro folklore. De hecho, la palabra «folklore», usada por vez primera en 1846 por Williams Thoms, significa «el saber del pueblo», como complementario —no contrapuesto— al saber culto u oficial. Y aquí entra uno de mis juegos de palabras o axiomas favoritos: «conocer lo oculto nos hace más cultos».

¿Dónde empezar a buscar? Fácil: ¡fíjate en las «claves en los enclaves»! Por ejemplo, una de estas joyitas está en el monasterio de San Julián de Samos, en Lugo. Este lugar tiene dos claustros, y el más pequeño, apodado el de las Nereidas (por su fuente barroca), fue reconstruido en el siglo XVI con un toque gótico gracias a un cantero monfortino llamado Pedro Rodríguez de Ramberde. Y aquí viene lo bueno: parece que el amigo Pedro no solo era un maestro de la piedra, sino también del buen humor. Además de dejar su autorretrato tallado en granito —porque, ¿quién no quiere inmortalizarse en una bóveda?—, Pedro decidió añadir un toque cómico para la eternidad. En una de las claves que decoran las bóvedas del claustro, este genio talló una inscripción con letras bien grandotas y pintadas de rojo, para que nadie se lo pierda. ¿Y qué dice? Pues nada más y nada menos: «¿QUÉ MIRAS, BOBO?».

Clave de la bóveda del monasterio de Samos donde se lee: «Que miras bobo».

Ahí lo tienes: una lección de historia, arquitectura, sarcasmo y buen rollo en una sola frase. ¿Acaso Leo Messi conocía esta frase cuando le dijo «¡Qué miras, bobo!» a un jugador neerlandés después del tenso partido de cuartos de final que Argentina ganó en los penaltis a los Países Bajos en el Mundial de Catar 2022? No creo.

El caso del chiste de Samos no es único, puesto que en los llamados signos lapidarios que dejaban los canteros en sus trabajos aparecen también frases jocosas, como el recogido por el investigador Ernesto Iglesias Almeida, de la puerta nueva del recinto amurallado medieval de Monforte de Lemos (Lugo), donde localizó una inscripción con estas dos palabras: «TONTO TÚ».

No perdamos de vista nuestro sentido del humor y nuestra capacidad de tolerar lo insólito. Van a desfilar por delante de nuestros ojos reliquias, exvotos, imágenes de cristos, vírgenes y santos, esculturas, bustos, piedras, pedruscos, tinajas, pilas bautismales, lápidas, estelas, cerrojos, campanas, ollas, notas, muñecos, cruces, mantas, sillones, capelos, cráneos, banderas, joyas, manos, jamones, corazones, laringes, serpientes, mapas, huevos, trabucos, espadas, gárgolas, ataúdes, capiteles, herraduras, anillos, bastones, bombas, zurrones, monedas, clavos, vidrieras, aeroplanos, cuernos, zapatos, sombreros, nóminas, meteoritos, bezoares…

No entraré en la veracidad histórica de cada uno de estos objetos, sus historias, leyendas o creencias adosadas a ellos y a cada pieza citada, pero sí en la importancia que han tenido para una determinada zona rural, museo o iglesia. Porque en todo gabinete de curiosidades que se precie no solo veréis objetos, sino también símbolos o elementos icónicos que se asocian a un edificio, a una familia, un linaje, un pueblo, un territorio, una ciudad o incluso un país. Cada uno de ellos, con independencia de su antigüedad o verosimilitud, representa el ser, el estar, el existir y el sentir del *Homo ibericus*.

Damas y caballeros, pasen y vean.

Gabinetes para el asombro

«Es más útil entrar en un museo que hablar
con cien políticos profesionales»

Ryszard Kapuściński

Este afán por coleccionar lo extraño, que tanto sirve para deleitar la vista como para alargar la vida, surge con el descubrimiento de América. Las tierras vírgenes de un nuevo mundo incitan y excitan a conquistadores y exploradores para ir en busca de lo inaudito, de todo aquello que genera asombro y dividendos. Le sigue la circunnavegación de África como intento de establecer nuevas rutas comerciales con Asia, lo cual provoca nuevos descubrimientos de productos y elementos que abastecen gabinetes y museos.

Se multiplica así el conocimiento del planeta y llegan a Europa infinidad de objetos curiosos, plantas, minerales y animales que hay que organizar, clasificar y bautizar. Los gabinetes de curiosidades o cámaras de las maravillas son creados por nobles y eruditos en su ansia por coleccionar todo lo que les resultaba curioso o simplemente bello. Iban en busca de lo exclusivo entre las clases más cultas de la sociedad europea de los siglos XVI y XVII. Es decir, aquellos que se lo podían permitir. Objetos exóticos o fantásticos que formaron un auténtico microcosmos, como si fuera un resumen del mundo a través de piezas y artefactos tangibles bajo el lema de «si no lo veo, no me lo creo».

El rey de España Felipe V ordenó entonces la creación de un gabinete de curiosidades en la Biblioteca Nacional en 1712:

...servirá mucho juntar en la misma Librería las cosas singulares, raras y extraordinarias que se hallan en las Indias y partes remotas,

he resuelto por Decreto del 11 del corriente encargar (como por la presente encargo y mando) a mis Virreyes del Perú y de Nueva España, Gobernadores, Corregidores y otras cualesquier personas, así eclesiásticas como seculares, que puedan concurrir a ello, pongan con muy particular cuidado toda su aplicación en recoger cuantas pudieren de estas cosas singulares, bien sean piedras, minerales, animales o partes de animales, plantas, frutas y de cualquier otro género que no sea muy común

Y ahí reside el germen de muchos museos. Carlos III creó el Real Gabinete de Historia Natural en 1771, que posteriormente pasó a ser el Museo Nacional de Ciencias Naturales de Madrid. Del mismo modo, en Francia, el Gabinete de Curiosidades del rey pasó a convertirse en el Museo de Ciencias Naturales de París. Ambos despertaron la admiración de quienes los visitaban. Con elementos extravagantes que producían una cierta desconfianza: cuernos de unicornios, sirenas disecadas, omóplatos de gigantes, escamas de dragones… Como para escamar a más de uno.

Lo importante es que en estos cuartos de maravillas incluían dos grandes categorías:

- *Naturalia*: objetos de historia natural de los tres reinos:
    - Mineral: fósiles, piedras del rayo, piedras de la leche…
    - Animal: animales disecados, insectos, conchas, bezoares, esqueletos, caparazones, colmillos, animales teratológicos (cabras con dos cabezas), cuernos de unicornio…
    - Vegetal: herbarios, plantas carnívoras…

- *Artificialia*: objetos creados por la mano del hombre que mostrara un gran virtuosismo artístico, técnico o científico: esculturas en madera o marfil de gran complejidad, máquinas con movimiento continuo, autómatas, relojes mecánicos, linternas mágicas, astrolabios, armas, momias…

En otra categoría estaría el Petit Musée d'Alphonse Allais en Honfleur, de ocho metros cuadrados, considerado es el museo más pequeño de Francia. Allí se conserva una auténtica colección de rarezas inventadas que el escritor y pintor Allais acumuló con el paso de los años. Por ejemplo, el cráneo de Voltaire a los 17 años, una taza de té para zurdos o confeti negro para viudas. No es precisamente el tipo de objetos que te encuentras en una colección típica, pero el buen humor de Allais hacía que todo tuviera su lugar.

El aventurero veneciano Giacomo Casanova, en su visita a Toledo, pudo contemplar una colección de rarezas del cardenal Antonio de Lorenzana dentro del Palacio Arzobispal. Así describe en su memorias algunas cosas que vio:

> Nos enseñaron un dragón disecado, lo cual prueba, según me dijo su propietario, que el dragón no es un animal fabuloso; y después del dragón nos enseñaron el basilisco, cuyos ojos en lugar de espantarnos nos hicieron reír. Este serio señor nos enseñó un delantal de masón, asegurándonos que quien se lo había regalado a su padre había pertenecido a la logia.[1]

Si hablamos de coleccionismo excéntrico, Pedro I el Grande, zar de todas las Rusias, se lleva el premio gordo con lazo, borla y todo. Este hombre no coleccionaba sellos ni monedas. Él prefería cosas más... inquietantes: dientes de sus sirvientes, la cabeza de su amante acusada de infanticidio y hasta el cuerpo embalsamado del gigante Nicolás Bourgeois, que medía unos impresionantes 2.26 metros. Y, por si fuera poco, también le daba por recolectar cipotes (sí, eso mismo) de todos los tamaños. Pedro no tenía límites ni filtros ni tabúes.

¿Lo más macabro? Ordenó que todos los niños nacidos muertos con deformaciones fueran enviados a su gabinete de curiosidades. Pero su afán no se quedó ahí: compró a un anatomista holandés, Frederic Ruysch, ¡tres mil fetos humanos! Ruysch era otro personaje a tener en cuenta debido a su obsesión por coleccionar rarezas anatómicas de todo tipo, y que a su vez tenía su teatro anatómico en Ámsterdam donde mostraba dioramas e impartía lecciones anatómico-teológicas a sus estudiantes. El problema de esos tres mil fetos fue que, durante el viaje de estas «piezas» a San Petersburgo, los marineros sedientos se bebieron todo el brandy y alcohol que preservaba los especímenes. Resultado: cuando llegaron, muchos estaban «pasados de fecha». A pesar de todo, sobrevivieron unos 900

1 Casanova: *Historia de mi vida*. Capítulo XII. Editorial Atalanta, 2010.

ejemplares, que aún hoy puedes ver en el Museo Pedro el Grande de San Petersburgo. Eso sí, en su época los rusos eran algo aprensivos con las monstruosidades, así que Pedro tuvo una idea genial: acompañar la visita con un chupito de vodka.

En España, tampoco nos quedamos atrás en cuanto a colecciones estrafalarias. El gallego Argentino da Rocha Alemparte, poseía una colección que incluía el mandil ensangrentado de María Pita, la grasa de un juicio de licántropos y hasta la escoba «voladora» de una bruja famosa. ¿La guinda? Una piedra que, según él, era la que David usó para tumbar a Goliat. ¡Casi nada!

Otro nivel lo alcanza José María Kaydeda, que en su casa en Oleiros guardaba maravillas como hímenes de algunas de las 11000 vírgenes en encurtido, un trozo del prepucio de Jesús (sí, has leído bien) y un clavo certificado por el Vaticano de la cruz de Cristo. Eso sin contar cabezas jíbaras y muñecas vudú. Hoy, su museo solo expone cerámica, pero esperamos que algún día desempolven esas otras piezas para dejarnos boquiabiertos.

Y no olvidemos a Ramos Perera, el que fuera presidente de la Sociedad Española de Parapsicología y de la Sociedad Española de Antropología y Tradiciones Populares, cuya casa tuve el placer de visitar y disfrutar. En ella encontré un auténtico museo etnográfico, lleno de recuerdos de sus viajes, con cruces de todo tipo, libros inencontrables, talismanes de varias culturas y objetos rituales, algunos de los cuales daban auténtico yuyu. O al mago zamorano Paco González, creador del ilusionismo ritual, que mezcla magia y antropología con una colección que incluye piezas de todo el mundo. Finalmente, en el Castillo Encantado de Trigueros del Valle, el artesano Juan Villa ha creado un gabinete de curiosidades lleno de máscaras aztecas, papiros egipcios, autómatas diabólicos, el cráneo de san Benito de Nursia, el busto de Nefertiti, la Dama de Elche o un guerrero de Xi'an. Para no perdérselo.

Así que, si buscas un viaje por lo extraño y lo insólito, España tiene lo suyo. Empezando por el Museo de la España Mágica ubicado en Toledo, que tiene en sus vitrinas no solo una síntesis de nuestro pensamiento mágico, sino también una colección de objetos que nunca dejan de sorprender y maravillar.

I.
Cosicas que dan yuyu (muertos, diablos y maldiciones)

Te perseguiré por los siglos de los siglos.
No dejaré piedra sin remover
Ni mis ojos horizonte sin mirar.

Dondequiera que mi voz hable
Llegará sin perdón a tu oído
Y mis pasos estarán siempre
Dentro del laberinto que tracen los tuyos.

Se sucederán millones de amaneceres y de ocasos,
Resucitarán los muertos y volverán a morir
Y allí donde tú estés:
Polvo, luna, nada, te he de encontrar.

«Maldición» de la poeta colombiana María Mercedes Carranza

1.
LA CRUZ DE LOS ÁNGELES (ENTRE EL MILAGRO Y EL MALEFICIO)

Ubicación: Cámara Santa, catedral de Oviedo.

Si alguna vez habéis oído hablar de un aquiropoetay pensasteis que era un plato griego, no os preocupéis. Significa que algo fue «creado por manos no humanas», lo cual es una manera elegante de decir: «Esto lo hizo un ángel en un ratito libre».

Pues bien, la famosa cruz de los Ángeles de Oviedo entra en esta categoría, porque, según la leyenda, no fue obra de unos simples orfebres, sino de un par de seres celestiales disfrazados de peregrinos.

La cruz de los Ángeles.

La historia empieza con Alfonso II el Casto, allá por el año 808 (o 846, según cómo contemos los años medievales). Este buen hombre quería donar una cruz de oro a la iglesia de San Salvador, pero entre guerras, misas y la vida medieval, ni tiempo ni dinero tenía. Hasta que un día, dos peregrinos muy sospechosamente talentosos se ofrecieron a fabricar una cruz divina. Y Alfonso, en lugar de pedirles un currículum o echarlos a los leones, les dio oro, piedras preciosas y madera para que trabajaran. Así, sin más.

Para asegurarse de que no lo estaban timando, mandó a unos espías (o amigos cotillas) a vigilar. Lo curioso es que no vieron nada más que un resplandor cegador que salía por la cerradura. Cuando el rey decidió abrir la puerta, ¡puf! Los peregrinos se habían esfumado y en su lugar estaba la cruz reluciente como un premio de lotería celestial. Una cruz de esta categoría no podía quedarse sin leyendas y sin maldiciones. Ni tampoco el arca donde estaba contenida junto con otras reliquias.

Ningún rey astur se atrevió a abrir el Arca Santa por temor a una maldición que corría de boca en boca. Uno de los chismorreos era que en el año 1035 el obispo Ponce abrió el Arca para ver lo que albergaba, y él y algunos de los abades y clérigos que lo acompañaban quedaron ciegos a causa del resplandor que salió de ella. Hasta que llegó el aguerrido Alfonso VI y lo hizo cuarenta años después delante de su corte (incluido el Cid Campeador) para que hubiera testigos. Antes «mortificaron sus cuerpos aún más de lo que era costumbre en tiempos de cuaresma», asistieron a misa y «a la hora tercia del día tercero de los idus de marzo» (nueve de la mañana del 13 de aquel mes) se dirigieron hacia el arca «entre cánticos de salmos».

Era el 13 de marzo del año del Señor de 1075. La abren «en medio de gran temor» y… no pasó nada. A nadie le dio un soponcio. Lo que hallaron fue un revoltijo de reliquias de lo más variopintas y así lo expresa el documento que se conserva en la catedral:

> Del leño [de la cruz] del Señor, de la sangre del Señor, del pan del Señor, esto es, de su Cena, del sepulcro del Señor, de la tierra santa sobre la que estuvo el Señor, del vestido de Santa María y de la leche de la misma Virgen y Madre del Señor, del vestido del Señor dividido a suertes y de su sudario, reliquias de San Pedro apóstol, de

> Santo Tomás... (se cita a varios santos incluido Cucufate)... y de otros muchísimos, cuyo número sólo la ciencia de Dios abarca.

Por otra parte, en el reverso lleva una inscripción que suena a amenaza de película de terror:

> Quien se atreviere a arrebatarme, excepto donde mi libre voluntad me dejaré, sea muerto por el rayo divino. Con este signo se protege al piadoso, con este signo se vence al enemigo.

Es tan potente esa frase que sirvió en el futuro como lema para los reyes asturleoneses: *hoc signo tueturm pius, hoc signo vincitur inimicus.* Que viene a significar: «Con este signo serás protegido, con este signo será vencido el enemigo».

¿Se ha cumplido esa maldición? ¿Alguien ha osado robarla?

Pues sí. En la noche del 9 al 10 de agosto de 1977, la Cámara Santa fue expoliada: un ladrón se llevó, dejándolas maltrechas, las piedras y metales preciosos de la cruz de los Ángeles, la cruz de la Victoria y la caja de las Ágatas. Cuando los religiosos llegaron al escenario vieron la cruz de los Ángeles rota y sin las piedras preciosas, la cruz de la Victoria destrozada y la caja de los Ágatas lo mismo, con la verja abierta. Y sin alarma, en aquellas fechas. El titular del diario Ya fue de lo más expeditivo: «una ofensa a todo el Estado español»

El día 19 apareció en Puente Borja (Ourense) un cofre con 1.5 kilos de oro y 251 piedras preciosas. El ladrón no sabía de la maldición, así que su suerte estaba echada. Se llamaba José Domínguez Saavedra. Lo cazaron con las manos en la masa en Oporto el 13 de septiembre. Otra parte de lo robado apareció en una escombrera de Gijón. El ladrón se enfrentó a un juicio muy mediático en mayo de 1978 en la Audiencia Provincial de Oviedo. Cumplió diez años de prisión. La maldición no termina aquí. Poco después de su salida fue condenado por la muerte de dos turistas portugueses y encarcelado de nuevo en A Lama (Pontevedra), donde se le pierde la pista.

Moraleja: mucho ojo con robar o maltratar objetos de poder con aureola divina, porque no solo están protegidos por sistemas naturales de seguridad terrenales, sino también sobrenaturales. Si el rayo divino no te atrapa, seguro que el sistema judicial sí lo hará.

2.
¿UNA MUÑECA MALDITA EN ANTEQUERA?

Ubicación: Museo de la Ciudad de Antequera, Málaga.

¿Sabíais que Antequera tiene su propia Annabelle? Sí, una muñeca de porcelana que no solo se lleva los *flashes* (ahora no, porque están prohibidos en los museos), sino también la culpa de arruinarle la vida al pintor José María Fernández Rodríguez. A pesar de sus apellidos tan comunes, su vida fue de todo menos común. La historia suena a película de terror, pero podría ser solo un *remake* del drama humano aderezado con un toque de leyenda.

Vamos por partes. José María, nacido en 1881 (el mismo año que Picasso, aunque con algo menos de *marketing*), empezó siendo un pintor prometedor. De joven, viajaba por Europa aprendiendo técnicas pictóricas, recolectando arte y, al parecer, muñecas raras. Una de ellas, adquirida en 1909 en la fábrica Lehmann de Barcelona, parece haber sido el detonante de su desgracia. Y ojo, porque esta fábrica no era cualquier lugar: estaba construida sobre un cementerio de monjas. Sí, como *Poltergeist*, aunque en versión convento.

A partir de ahí, y a su regreso a Antequera en 1913, la vida de José María se convirtió en un carrusel de aventuras y desventuras. En 1914 nacía su tercer hijo, una niña, María Dolores. Se endeudó, las pasó canutas con las intransigencias burocráticas y las enfermedades empezaron a asomarse. En 1917 nace su cuarto hijo Leocadio, y se enfrenta a su primer trago amargo al morir su esposa Rosario en ese mismo año, seguida por tres de sus cuatro hijos, en una sucesión de eventos tan desafortunados que parece que el universo tuviera algo personal en su contra. Cuatro meses después de la madre, murió Leocadio, en el invierno de 1925 le tocó el turno a Emilio, y en 1930, a Dolores. Depresión tras depresión. Para rematar, el único hijo que le quedaba también falleció antes que él, en 1933. Su dolor quedó reflejado en sus obras, que pasaron de temas festivos a paisajes sombríos dignos de la peor pesadilla de Goya.

En sus cartas, como esta de 1933 a uno de sus amigos, lo deja bien claro tras la muerte de su último hijo:

> No he de intentar expresar mi dolor, que Vd podrá medir considerando que este hijo constituía él solo toda mi familia y todos mis afectos y esperanzas. Puede usted figurarse mi desconsuelo y la espantosa soledad en la que he quedado. Soledad absoluta, pues bien conoce usted la aspereza y tosquedad de estos pueblos, en los cuales vive uno, forzosamente, aislado y aparte si no marcha con el rebaño. Tal aislamiento puede ser hasta grato cuando se tiene el dulce calor del hogar donde refugiarse, pero si éste queda totalmente destruido por la muerte, como en mi caso, la vida se hace horrible e insoportable.

Solo conozco un caso semejante de descenso a los infiernos, el del escritor uruguayo Horacio Quiroga, modélico en desgracias personales y familiares. Bueno sí, hay otro caso, y también español.

José María fue alumno de Joaquín Martínez de la Vega, otro para dar de comer aparte, pues su biografía está repleta de desdichas generadas en muchos casos por él mismo. Era almeriense y pasó casi toda su vida en Málaga. En sus últimos 15 años realizó una febril labor pictórica con temas costumbristas, y al final casi un tema principal y monográfico: eccehomos. Para entonces ya estaba muy desquiciado por el alcohol y los estupefacientes, cuyo consumo lo lleva a la ruina y la enfermedad. Su noche oscura del alma comienza en 1887 con la muerte de su hija de apenas un año. Seis años después, muere su esposa. Pinta entonces otro eccehomo con la siguiente inscripción: «A la memoria de Dolores Casilari, de Joaquín Martínez de la Vega, 1893. Rogad a Dios por su alma». Se sumerge en un estado físico deplorable que le hace cesar en sus funciones de académico y enamorarse de una prostituta llamada Carmen que le contagia la sífilis.

Un no parar de desgracias que culmina con su fallecimiento el 4 de diciembre de 1905 en la más pura miseria. Más solo que Adán en el día del amigo y abandonado en una de las habitaciones del Parador de San Rafael de Málaga.

Esa relación de profesor maldito con alumno desdichado es tan interesante como la historia de las muñecas japonesas. Como si uno hubiera inoculado al otro el mal fario.

¿Y la muñeca? Bueno, ahí seguía, presidiendo la casa con una sonrisa inquietante y, según los rumores, trayendo más mala suerte que un gato negro con sombrero de copa pasando por debajo de una escalera.

El polifacético José María no solo trabajó de pintor, sino también de archivero, investigador de arte y cronista de la ciudad, diseñando la vidriera del cuerpo superior de la Caja de Ahorros de Antequera y consiguiendo que se declarase por fin monumento artístico a la cueva de Menga. Pero económicamente no levantaba cabeza. Sufrió un desahucio y los últimos catorce años estuvo malviviendo en un hotel, hasta que el 12 de octubre de 1947, olvidado casi por completo por sus vecinos antequeranos, muere a los 66 años. A su entierro acudieron escasos amigos.

No obstante, en su testamento el artista legó todas sus obras a su pueblo: «El único amor que me ha quedado ha sido el de Antequera, a la que he consagrado los mayores esfuerzos y desvelos de mi vida: en reconocimiento de este cariño, lego todos mis bienes a la ciudad». Gracias a esa generosa donación, podemos ver muchos de sus lienzos en el museo de la ciudad y comprobar que la supuesta «muñeca maldita» la pintó en tres de sus obras junto con su hija María Dolores.

Uno de los lienzos de José María Fernández Rodríguez
donde se ve a una de sus hijas con la «muñeca maldita».

Lo mejor de todo es que la muñeca se puede ver en la actualidad metida en una urna de cristal. La muñeca adquirió más popularidad cuando en el programa *Cuarto Milenio*, de Iker Jiménez, se le dedicó un reportaje con documentación del investigador José Manuel Frías. Tuvo una gran repercusión para el museo y supuso una campaña de publicidad gratuita.[2]

A través de mi amigo Salva Valverde, obtuve el contacto de Pepe Escalante, el director del Museo de Antequera e historiador del arte, y de esta manera pude averiguar que la historia alrededor de este pintor, de su muñeca y de las muertes que se produjeron en su familia podría estar un poco exagerada. Me dijo que es verdad que la época que le tocó vivir fue una muy convulsa en la que muchas personas morían jóvenes a causa de la tuberculosis, la gripe española u otras enfermedades. Lo que no excluye que las muñecas de porcelana tuvieran su protagonismo. Pepe habló en plural, *muñecas*, pues me confirmó que realmente José María compró dos a la fábrica Lehmann. Una la tienen en el almacén en reparación y le faltan algunos trozos. La que está expuesta… me confesó que, ciertamente, da mucho yuyu, y no solo lo dice él, sino casi todo el mundo que la ve.

Le pregunté si había ocurrido algo anómalo desde que la muñeca está expuesta. Me confirmó que nada en especial, salvo cuando se produjo la grabación para el programa de Iker. Hubo un corte de luz inexplicable cuando sacaron la muñeca de su vitrina para ser filmada. Todos los técnicos quedaron muy extrañados, pues nunca había sucedido algo así.

Otro dato curioso es que, cuando estaba hablando por teléfono con Pepe Escalante, una señora que estaba de visita en el museo en ese preciso momento, dio un trompicón y cayó al suelo sin mayores consecuencias. Pepe y yo bromeamos sobre esta curiosa sincronicidad y los efluvios malditos en el ambiente por el mero hecho de hablar de la muñeca…

El museo no solo presume de poseer esta muñeca, sino también del llamado Efebo de Antequera, una joya de bronce, y un ídolo hermafrodita en forma de violín que se enterraba para pedir fertilidad. Sí, porque después de hablar de muñecas malditas, lo suyo es cerrar este capítulo con un guiño arqueológico erótico-festivo.

---

2 José Manuel Frías: Málaga sobrenatural. Almuzara, 2021.

3.
«¡VAMOS A TIRAR DE LA MANTA!»

Ubicación: Museo de Tudela, Palacio Decanal, Navarra.

Cuando alguien dice «vamos a tirar de la manta», la cosa promete desvelar secretos turbios, escándalos en el aire... Esta frase no nació en un despacho ministerial o empresarial lleno de papeles confidenciales, sino en Tudela, donde las mantas no servían para el frío, sino para calentar las habladurías.

Según la RAE, «tirar de la manta» significa descubrir algo que alguien preferiría dejar bien guardado. Su origen está ligado a los judíos conversos de finales del siglo XV, una época en la que la integración social no era precisamente inclusiva. Tras la expulsión de los judíos en 1492, muchos huyeron a Navarra, donde encontraron un respiro temporal. Pero cuando el reino navarro también les cerró las puertas en 1498, a los que no les quedó más remedio que quedarse, les tocó cambiar religión, apellido, tradiciones... ¡y hasta su identidad!

A pesar de estos esfuerzos, el recelo de los cristianos viejos hacia los cristianos nuevos seguía a tope. ¿La solución? Crear un registro VIP al revés: la Manta. En estos lienzos se anotaban los nombres de los conversos, sus oficios y, por supuesto, los motivos de condena. Era el Facebook medieval sin privacidad: te inscribían, te colgaban en la iglesia y todo el pueblo podía dar al «me gusta» o criticarte en voz alta.

En Tudela, la Manta se convirtió en la más famosa del panorama, con casi doscientos nombres inscritos. Según el historiador José Antonio Llorente, en la parte superior aparecían unas llamas pintadas (no para darte calor, sino para recordarte el fuego del infierno), y en la inferior, los datos de los «mantudos», esos desafortunados cuya fama quedaba chamuscada para la eternidad.

Decir que tu familia tenía un mantudo entre sus ancestros era la peor amenaza social de la época. La frase «tirar de la manta» nació justo de ahí, de insinuar que alguien podría desenrollar ese tapiz de secretos familiares y destruir reputaciones en un abrir y cerrar de ojos. Será Julio Caro Baroja quien nos diga que de estos lienzos nació la costumbre de ir a las sacristías para desenrollar el tapiz y ver así quiénes tenían orígenes judíos. La Manta de Tudela estuvo colgada en 1610 en la capilla del Cristo del Perdón de la catedral. Sí, es verdad, es una fecha muy tardía, puesto que ya había transcurrido más de un siglo desde que los judíos fueron expulsados de Navarra.[3]

Estos lienzos expurgatorios se colgaban en iglesias y catedrales de España, siendo la más famosa la Manta de Tudela, y no solo por la cantidad de nombres allí incluidos (casi doscientos), sino porque hasta 1750 no se descolgó.

La expresión se hizo tan popular que aparecía en algunas coplillas de finales del siglo XIX, como la siguiente:

Tú me estas dando lugar
de que eche la capa al toro
y que tire de la manta
y se descubra todo.

Observando con detalle la actual manta tudelana y sus nombres.

3 Julio Caro Baroja: *Los Judíos en la Edad Moderna y Contemporánea*, 1986.

Si la queréis descubrir, id al museo de Tudela. Con la entrada se puede ver el claustro y la catedral. En una de las salas del claustro, dedicada a objetos judíos de una sinagoga, la podéis ver. Es copia de la original (aunque no es exactamente la Manta en la que aparecía el nombre y el delito). Lo que podemos ver en color carmesí es en realidad la reproducción del padrón histórico de conversos de Tudela del año 1510, compuesto por los cabezas de familia judíos que fueron bautizados en 1498 cuando la mayoría de ellos se tuvieron que marchar de España. En el año 1510, viendo que la situación social se ponía fea contra ellos, a pesar de que oficial y aparentemente se habían convertido al cristianismo, quisieron dejar mejor constancia y pactaron el pago de un tributo a la corona de Navarra, con el objetivo de garantizar su protección, seguridad e inmunidad contra las posibles acusaciones de la Inquisición.

Este lienzo se utilizó con una doble función. Por una parte, como prueba en los procesos de limpieza de sangre (tanto de cristianos viejos como nuevos); por otra, para tener acceso a diversos puestos y oficios. El precio a pagar por una familia para poder estar en esta lista, padrón, nómina o manta era de seiscientos cincuenta ducados. No todos se lo pudieron permitir. Vamos, la manta era tan útil como el certificado de un curso *online*, pero mucho más caro.

4.
LA MANÍA DE «COLGARLE A UNO EL SAMBENITO»

Ubicación: Museo Diocesano de Tui (Pontevedra).

Si alguna vez te han culpado de algo que no hiciste, felicidades: te han colgado un sambenito. Pero no te preocupes, que en la Edad Media era mucho peor. La expresión tiene su origen en los tiempos de la Inquisición y la feroz persecución a los herejes.

Según la RAE, el sambenito era una prenda humillante que los penitentes reconciliados por el tribunal inquisitorial debían lucir. Imagínate llevar puesto un «saco bendito» (de ahí el nombre) decorado con cruces rojas o aspadas, como si fuera la última tendencia en moda penitencial. La cosa no se quedaba ahí: el sambenito también se colgaba en las iglesias, cual cartel de «se busca», para que todo el vecindario supiera lo malo que habías sido. Una humillación para uno y para el resto de la familia. También llamada tortura psicológica.

El procedimiento estaba tan bien organizado que los inquisidores pasaban revisión periódica, como si se tratara del mantenimiento de un museo.

El 21 de mayo de 1594, el obispo Pedro de Castro consiguió obtener un real decreto para quitar los sambenitos de penitenciados que la Inquisición iba colocando en las paredes de la catedral de Granada. Argumentó que, además de distraer a los fieles, la abundancia de cartelones (o mantetas) de los condenados de autos de fe deslucía y afeaba la brillantez de la que se erigía como la catedral renacentista más imponente de España.

La manía de «colgarle a uno el sambenito».

En Galicia tardaron un poco más. En Tui es donde puedes ver los únicos sambenitos originales que se conservan en toda Europa. Cinco paneles, catorce sambenitos y una buena dosis de drama psicológico e histórico. Las personas señaladas en estos sambenitos son trece mujeres y un hombre. Todos ellos con lazos de parentesco o de amistad con una misma familia: los Coronel, importantes banqueros y mercaderes de origen judío. Los miembros de esta familia vivían en Tuy y en su comarca a mediados del siglo XVI. Un miembro de esta familia, Francisco Coronel, fue nombrado canónigo de Tuy por el papa Clemente VIII, lo cual levantó ampollas, conllevó no pocos conflictos y motivó muchas investigaciones para acusar a los Coronel de herejes judaizantes.

Tener un sambenito en la familia impedía matrimonios. De hecho, un enamorado llegó a descolgar el sambenito de la familia de su amada para así casarse. Impedía ocupar determinados cargos municipales, eclesiásticos y académicos, condicionaba amistades y negocios, conllevaba todo tipo de mofas, befas y escarnios…

Los sambenitos de Tui estuvieron expuestos cerca de la catedral durante dos siglos, hasta que cayeron en el olvido. Décadas después, en los años ochenta, un historiador tudense los encontró en forma de polvoriento rollo de tela entre viejos libros litúrgicos, estolas descoloridas y variados ornamentos eclesiásticos. Un tesoro histórico que vale mucho más que el dinero.

Hoy, doce de ellos se exhiben en el segundo piso del museo, mientras que otros dos están de viaje en Santiago de Compostela. Si te animas a visitarlos, la entrada cuesta solo un euro. Vamos, una ganga para echar un vistazo a la moda más infame de la historia.

5.
LA DIABLESA QUE NO PUEDE ENTRAR EN LUGAR SAGRADO

Ubicación: vestíbulo del ayuntamiento de Orihuela (Alicante).

¿Alguna vez has visto a un demonio haciendo turismo en Semana Santa? En Orihuela, sí. Y no cualquier demonio: es la Diablesa, una auténtica *celebrity* de la iconografía religiosa.

Después de recorrer procesiones por toda España, te das cuenta de que en ninguna otra desfilan pasos con un toque infernal. Pero Orihuela, tierra de poetas como Miguel Hernández, no podía ser menos que original. Aquí tienen a la Diablesa, una escultura única y, digámoslo claro, un poco escandalosa para su época.

Creada en 1694 por fray Nicolás de Bussy, escultor de lujo que pasó por Roma, Madrid, Valencia y Murcia antes de asentarse, dejó en Orihuela esta obra que combina simbolismo barroco con un puntito provocador. Porque, seamos sinceros, ¿a quién se le ocurre tallar un demonio con pechos, alas de murciélago y cara lasciva en pleno fervor católico del siglo XVII? Pues a Bussy, que además cobró ochocientas libras valencianas por el capricho. Todo un negocio.

La escena es un despliegue de moral barroca: una cruz rodeada de angelotes sobre un mundo pecador donde nuestra querida diablesa está rodeada de una serie de objetos con un profundo significado teológico. La cruz está apoyada sobre el planeta Tierra, donde impera el pecado y la muerte. Asimismo, ella está tumbada con piel oscura, cara de lascivia, provista de pechos, desnuda para más señas, con una serie de elementos. Nada está dejado al azar:

La Diablesa que no puede entrar en lugar sagrado.

- Una manzana en la mano que representa la tentación de Eva y el pecado original.
- La diablesa está apoyada en un libro abierto, que para unos haría alusión *al pasaje del Génesis que recoge el relato del fruto del árbol del bien y del mal, por el cual se introdujo el pecado en el ser humano*; para otros, representa los libros apócrifos o prohibidos por la Inquisición.
- Un esqueleto blanquecino a su lado, apoyado sobre un reloj de sol, que ya os podéis imaginar que es una referencia al «recuerda que vas a morir».

Tres metros de altura para representar una alegoría perfecta de las tentaciones diabólicas, tal como se entendían en el siglo XVII. Fruto del barroquismo y de la Contrarreforma, es decir, señalando el triunfo sobre los tres enemigos del alma: el mundo, la carne y el demonio.

Y aquí viene lo bueno. ¿Sabías que la Diablesa tiene una especie de maldición añadida? Aparte de aterrorizar a los niños de varias generaciones, tiene el veto de acceso a lugar sagrado, o sea, que no puede estar dentro de una iglesia o en cualquier templo católico. ¿El motivo? Su carácter satánico y el mal rollo que puede dar su contemplación. Pero esto no es así desde el siglo XVII, sino muy posiblemente desde finales del XIX, y definitivamente tras la Guerra Civil.

La tradición manda que, en la procesión del Santo Entierro, cuando todos los pasos entran triunfales en la catedral, ella se quede fuera, como un menor de edad intentando entrar a una discoteca.

Por supuesto, ha tenido su dosis de drama histórico. En el año 1706 muere Nicolás de Bussy, y durante la guerra de sucesión, el fuego produce muchos desperfectos en su obra, especialmente en la cruz, ángeles y esqueleto, por lo que se tuvo que reparar y renovar en 1712. Hubo más destrozos posteriores. El escultor José Sánchez Lozano la tuvo que restaurar tras la Guerra Civil. Citando al escritor J. Orts Román: «el paso quedó mutilado porque el esqueleto fue usado por un maestro de escuela para dar clases de anatomía». Alguna costilla sufrió las consecuencias de tanto desbarajuste.

Más tarde, fue restaurada y relegada a varios rincones hasta acabar protegida tras un cristal en el ayuntamiento. Lo de volver a un lugar más solemne, como el Museo Arqueológico de San Juan de Dios, parece un sueño pendiente.

La Diablesa de Orihuela tiene dos lecturas: una religiosa y otra esotérica. La primera es bastante clara: nos muestra el triunfo del cristianismo sobre las tentaciones terrenales. La segunda interpretación correspondería al triunfo de la alquimia. Se desarrolla en el libro *Vida y obra del adepto Nicolás de Bussy. Arquitecto y escultor barroco amante de la alquimia (1650-1706)*, escrita por Tomás y Manuel Martínez Blasco (1922). Es una interpretación farragosa en la que el crisol, figurado en la cruz, triunfa convirtiéndose en la piedra filosofal después de pasar por la materia oscura (o la piedra sin pulir), para conseguir la quintaesencia. El crisol era el gran alambique esferoide de los alquimistas donde la materia prima se transformaba en el Opus Magnum, la Gran Obra.

Será por teorías.

Ojo al dato, hay otras diablesas, pero no procesionan en Semana Santa. Están relacionadas con la festividad y la leyenda de san Bartolomé (el 24 de agosto) como ocurre en Valverde de Leganés (la fuga de la Diabla), en Montoro (La Diablilla) o en Buenavista del Norte (La Diablita).

6. LA CANINA VS. LA CHACHA (¿QUIÉN DA MÁS DENTERA EN SEMANA SANTA?)

Ubicación: Hermandad del Santo Entierro, en Sevilla y en Jerez de la Frontera (Cádiz).

Si creías que las procesiones de Semana Santa solo eran cosa de pasos solemnes y extrema devoción, te invito a conocer a la Canina y a la Chacha, dos esqueletos con más presencia que un DJ en pleno festival de primavera.

En Sevilla, la Canina es un clásico de la muerte pelona, o como le gusta a la gente llamarla, la «chica del esqueleto pensativo». Su guadaña está lista para cortar lo que se le cruce, y el planeta Tierra parece ser su banco personal. Pero ojo, la serpiente que lleva la manzana en la boca no es para comer, sino para recordar el pecado original. En resumen, esta procesión del Sábado Santo lleva en su seno un mensaje tan esperanzador como una resurrección: *mors mortem superavit* («la muerte vence a la muerte»). Aunque el pobre esqueleto parece más preocupado por la cuenta de la luz que por su papel en la salvación del mundo.

Y en cuanto al nombre de «Canina», que surge en 1797, se atribuye su origen a la guasa sevillana. Pepe Peregil, en una saeta, le dedicó estas palabras: «Ay, Canina, cuanto te quiero, pero como te hace falta, un buen caldo del puchero».

Por otro lado, en Jerez de la Frontera, la Chacha ha llegado para ponerle competencia a la Canina, también con un esqueleto en la cabecera de la procesión. Lo de «Chacha» viene de muchacha (sí, muy sutil), y en 2023 esta figura del Sábado Santo se hizo famosa al desfilar por sus calles, a pesar de que fue realizada en el siglo XVIII por un autor anónimo que brindó a Jerez una imagen que no se veía procesionar desde hacía más de setenta años. El esqueleto de la muerte va sentado sobre una roca y lleva apoyada la cabeza sobre su mano derecha, sosteniendo sobre la izquierda la guadaña de plata. Detrás de ella, la cruz que tiene colgada la sábana santa, Dicha cruz se conserva en la cacristía de la Capilla del Calvario.

Y es que la Chacha, realizada en marfil, no se anda con tonterías. Su atrezo, por lo general, suele ser una guadaña, tenazas, martillo y una bola del mundo. Con este arsenal, no es de extrañar que la gente cruce los dedos cuando se acerca.

La Canina de Sevilla en procesión un Jueves Santo.

Ambas figuras son todo un espectáculo y rivalizan por dar más dentera que una visita al dentista. En definitiva, la Canina y la Chacha son dos esqueletos que recorren las calles en la procesión del Sábado Santo y, con su presencia parecen decir: «La vida es corta, así que mejor disfrútala y ríete mientras puedas».

Se cuenta la anécdota de que el capataz del paso de la Canina mandó que se detuviera en 1940 ante el general Franco. Con la imagen mirando de frente al dictador, se le acercó y pausadamente le dijo: «Excelencia, medite».

La representación de la calavera o del esqueleto asociada a la muerte en España proviene de finales del gótico y se desarrolla con especial profusión morbosa en el Barroco. En esta época aparece en las composiciones artísticas de *vanitas* y, sobre todo, en las tumbas para recordar a los vivos la incertidumbre del futuro y la futilidad de lo humano. Los objetos utilizados en este género son símbolos de la fragilidad y brevedad de la vida, de que el tiempo pasa (*tempus fugit*) y que recordemos que vamos a morir (*memento mori*).

Por tanto, ¿quién da más dentera? Pues depende de si prefieres el toque filosófico de la Canina o la intensidad (y el calor) de la Chacha. ¡Todo un duelo de huesos!

7. EL CAPELO PERPETUO DEL ANTIPAPA (DE UN TAL GIL SÁNCHEZ MUÑOZ)

Ubicación: sala capitular gótica de la catedral de Palma de Mallorca.

¿Hay algo más difícil que llegar a ser papa? Pues tal vez bajarse de ese pedestal sin tropezar demasiado. Gil Sánchez Muñoz, un turolense con apellido de hidalgo y maneras de superviviente, ostentó el peculiar título de último antipapa bajo el nombre de Clemente VIII. Si este currículum te parece impresionante, espera a escuchar el desenlace: renunció en 1429, más por presión política que por voluntad propia, para poner fin al cisma que tenía a medio catolicismo dividido y al otro medio de los nervios.

El nombramiento de este aragonés, por cierto, no se produjo en Roma, sino en el castillo de Peñíscola, un lugar más conocido hoy por turistas que por cónclaves históricos. Allí tomó el relevo de Benedicto XIII, alias el papa Luna, que ya estaba más para un retiro que para liderar cismas. Mientras tanto, el otro papa oficial, Martín V, reinaba en Roma, esperando pacientemente a que el juego de las sillas papales acabara a su favor. Y así fue.

Un antipapa sepultado en la sala capitular de la catedral mallorquina con su capelo (sombrero de ala ancha con los cordones acabados en borlas) colgado del techo.

Pero Gil, que no era tan terco como su antecesor, no se mantuvo en sus trece y cedió el paso (más obligado que convencido, claro). Martín V le devolvió el favor nombrándolo obispo de Mallorca. Ahí estuvo 16 años, con opiniones divididas: mientras unos lo recordaban como un buen pastor, otros no querían ni verlo, según los rumores. ¿Qué hicieron sus detractores? Pues, tras su muerte el 26 de diciembre de 1447 a los 76 años de edad, lo castigaron simbólicamente al rincón más gótico de la catedral: la sala capitular.

Al mismo tiempo, en uno de los muros de la sala se halla una lauda en latín que no repara en halagos hacia su persona:

> Yo que estoy en el antro de la tierra, soy llamado Gil, estirpe esclarecida de los Muñoz. Engendrado en Teruel, cuyo fuerte castillo de la gente de Aragón es famoso por todo el orbe. Me honró como padre la isla mayor de las Baleares. Fui amado, durante mucho tiempo, como obispo, y realicé magníficas gestas, mientras en Peñíscola me tuvo como Pedro, acompañado por numeroso senado. Rechacé los cismas que sembró un taimado enemigo; cismas que, durante 60 años, oscurecieron el mundo. Traté de pacificar la Iglesia bajo un solo Pastor…

La gran curiosidad de esta historia radica en su sarcófago, un monumento ornamentado y decorado con leones de piedra y con la figura de Gil Sánchez tallada con toda la pompa de un pontífice. Encima de la tumba cuelga su capelo de la bóveda de crucería, como manda la tradición, pero con un giro irónico y bastante sarcástico: no es rojo sino de un color tirando a ceniza, y está amarrado con una cadena de hierro en lugar de una cuerda de seda. ¿Por qué? Porque cierta leyenda aseguraba que cuando el capelo, por viejo y desgastado, caía sobre el sepulcro, se decía que el alma salía del purgatorio y subía al cielo.

Bueno, parece que el cabildo no quería que su espíritu saliera muy pronto del purgatorio, por lo que aseguraron el sombrero como si fuera una bicicleta en una ciudad peligrosa.

Ahora bien, en 2011, el papa Benedicto XVI aclaró que el purgatorio ya no existe como lugar físico, lo que deja un interrogante: ¿habrá encontrado el alma de Gil alguna trampilla por donde escaparse? La leyenda dice que, cuando el capelo caiga, finalmente alcanzará el cielo, pero considerando la calidad de esa cadena, podría ser más un desafío de ingeniería que un milagro.

La sala capitular no se limita a esta peculiar historia: también alberga dos tablas dedicadas a las víctimas de la gran inundación de 1403, una tragedia que dejó más de 5000 fallecidos en Palma. Además, comparte espacio con otro relato fascinante: el de Doña Elisabet Safortesa Gual-Desmur, conocida como La Dama Emparedada.

Esta noble viuda, con una visión muy peculiar del luto, decidió encerrarse voluntariamente en una diminuta celda junto a la Capilla de Sant Pere. Durante trece años vivió en un espacio tan reducido que ni siquiera podía acostarse, con apenas una ventanita para respirar algo de aire marino y recibir comida. Si bien la austeridad fue extrema, tras su muerte en 1589 no le alcanzó ni para ser beata, aunque su historia sigue siendo una de las más insólitas de la catedral.

Entre capelos encadenados, almas atrapadas y damas autoemparedadas, esta sección de la catedral es un rincón donde la historia, la ironía y el drama humano parecen haberse puesto de acuerdo para no aburrir a nadie.

8.
LA POLTRONA DEL DIABLO (PROHIBIDO SENTARSE)

Ubicación: Museo Provincial de Valladolid.

Si creías que los muebles más peligrosos eran los taburetes de Ikea mal montados, espera a conocer al protagonista de esta historia: el sillón del Diablo. Este trono de nogal con más leyenda que comodidad está aparcado en el Museo Provincial de Valladolid, también llamado Palacio de Fabio Nelli, desafiando a quien se atreva a probar suerte. Eso sí, la advertencia es clara: si no eres médico titulado, mejor mantente en pie… y lejos.

Pero ¿cómo llegó este sillón a ser el VIP de los muebles malditos? Todo empieza con Andrés de Proaza, un médico del siglo XVI con más enemigos que colegas. Decían que sus curas eran tan milagrosas que debían tener truco, y como en esa época el truco favorito era el diablo, el rumor no tardó en salir a flote. La cosa empeoró cuando un niño desaparecido fue encontrado muerto en su sótano con más cortes que un fiambre de charcutería. La Inquisición, que no se andaba con rodeos (ni con garantías procesales), cuando vio el

La poltrona del diablo (prohibido sentarse).

cadáver viviseccionado lo detuvo, lo torturó y le hizo confesar hasta lo que desayunaba.

Cuando le preguntaron si había pactado con Satanás, Proaza señaló un sillón frailero como lo más oscuro en su vida. Según él, el sillón, regalo de un nigromante agradecido, era tan mágico que quien se sentaba en él podía entrar en trance, ver luces sobrenaturales, diagnosticar enfermedades como un escáner humano y, en general, hacer cosas dignas de un episodio de *Doctor Extraño.* El nigromante también le avisó de que la magia venía con una cláusula: solo los médicos podían usarlo sin sufrir un síncope fulminante. Los demás tenían todas las papeletas para acabar tiesos.

¿Le sirvió esta explicación a la Inquisición? Pues no. A Proaza lo colgaron o chamuscaron (no está clara su ejecución), el sillón quedó huérfano y nadie quiso adoptarlo. Después de varias subastas desiertas, terminó como parte del inventario de la Universidad de Valladolid, olvidado en un trastero hasta que, siglos después, un bedel lo descubrió. Como no sabía nada de la maldición (y, probablemente, tenía un sueño atrasado), decidió echarse una siesta en él. Y sí, murió al tercer día, como si el sillón se hubiera graduado en justicia poética.

Un segundo bedel, que claramente no aprendió nada, repitió el experimento… con el mismo desenlace. Dos muertes chungas y muy extrañas, y entonces alguien recordó la maldición y decidió que el sillón era el culpable. Más problemático que una ex en una boda. Lo colocaron boca abajo en la sacristía, amarrado con abrazaderas de hierro, y ahí se quedó hasta que la vieja universidad fue demolida en 1909.

Hoy, el sillón del Diablo descansa en el citado museo, vigilado muy de cerca por los bedeles de la sala y protegido por una cinta roja que avisa: «ni lo intentes». Claro que, si eres médico y quieres arriesgarte, igual descubres la cura para el insomnio… o tu cita con el más allá.[4]

Por cierto, esta leyenda también inspiró una novela titulada *El sillón del diablo* (2016), en la que su autor, Víctor Manuel del Pozo, mezcla la historia con su toque de imaginación. Y es que, como bien dicen, las leyendas son como los sillones malditos: siempre puedes añadirle algún cojín más.

---

4 Más datos en el libro de Ángel del Pozo: *La cripta sellada*Editorial Castilla Ediciones, 2007.

9.
EL PACTO SATÁNICO DE UN TORERO (CON MUCHAS ÍNFULAS)

Ubicación: Archivo Histórico Nacional, Madrid.

¿Quién necesita *coaching* cuando puedes negociar directamente con el diablo? Eso debió pensar Ventura Rodríguez, un aprendiz de torero segoviano del siglo XVIII, que decidió que la mejor manera de evitar ser corneado era hacer un pacto con Satanás. Claro, si el mismísimo Fausto lo intentó, ¿por qué no un aspirante a maestro del capote? Espóiler: no salió bien.

Dejar un pacto por escrito no es la mejor manera de evitar a la Inquisición.

Lo curioso es que, aunque hacer un pacto con el maligno ya suena descabellado, ponerlo por escrito roza la estupidez. Y aun así ha habido pardillos, tontolabas y mentecatos que, sabiendo las funestas consecuencias por parte de una acusación, osan poner por escrito esta especie de pacto chapucero con las fuerzas infernales para conseguir algún beneficio económico o sexual. En aquella época, pocos sabían leer, menos aún escribir, y casi nadie era tan ingenuo como para dejar una evidencia firmada de sus tratos con el inframundo. Bueno, casi nadie. Porque Ventura lo hizo, y, para más inri, lo llevaba en el bolsillo de la chaqueta como si fuera su carnet del club de fans de Belcebú.

La cédula es una joya del surrealismo:

> Digo yo, Bentura Rodríguez que hago pacto con el demonio, yo con efecto que me de licencia para saber torear, que es capear, echar banderillas, estoquear, saltar los toros que quiera y otras habilidades. Tener mucho corazón. Amistades con grandes de España y otros, y saber hablar. Año 1748. Y correr.

Ventura no solo quería ser el Messi del toreo, sino además relaciones públicas, políglota y, por si acaso, un buen corredor (¿para escapar de los toros o de la Inquisición?). La letra está escrita con almazarrón, un pigmento rojo usado en cerámica, y no con sangre, que habría sido más temático.

¿Cómo acabó el desventurado de Ventura en este lío?

Al parecer, tras asistir a una corrida en Segovia, decidió que ser torero era su destino. Pero en lugar de empezar por lo básico, como entrenar o aprender a sujetar un capote, se fue directo a invocar al príncipe de las tinieblas. Y como en toda comedia de enredos, tras una buena farra con los amigos en una taberna, alguien encontró su contrato y lo denunció.

Cuando la Inquisición metió sus narices, Ventura confesó su desatino con lágrimas y arrepentimiento. Lo que siguió fue más humillante que trágico: 100 azotes y un acta que básicamente decía «pobre hombre, ni idea tenía de lo que hacía». Aunque se libró de la hoguera, podemos asumir que su carrera taurina no despegó, y tampoco es que la fama tocara a su puerta.

Ventura no fue el único torero con ideas extravagantes. La historia taurina está llena de supersticiones. Manuel Díaz, El Lavi, se negaba a torear toros negros; Cúchares temía a los «azúcar y canela»; y El Gallo, un maestro de las *espantás*, se ponía nervioso con moscardones negros y escarabajos.

Por su parte, Salvador Sánchez, Frascuelo, creía que cortarse las uñas el día de la corrida daba mala suerte. Y Luis Mazzantini no comía aceitunas el día que tenía que torear...

Aunque el pacto de Ventura es más un ejemplo de credulidad y mala caligrafía que de satanismo serio, hay algo que quedó claro: en el toreo, la verdadera suerte no está en el capote ni en las banderillas, sino en que no te coja el toro.

10.
TABLILLAS DE MALDICIÓN (EL WHATSAPP DEL INFRAMUNDO)

Ubicación: Museo Arqueológico de Sevilla.

¿Quién necesita terapia cuando puedes mandar a alguien directo al infierno? Si hoy día disfrutamos un poquito (o mucho) viendo a los demás en desgracia, imagínate en el Imperio Romano. Allí, si alguien les caía mal, no se andaban con indirectas: escribían una tablilla de maldición, lo que vendría a ser una mezcla entre un mensaje de odio y una carta de queja... dirigida al más allá.

Estas tablillas, conocidas como *tabellae defixionum* (que suena más aterrador en latín), eran el equivalente antiguo de «te deseo lo peor». Con un punzón, la gente escribía su mensaje sobre plomo —un material muy gótico ligado al inframundo— invocando a dioses, demonios o cualquier entidad sobrenatural que anduviera desocupada para que le hiciera la vida imposible al destinatario. Las divinidades más solicitadas eran Plutón, Proserpina, Ceres, Mercurio, Némesis, los manes, daemones, ninfas y un elenco de almas errantes. Luego, las doblaban con cariño y las clavaban en algún muro o las enterraban en lugares estratégicos como tumbas o pozos, con la esperanza de que el correo infernal llegara rápido.

Ejemplos de odio vintage:

- Una tablilla descubierta en Bolonia maldecía a un senador romano llamado Fistus (cuyo nombre ya suena a broma del destino): «Aplasta, mata al senador, que Fistus languidezca, que se hunda, que se disuelvan todos sus miembros…»

- En Itálica, un ladrón de sandalias también fue maldecido. La tablilla decía algo así como: «¡Oh, diosa! Haz que encuentres a la persona que se llevó mis botas. ¡Y que lo pases mal mientras tanto, ladrón!».

Una de las tablillas de maldición a Isis Murionima, ubicada en el Museo de Cádiz.

Estas tablillas constituyen un atajo para comunicarse de manera directa y privada con las divinidades que eran las encargadas de ejecutar el maleficio. Llama la atención que una de estas placas, más que tablilla, esté dedicada a la diosa Isis, en su advocación de Isis Muromen («la de los 10000 nombres»). Se encontró en el conjunto arqueológico de Baelo Claudia, en Tarifa (Cádiz). Es una pieza de plomo cuya traducción resulta muy llamativa pues alguien invocó a Isis con un pedido muy específico: la muerte fulminante de quien robó su cobertor, su manta y sus colchas. Porque claro, una manta blanca bien vale un castigo divino:

> Isis Muromen, te confío el robo del que soy víctima. Haz por mí actos ejemplares conformes a tu divinidad inatacable y a tu majestad. [haz]

> de modo que quites la vida, a la vista de todos, a quien lo ha hecho, a quien [me] ha quitado o a su heredero, una manta de cama blanca, un cobertor nuevo, dos colchas para mi propio uso; te ruego ¡oh soberana mía! Que castigues este robo.

No hay pruebas de que estas tablillas fueran realmente efectivas, pero el sentimiento y la ira eran lo que contaba. Había maldiciones para problemas de amor, disputas legales, partidos deportivos y robos. Lo malo es que, entre escribirlas, comprar el plomo y buscar un buen sótano o agujero donde enterrarlas, resultaban más costosas que un terapeuta moderno.

Aunque las tablillas de maldición pasaron de moda, algunas costumbres extrañas perduran en el cristianismo. Si pierdes algo, es posible que aún recurras al clásico: «*San Cucufato, san Cucufato, o aparece tal cosa o los cojones te ato…*» No será tan elegante como el latín grabado en plomo, pero ¿quién necesita estilo cuando buscas tus llaves o tus gafas?

En resumen, las tablillas de maldición eran el arte de odiar con dedicación. Hoy preferimos los memes y los comentarios pasivo-agresivos, pero ¿quién sabe?, tal vez a alguien se le ocurra revivir la tradición… Por plomo que no quede.

11. UN APLASTACABEZAS Y UN GARROTE VIL (USADO Y ABUSADO)

Ubicación: Museo de Antropología Médica, Forense, Paleopatología y Criminalística «Profesor Reverte Coma». Tercera planta de la Facultad de Medicina, Universidad Complutense de Madrid.

Si buscas un plan diferente en la corte y villa de Madrid y tienes estómago para lo macabro, el Museo de Antropología Forense podría ser tu próxima parada. Aquí, entre vitrinas llenas de cráneos y momias, te encontrarás con un auténtico garrote vil, usado en la cárcel de Carabanchel nada menos que para desnucar al famoso Jarabo, condenado a muerte el 4 de julio de 1959. Sin él sospecharlo,

El aplastacabezas era un instrumento de tortura destinado a reventar los huesos del cráneo.

se convertiría en el último ejecutado con garrote vil por la justicia ordinaria. Aunque otros muchos ya habían experimentado antes la argolla mortal.

El garrote se denomina «vil» porque consiste en un punzón de hierro que penetra y rompe las vértebras cervicales al mismo tiempo que empuja todo el cuello hacia delante aplastando la tráquea contra el collar. Jarabo tardó veinte minutos en exhalar su último suspiro a manos del verdugo titular en la Audiencia Territorial de Madrid —se llamaba Antonio López Sierra— porque ese día iba totalmente borracho e incapaz de doblegar aquel grueso cuello del asesino múltiple, culpable de cuatro muertes.

Ese garrote vil se ha convertido en un objeto de colección mórbida, aunque no exactamente el tipo de cosa que pondrías en la estantería de tu salón. Es una de las estrellas del museo, y el que se puede ver ahora está instalado en un soporte de madera con banquillo, donde se sentaba el condenado, pero ya sin maniquí. Un artilugio que en España se utilizó para ejecutar penas capitales durante un siglo y medio, entre 1820 y 1978, pensando que sería mucho más benigno e indoloro que la horca. Sus últimas víctimas fueron Salvador Puig Antich y Heinz Chés en 1974.

En su momento de gloria, en el museo de la UCM vi ese instrumento que se exhibía acompañado por un maniquí vestido para la ocasión, con coroza blanca y todo. Hoy, el maniquí ya no está, pero el armatoste del garrote sigue haciendo gala de su terrible pasado tras una vitrina.

La primera vez que visité este peculiar lugar, cuando Reverte Coima aún vivía y fue él mismo quien me hizo de cicerone, allá por el año 1998, me encontré con un auténtico paraíso del morbo: un museo lleno de momias del desierto de Atacama, instrumentos de tortura, una guillotina, aplastapulgares y un quebrantarodillas que haría las delicias de un masoquista tarado o de cualquier fan de películas gore. Ah, y también un aplastacabezas destinado a reventar los huesos del cráneo empezando por la mandíbula. Todo muy sofisticado.

Las circunstancias cambiaron tras la muerte del profesor José Manuel Reverte Coma. En 2012 el museo se redujo y se suavizó, como si alguien hubiera decidido que lo macabro necesitaba un toque de buen gusto. Aun así, el museo consta de mil quinientas piezas aproximadamente y una colección de unos ochocientos cráneos, de los cuales se encuentran expuestos aquellos más representativos, la mayoría de los cuales da yuyu y no nos deja indiferentes, por poca sensibilidad que tengamos. Como dice en la página web del museo:

> En sus salas y vitrinas hemos ido reuniendo durante quince laboriosos años las colecciones más variadas relativas al mundo de la Antropología y el crimen. Cráneos medievales, un Archivo Judicial con los casos estudiados por nosotros en el Laboratorio de Antropología Forense. Cráneos de la Edad media trepanados, una extensa colección de Paleopatología, armas homicidas e instrumentos utilizados por delincuentes para cometer robos y atracos, armas carcelarias, algunos procedentes del antiguo Museo Penitenciario de Madrid. Cráneos auténticos de asesinos del siglo pasado, momias embalsamadas hace más de 2.000 años, momias egipcias, cráneos deformados del mundo entero, una sección de Toxicología con plantas y animales venenosos.

En fin, nada que envidiar al famosísimo Museo Dupuytren de París, con la diferencia de que el de Madrid no es tan fácil verlo sin el preceptivo permiso.

Eché en falta algunas cosas que había visto en mi anterior visita de 1998, a saber:

- Una cabeza de hombre aplastada, encontrada en una mina, que parecía sacada de uno de los dibujos animados de Hanna-Barbera cuando se le cae una tapia encima.
- Cabeza petrificada de un hombre que no sé muy bien de dónde procedía ni que antigüedad tenía, aunque recuerdo que era de una cueva y apareció incrustada entre estalagmitas.
- Calaveras de los héroes de Numancia, muertos por los romanos y cedidos por el Museo Numantino de Soria.
- Una raíz de mandrágora hembra.

Aunque algunos objetos parecen haber desaparecido, el museo sigue siendo un desfile de lo inquietante.

Si decides aventurarte en él, no vayas recién comido y mantén los ojos bien abiertos. Nunca sabes si lo que te mira desde una vitrina es una calavera auténtica, un objeto histórico o simplemente tu reflejo preguntándose: «¿Qué estoy haciendo aquí?».

12. CRÁNEO REBANADO CON ESPADA (CUANDO NO HABÍA ESPADAS)

Ubicación: Museo Canario, Las Palmas de Gran Canaria.

Bienvenidos al fascinante mundo de los *ooparts*, el acrónimo en inglés de *Out of Place Artifact* (literalmente, «artefacto fuera de lugar»). Es un término acuñado por el zoólogo americano Ivan T. Sanderson que hace referencia a objetos paleontológicos y arqueológicos encontrados en lugares y circunstancias extraños o con características singulares. Esos artefactos hacen que arqueólogos, historiadores y aficionados al misterio se rasquen la cabeza. El Museo Canario guarda uno de estos tesoros insólitos: un cráneo cercenado de un tajo limpio, como si alguien hubiera practicado esgrima con él... ¡siglos antes de que las espadas llegaran a las islas!

Este cráneo 952 es el misterio más afilado de Canarias. Se trata de una de las diez calaveras recuperadas de una cueva funeraria de La Angostura, en Santa Brígida, en 1932. Durante años, se asumió que pertenecía a una víctima de las batallas entre aborígenes canarios y conquistadores castellanos del siglo XV. Pero el carbono-14 tenía otro plan: resulta que el señor decapitado murió entre 1045 y 1166, casi 400 años antes de que los castellanos llegaran con sus espadas relucientes.

Ahí empieza el misterio. Del fallecido por esa herida de espada se sabe muy poco, solo que era alguien de la sociedad aborigen. El hecho de que sus restos fueran recogidos y enterrados en una cueva funeraria siguiendo los usos más antiguos de las islas (no en un túmulo ni en una fosa o cista) así lo delata.

Lo que sí sabemos es que el dueño del cráneo era un hombre entre 35 y 50 años, que murió de un golpe directo y contundente. ¿Un duelo a muerte? ¿Un ataque sorpresa? Nunca lo sabremos. Lo que está claro es que alguien tenía una espada y no dudó en usarla.

En el siglo XI, en Canarias, lo más metálico que tenías era un anillo oxidado en el dedo. Las armas eran de piedra o madera, y desde luego no tenían la capacidad de partir un cráneo con tanta precisión. Entonces, ¿quién trajo la espada? ¿Y cómo acabó ese cráneo tan bien partido en un rincón de La Angostura?

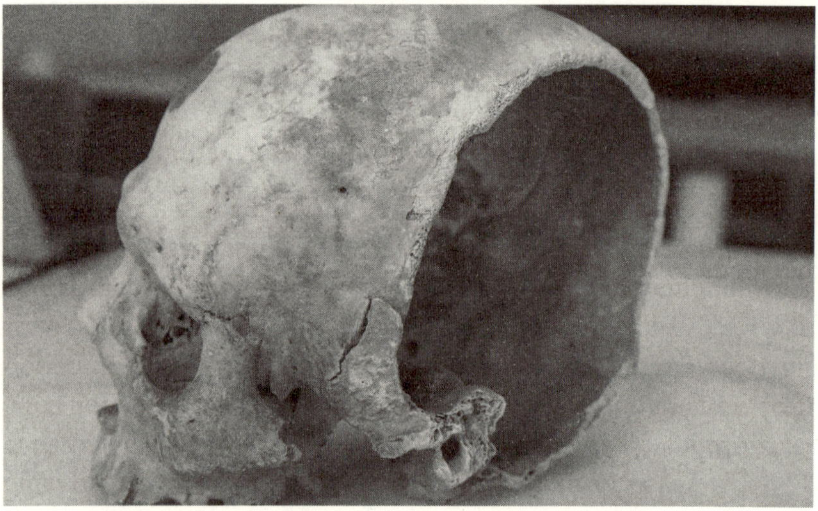

La calavera del Museo Canario tiene un corte de espada que se produjo 300 años antes de la llegada de los europeos.

Los arqueólogos más cautos sugieren que quizá alguna población externa llegó a Canarias en esa época. Podrían haber sido almorávides, esos viajeros musulmanes que andaban por el Magreb y la Península Ibérica, escapando de guerras y buscando nuevas tierras. Con ellos podría haber llegado una espada bien afilada… y alguien con ganas de usarla. Su herida nos recuerda que las sociedades canarias quizá no estuvieron tan aisladas como creíamos.

Pero si queremos teorías más aventureras, tenemos la hipótesis de José Antonio Hurtado, ingeniero aeronáutico canario y experto en cartografía medieval, quien subraya que la presencia templaria en las islas Canarias queda clara al existir una cartografía y una ruta que, partiendo de la isla de El Hierro, llegaba hasta los mares del Caribe. Es la que siguió Colón con un mapa de la orden. Asegura también que el Temple tuvo una encomienda en Nicaragua que desapareció por culpa de una erupción volcánica o un terremoto que cerró el paso entre el lago Nicaragua y el Pacífico.

En este caso, de tener razón, podrían coincidir las fechas puesto que la Orden de los Pobres Caballeros de Cristo, o sea, del Temple, se creó en el año 1118, y se sabe que llegaron al territorio ibérico en la primera mitad del siglo XII. Así que, si realmente conocían el archipiélago canario, el tajo del cráneo podría ser cortesía de una espada templaria. Imagina la escena: un templario perdido en Gran Canaria y falto de temple practicando su manejo del acero, y entonces, sin querer o queriendo, ¡zas!, cabeza partida. Otra pista es la Virgen de Candelaria, que ya estaba en poder de los aborígenes guanches cien años antes de la conquista de las islas por los castellanos y que se convirtió en la patrona de Canarias.[5]

Aunque el registro arqueológico no ha encontrado armas metálicas de esa época en las islas, este cráneo nos deja una pista intrigante de que algo fuera de lo común ocurrió. Quizá nunca sepamos quién dio el espadazo ni de dónde vino. Mientras tanto, este cráneo seguirá siendo una de las piezas más fascinantes del Museo Canario, y podría cambiar la historia de la Gran Canaria aborigen.

13. LA CAMPANA CHIVATA DE LA PARCA

Ubicación: Santuario de Santo Domingo de Scala Coeli, Córdoba.

Imagina un convento donde cada tañido de campana puede ponerte los pelos de punta. Bienvenidos a Scala Coeli, situado en la sierra de Córdoba, que ya de entrada nos invita a pensar en algo celestial: «la escalera al cielo»... Aunque aquí lo divino y lo macabro se dan la mano.

Cada año, en ese lugar, se honra la figura del fraile dominico san Álvaro de Córdoba, fundador de dicho convento en 1427. Nació en Zamora y podría ser descrito como el *influencer* espiritual de su tiempo. En la documentación antigua lo llaman fray Álvaro de Zamora, pero por la calle es más conocido como san Álvaro de Córdoba, porque su vida y obra terminaron dejando huella en la ciudad andaluza como santo popular, y aún no como santo eclesiástico. Como hombre piadoso, Álvaro tenía una agenda ocupadísima. Fue profesor de teología en Valladolid, confesor del rey Juan II de Castilla y de su madre, y, en 1416, se ganó el título de maestro en

5 José Antonio Hurtado: *Codex Templi. Los misterios templarios a la luz de la historia y de la tradición*. Ediciones Aguilar.

Teología en la Universidad de Salamanca. Todo esto mientras planeaba viajes y reformas. Decidió dar un salto a Tierra Santa, porque, ¿quién no quiere un poco de inspiración divina en el lugar donde todo empezó? Fue precisamente este viaje lo que sembró en su mente la idea de recrear los pasos de la pasión de Cristo.

En 1423, con la ayuda de fray Rodrigo de Valencia y el respaldo económico de los reyes, Álvaro se instaló en la sierra cordobesa. Allí adquirieron la Torre Berlanga y fundaron el Convento de Scala Coeli. Resulta que el paisaje de la zona le recordaba tanto a Jerusalén que decidió construir oratorios para meditar sobre la pasión de Cristo. E introdujo el viacrucis por vez primera en España.

Fray Álvaro murió alrededor de 1430, pero su legado siguió vivo. Sus reliquias se conservan en el convento de Scala Coeli, y en 1741, el papa Benedicto XIV aprobó oficialmente su culto, porque pocos saben que este zamorano fue el introductor de una oración tan arraigada en la Iglesia. Así que ya sabes, la próxima vez que veas un viacrucis, envíale un saludo mental a este fraile, que tuvo la visión de traer un pedacito de Jerusalén a Europa… Desde Córdoba, con amor (y mucha fe).

La campana chivata de la Parca.

El investigador José Manuel Morales Gajete nos cuenta que este fraile, durante la construcción del mencionado cenobio, se quedó sin recursos para tallar la gran figura de Cristo crucificado que soñaba instalar en el altar mayor. Pero un buen día, cuando regresaba de prestar su ayuda en el hospital de pobres del Rinconcito, encontró al borde del camino a un hombre tumbado en el suelo. Lo consoló, le proporcionó agua y se quedó junto a él a la espera de que pasara algún carruaje. Sin ambulancias a la vista, Álvaro optó por el método más medieval: envolver al pobre con su capa y cargarlo a hombros hasta el convento. Una vez allí, varios frailes lo recogieron y, sin quitarle la capa que lo cubría, lo tumbaron en una cama para asistirlo. Cuando retiraron el manto descubrieron que el moribundo había desaparecido y en su lugar, como por arte de birlibirloque, hallaron una gran talla de Cristo crucificado. Los hermanos no daban crédito, así que lo entronizaron aquella misma noche en el altar mayor.

Álvaro no se quedó ahí. Incrementó su nómina de prodigios al convertir flores en pan para los mendigos. Y no digamos el que tuvo que ver con un pozo, una monja y unos diablillos. Era una noche tranquila, o al menos eso pensaba Álvaro mientras meditaba en su cueva junto al convento de Santo Domingo (sí, el mismo que había fundado). De repente, se armó un escándalo tal que ni los grillos se atrevieron a seguir chirriando. Al asomarse, vio una banda o legión de demonios bajando por la ladera de la montaña como si estuvieran en una excursión infernal. ¿El destino de ese viaje? el convento cordobés de las Dueñas para reclamar el alma de la monja Juana Díaz, que estaba, según ellos, a punto de morir en pecado; o sea, en una situación espiritual algo complicada.

Con la calma de quien ya ha visto de todo, Álvaro les pidió que, al regresar, le contaran cómo les había ido. Eso sí, en cuanto se marcharon, volvió a su cueva y se puso a orar como si no hubiera un mañana. Y vaya si funcionó. Según relata el cronista Luis Sotillo de Mesa en 1628, los demonios no lograron pasar de un pozo que estaba a unas treinta y cinco varas de la enfermería. Frustrados y humillados por el fracaso, rompieron el brocal del pozo antes de regresar al infierno, dejando tras de sí un estruendoso berrinche demoníaco. Cuando volvieron a ver a nuestro fraile, se lo contaron todo con la sinceridad de quien ya ha tirado la toalla: «Entre las religiosas que parecían abejorros zumbando oraciones, tú rezando sin parar, y tus lágrimas y disciplinas, nos dejaron fuera de combate. ¡Así no hay quien trabaje!», más o menos le llegaron a decir. Y así fue como el pozo del claustro, ahora conocido como el Pozo de los Diablos, quedó con su brocal roto como testimonio de una noche en la que ni los demonios pudieron salirse con la suya.

Sin embargo, la campana del convento es la verdadera estrella, una reliquia que parece tener línea directa con el más allá. El caso más famoso ocurrió el día en que Álvaro se retrasó para las oraciones. En plena madrugada, la campana del convento empezó a sonar sola, como si alguien invisible la tocara. Los monjes, más asustados que sorprendidos, encontraron al fraile agonizante en su celda. Y en el momento exacto en que exhaló su último suspiro, la campana dejó de sonar.

Desde entonces, la campana de marras parece tener un *hobby* un tanto macabro: avisar de la muerte de los hermanos dominicos. Eso sí, solo suena en el momento justo antes del deceso, como si quisiera mantener el dramatismo. Una especie de espóiler celestial que deja a todos con el corazón en un puño.

Pero la historia no termina ahí. El padre José Antonio Segovia, superior de los dominicos de Scala Coeli, confesó a Morales Gajete que hace algunos años enfermó un monje del convento y los hermanos colocaron la campana junto a su cama. Y, como si tuviera un sentido del humor dudoso, empezó a sonar a todas horas. Los frailes acudían corriendo, solo para que el enfermo les asegurara que él no había llamado. Horas después, falleció. Así que, si la campana suena, más vale empezar a rezar.[6]

Por cierto, las cofradías de Córdoba tienen al Beato Álvaro como Patrono. Y un consejo: ni se te ocurra toquetear la campana. Según la leyenda, si alguien que no sea dominico se atreve a hacerla sonar, acabará pagando el atrevimiento con su propia vida. Esto es como el sillón del diablo en Valladolid: hay cosas con las que no se juega, aunque suene a broma.

Por si las moscas.

6 José Manuel Morales Gajete: *Enigmas y misterios de Córdoba*. Almuzara, 2015.

14.
LA BANDERA PIRATA DEL GENERAL CABRERA (PARA CABREAR AL ENEMIGO)

Ubicación: Museo del Ejército, en el Alcázar de Toledo.

¿Quién dijo que las banderas piratas eran exclusivas de los mares del Caribe? Ramón Cabrera y Griñó, conocido como eEl Tigre del Maestrazgo, decidió que, si los bucaneros podían intimidar con una calavera, él también. Después de todo, pocas cosas dicen tanto «venimos a por todas» como una bandera negra con huesos cruzados.

Cabrera, héroe (o villano, según a quién preguntes) de las guerras carlistas, tomó la famosa estética de los piratas caribeños y la adaptó para sus tropas. En 1838, hizo de la bandera pirata el estandarte oficial de su ejército del Maestrazgo. Imagina un batallón de carlistas con boinas rojas y trajes llamativos desfilando bajo una calavera con tibias cruzadas.

El mensaje era claro y aterrador: «Si vienes, no sales». Inspirada en la tradición pirata de «ni prisioneros ni compasión», la bandera de Cabrera aterrorizaba a los liberales y motivaba a los carlistas, convirtiéndose en un símbolo de la lucha sin cuartel.

¿Sabías que la icónica calavera con tibias cruzadas viene de los caballeros de la Orden de Malta? Estos la usaban en sus sepulcros como recordatorio de la fugacidad de la vida. Piratas tan célebres como Barbanegra, Roberts o Rackham usaron banderas negras, aunque con imágenes muy diferentes, no siempre con una calavera y dos tibias. Pero esa es otra historia.

Cabrera, un hombre de profunda religiosidad (y mucha creatividad), añadió a su diseño un sable y una palma, símbolos de martirio cristiano, para reforzar el lema carlista de «Dios, Patria, Rey». Nada como mezclar religión con guerra para meter miedo en el cuerpo.

En la primera guerra carlista (1833-1840), esta bandera ondeó sobre el castillo de Morella, dejando claro que allí no había rendición posible. Sin embargo, cuando el general Espartero capturó la fortaleza, se llevó el estandarte como trofeo. Hoy, este símbolo de terror y valentía se encuentra en el Museo del Ejército, un recordatorio de la audacia de Cabrera y sus hombres.

Con esta bandera los carlistas aterrorizaban a sus enemigos.

Después de perder no una, sino dos guerras carlistas, Cabrera decidió que quizá la vida de guerrillero no era para él. Se mudó a Inglaterra, se casó con una rica heredera y hasta renunció a participar en la tercera guerra carlista. Al final, terminó reconociendo a Alfonso XII como rey, dejando atrás su pasado rebelde. Eso sí, su legado, incluido su icónico estandarte, sigue vivo.

Si visitas el Museo del Ejército o la bella ciudad de Morella, no olvides buscar la bandera. Aunque ya no flamea en batalla, sigue siendo un símbolo de una época en la que la guerra tenía un toque de cine de aventuras.

15.
LA CRUZ MISÓGINA EN UN SANTUARIO MARIANO

Ubicación: cerca del Monasterio de Valvanera, La Rioja.

Es un lugar mariano donde la Virgen manda..., pero parece que a veces con reglas un tanto caprichosas.

Todo comienza con Nuño (o Muño, según quién te lo cuente) Oñez, un bandido riojano de profesión y pecador a jornada completa. Un día, mientras estaba ocupado en sus fechorías montañesas, un rayo de luz divina lo iluminó y casi fulminó, haciéndolo replantearse su currículum delictivo. Nuño lo vio claro: se convirtió y se retiró a una cueva lejana para dedicarse a mortificar su cuerpo y salvar su alma. Así nació un santo... en potencia. Por si la historia no fuera suficientemente pintoresca, se le unió un sacerdote llamado Domingo, y juntos formaron un dúo dinámico de anacoretas que, con la ayuda de un ángel (porque había que meter un ángel), descubrieron una imagen de la Virgen dentro de un árbol, junto a reliquias y panales de miel. Todo muy bucólico, ecológico y milagroso.

Y aquí empieza a ocurrir algo muy raro con ese toque de misoginia de la Virgen. Aconteció que Coloma, la hermana de Nuño, se dirigió al lugar del hallazgo para ver cómo iban las obras y conocer de cerca el milagro, y al aproximarse quedó repentinamente ciega. No se lo podía explicar. Conducida hasta el oratorio por los dos anacoretas, rezan para que recupere la vista, y milagrosamente la recupera; pero tan sólo por tres días, pues al tercero falleció allí mismo. La Virgen, al parecer, no estaba para visitas femeninas.

> Este fue el primer milagro, que en este Santuario se vio, y con tal sucesso quedaron advertidas las mugeres, para no llegar a él: y de calidad, que por muchos siglos, nunca passaron de las cruces blancas, que ay en los caminos: desde allí hazían oración, y se encomendaban a la Virgen, y no se atrevían a passar adelante.[7]

Desde ese día, la Virgen de Valvanera decidió marcar territorio. Las mujeres quedaron oficialmente vetadas de acercarse al santuario. ¿Las razones? Inexplicables y misteriosas, como todo en esta historia. La tradición asegura que, para colmo, el veto se reforzó en el año 1102 con un decreto real de Alfonso VI, que no solo prohibió la entrada de mujeres, sino que también las amenazó con una multa de sesenta sueldos si intentaban desafiar la prohibición. Vetadas y multadas, lo que les faltaba. Rezar cerca era aparentemente un tema de seguridad nacional, confirmando una prohibición papal anterior, posiblemente del año 1030, y sustentada sobre prohibiciones anteriores.

---

7 Así lo cuenta el *Compendio historial de la provincia de La Rioja...* de M. de Anguiano (1701).

Una leyenda extraña que promovió una prohibición a todas las mujeres.

Para que nadie olvidara el castigo divino, varias cruces blancas fueron colocadas estratégicamente en el camino de acceso, delimitando hasta dónde podían llegar las féminas. Allí se quedaban las pobres, una línea roja virtual que no podían cruzar, rezando al pie de las cruces mientras los hombres ascendían como si tuvieran un pase VIP celestial.

Aunque más tarde se permitió la entrada femenina, se añadieron condiciones un poco macabras: podían quedarse en el monasterio solo nueve días, ni uno más. Si se pasaban, muerte súbita. Vayamos a la obra de Alejandro Pérez Alonso, *Historia de la Real Abadía de Nuestra Señora de Valvanera en La Rioja,* para conocer tan insólito origen con una mayor precisión:

> En un privilegio de Alfonso VI, dado en San Salvador de Oña el 1 de mayo de 1092, leemos entre otras ordenaciones: … que ninguna mujer entre en este término… y si entrare, sea detenida hasta que pague sesenta sueldos al procurador del rey. El P. Rubio cree que el motivo de la prohibición fue un escandaloso sacrilegio cometido en la iglesia monacal y que —en infantil opinión de los historiadores antiguos— obligó al divino Niño volver la cabeza y tornar la posición violenta que tiene.
>
> Como este decreto prohibitivo resultara excesivamente riguroso y, en cierto modo, inhumano, tratándose de un Santuario centro de peregrinaciones, se escogió un medio que de algún modo satisficiera

> la devoción de las piadosas mujeres: podían subir a Valvanera, pero debían contentarse con contemplar el Santuario desde las lomas y senderos limítrofes, expresamente señalados con cruces blancas las cuales marcaban, a modo de hitos, la clausura monasterial.
>
> El P. Rubio nos cuenta cómo andando el tiempo y usando de piadosa condescendencia, se permitió a las mujeres el morar en Valvanera nueve días, no más, pues pasado este tiempo, morían súbitamente como acaeció a algunas... Añade que la prohibición fue derogada por Calixto III (1455-1458) a ruegos de Enrique IV de Castilla... En 1681, por dispensación de los prelados de la Orden Benedictina, comenzaron las mujeres a entrar y vivir en Valvanera lo mismo que los hombres.[8]

Cuenta la tradición que la reina Isabel la Católica acudió a Valvanera en el año 1483 y, como no se creía mucho esta maldición, dejó allí a una de sus doncellas varios días a modo de prueba. Y... esta falleció al noveno día. Ya era para tomárselo en serio.

Un proverbio popular dice que «entre santa y santo, pared de cal y canto», aunque esto es llevarlo demasiado lejos, porque lo más curioso y paradójico es que se trata de un centro mariano, donde la Virgen es reina y señora.

Cuando el papa Calixto III derogó la prohibición, las mujeres pudieron entrar en el santuario sin temor a perder la vida o arruinarse pagando multas. Desde entonces, Valvanera es un lugar igualitario donde la Virgen sigue siendo venerada... sin mirar el género del peregrino.

Cuando visites el monasterio, ve hasta una de esas cruces blancas y recuerda que eran como señales de prohibido el paso para mujeres en el Medievo. ¿Dónde se encuentra? Si vamos por la comarcal 113, a medio camino veremos una cruz blanca. Hay muchos que no reparan en ella. Fijaos bien en la cruz y en la inscripción que hace alusión a esa prohibición del rey Alfonso VI y que dice: «Ninguna mujer entre hasta el término (...) y si entra quede detenida hasta que pague sesenta sueldos al procurador del rey».

Hoy solo son testigos mudos de una época donde hasta las santas reglas tenían un toque de «ni se te ocurra acercarte».

---

8 Alejandro Pérez Alonso: *Historia de la Real Abadía de Nuestra Señora de Valvanera en La Rioja*, I.E.R., Gijón, 1971, pp. 62-67.

16.
LA JOYA CON PEOR KARMA DE LOS BORBONES

Ubicación: Museo de la Catedral de la Almudena, Madrid.

Olvidaos del diamante Hope, el zafiro púrpura de Delhi, el rubí del Príncipe Negro, el collar de María Antonieta o la Perla Peregrina. Son juegos de niños comparados con *nuestra* joya patria: el ópalo maldito. Suena a título de novela de misterio del siglo XIX o al nombre de un cómic de Tintín, algo así como «*La maldición de la joya de La Castafiore*». Pero no; aquí la protagonista es la condesa de Castiglione, alias Virginia Oldoini, una mujer que bien podría ser el personaje principal de una telenovela italiana con un toque de espionaje y glamur decadente.

Virginia, cortesana aristócrata y amante del derrocado Napoleón III (entre otros), decidió el 23 de enero de 1878, regalarle este anillo «especial» al rey Alfonso XII. Según el cotilleo de la época, la gema estaba cargada con las malas vibras de un ritual oscuro. ¿Por qué lo hizo? Porque el jovenzuelo Alfonso, con más líos familiares que una cena navideña, había decidido dejarla tirada por su prima Mercedes. De ahí en adelante, el ópalo fue el invitado no deseado en un festival de tragedias con seis episodios y un epílogo.

Episodio 1: La novia difunta

El rey le regala el anillo a su prometida y prima, la infanta María de las Mercedes, en su compromiso matrimonial. La boda se materializa el 23 de enero de 1878. Resultado: Mercedes muere cinco meses después de tifus, justo dos días después de cumplir los 18, el 26 de junio. «¿Dónde vas Alfonso XII, donde vas triste de ti?» Nuestra primera víctima.

Episodio 2: La abuela desafortunada

El rey, pensando «seguro que esto no es culpa del anillo», decide pasárselo a su abuela, la reina María Cristina (la madre de Isabel II), que también quiso lucirlo. Dos meses después, la reina madre palma el 22 de agosto de 1878 en su residencia francesa de Sainte-Adresse. Segunda víctima.

Episodio 3: El atentado del anarquista

Alfonso XII recupera el anillo (¿qué podría salir mal?) y, dos meses después, el 25 de octubre de 1878, el anarquista catalán Joan Oliva disparó dos tiros contra el monarca sin alcanzarle cuando este hacía su entrada en Madrid de vuelta de un viaje por el norte de España. Falla, pero el karma del ópalo sigue haciendo de las suyas.

Episodio 4: La cuñada tuberculosa

La joya va a parar ahora a manos de Paquita, la cuñada del rey. Pista: no termina bien. Paquita muere el 28 de abril de 1879 de tuberculosis, lo que nos lleva al conteo de la tercera víctima.

Episodio 5: La hermana jovenzuela y griposa

La historia del anillo maldito sigue acumulando bajas como si fuera un thriller gótico. Su siguiente víctima, la infanta María del Pilar de Borbón, hermana menor de Alfonso XII, que no escapó del embrujo. La pobre muchacha, mientras intentaba relajarse en el balneario guipuzcoano de Escoriaza, cayó enferma de unas fiebres sospechosas y murió el 5 de agosto de 1879, con apenas 18 años. La versión oficial habla de meningitis tuberculosa, pero uno no puede evitar preguntarse: ¿será el anillo o simplemente mala suerte? Cuatro muertes ya son demasiadas para una sola joya.

Episodio 6. Otro atentado a Alfonso XII

El anillo regresa al rey, quien parece haber desarrollado cierto olfato para los problemas que trae. Se casa nuevamente el 29 de noviembre de 1879 con María Cristina de Habsburgo-Lorena, porque alguien tenía que animarle el palacio. Sin embargo, al mes siguiente, el 30 de diciembre, otro anarquista, un tal Francisco Otero, intenta dispararle a quemarropa mientras paseaban por el Retiro. Por fortuna, Otero era más nervioso que puntero, y las balas ni le rozaron.

Epílogo: «Mejor no regalárselo a nadie más»

Con un currículum tan accidentado, Alfonso, en un raro momento de sentido común, decide encerrar el anillo en una caja. Y ahí lo deja, bien guardadito, mientras la familia real intenta recuperar un poco de paz. La tranquilidad duró poco. El rey muere el 25 de noviembre de 1885, a los 27 años, víctima de la tuberculosis. ¿Maldición?

Su madre María Cristina, viuda y ahora reina regente, decide que el anillo no va a quedarse dando vueltas por el palacio como si fuera un espíritu vengativo. ¿Qué hace? Primero, lo manda bendecir, porque nunca está de más cubrirse las espaldas espiritualmente. Luego, lo dona a la Virgen de La Almudena, patrona de Madrid, el 29 de noviembre de 1885, apenas cuatro días después del fallecimiento de Alfonso. Vamos, que ni siquiera esperaron a que se enfriara el asunto. ¿Prisa por desprenderse de la joyita? Diríamos que sí.

Un anillo maldito al que se acusó de varias muertes.

Hoy, el famoso anillo reposa en el Museo de la Catedral de La Almudena, inaugurado en 2007. Eso sí, no esperéis que lo etiqueten como «el anillo maldito», porque sería demasiado divertido, y los museos no parecen tener tanto sentido del humor. Está metido en una vitrina junto a otras joyas reales, sin mucha fanfarria ni explicaciones. Lo curioso es que no es de ópalo, ni rastro del supuesto material maldito. Es un anillo con una perla gris, diamantes y oro. Así que, si hay maldición, parece que no viene del ópalo sino de su historial de propietarios desafortunados.

Por cierto, en el museo no dejan hacer fotos a nada, con *flash* o sin él. No importa que hayas pagado siete euros por la entrada. Una prohibición que ya no tienen en cuenta en casi ningún museo del mundo. Olvídate por tanto de Instagram y limítate a observar la joya con el respeto (y el escalofrío) que merece.

¿Es una leyenda? ¿Una casualidad? ¿O una joya con peor karma que un espejo roto? Lo cierto es que cuatro muertes y dos atentados en siete años hace pensar. Ante mis propias dudas, escribí un correo electrónico al museo de la catedral de la Almudena para pedir más información sobre este anillo. A los pocos días me contestó muy amablemente la conservadora del museo, Almudena Díaz Cordovés-Ortiz, diciendo:

> Al coincidir (más y menos) estos fallecimientos con la adquisición de la sortija, surgió la leyenda de que la joya estaba maldita —una leyenda que, como suele ocurrir, se fue adornando con el tiempo—. Esto incluye la presencia de un ópalo, que nunca existió, pero es mucho más conveniente por ser una gema asociada a la mala suerte, o relacionar a la Condesa de Castiglione con Alfonso XII por encontrar en ella y su relación con el monarca una fuente apropiada para justificar el origen del maleficio. No existe rigor histórico alguno que avale dichas afirmaciones. La leyenda se ha convertido en parte de la historia del objeto y suele depender de quien conoce la pieza el darle, o no, crédito en función de supersticiones, preferencias personales, o inclinaciones románticas. Nunca se recogieron por escrito las opiniones que suscitaba entre sus difuntos propietarios, de manera que no podemos hacer afirmaciones ni en un sentido ni en otro.

Respuesta muy diplomática que deja la puerta abierta a un historial demasiado colorido.

Si el famoso anillo es una perla y un diamante engarzados, ¿por qué la leyenda funesta habla siempre de un ópalo maldito? Hay dos posibles razones. La primera, por influencia de una novela de Walter Scott que se publicó en 1829 y marcó supuestamente el inicio de la fama del ópalo como piedra de mal agüero. Me refiero a *Anne de Geierstein* (o *La hija de la niebla*), en la que su protagonista, Lady Hermione, muere después de que su ópalo verde, que lleva prendido en el pelo, recibiera agua bendita. Y la segunda razón sería por la creciente popularidad de los diamantes a partir del descubrimiento de una mina en Sudáfrica en 1866, que lanzó una campaña contra los ópalos diciendo que daban mala suerte. Hasta entonces los ópalos eran codiciados y comprados por todo lo contrario, ya que se consideraban portadores de buena fortuna.

Y hasta aquí la rocambolesca historia de la joya maldita de los Borbones, donde «*se non è vero, è ben trovato*».

Por cierto, cuando falleció Merceditas, el rey Alfonso XII eligió la catedral (para cuando se terminara de construir), como lugar donde debían reposar sus restos. Pues bien, en el año 2000 finalmente fueron traídos desde el monasterio de San Lorenzo de El Escorial. La lápida de su tumba de mármol blanco tiene la siguiente inscripción: «María de las Mercedes, dulcísima esposa de Alfonso XII». Es decir, que al final está muy cerca de la joya maldita que supuestamente la llevó a la tumba. ¿Guiños del destino?[9]

17.
UN DIABLO SEDUCTOR CON LA CARA DE UN RECTOR

Ubicación: Iglesia de San Miguel de los Navarros, Zaragoza.

¡Agárrate, que nos vamos a Zaragoza! No, no para ver la Seo ni la Basílica del Pilar que, aunque eso de que la Virgen bajó en el año 40 en una columna de jaspe suena a guion de película épica, hoy tenemos otro plan.

Nuestro destino es la iglesia de San Miguel de los Navarros, un precioso ejemplo de arquitectura mudéjar del siglo XIV con los típicos «añadidos» que las iglesias suelen acumular por culpa del clima y las manos humanas inquietas. Ahí se casaron los papás de Goya, y suena a diario la famosa Campana de los Perdidos, que toca treinta y tres campanadas al atardecer, supuestamente por los años de Cristo. No vamos a entrar en ella. Nos quedamos en la fachada, donde la cosa se pone interesante.

Vamos a fijarnos en una hornacina en la que veremos al arcángel san Miguel, con su pose de jefe supremo del ejército celestial, a punto de despachar de un espadazo a un demonio que yace a sus pies. Hasta aquí, todo normal desde el punto de vista iconográfico. Pero resulta que, en el año 1860, un rayo, con puntería olímpica, dio justo en la escultura y desfiguró la cara del diablo. Había que

9 Más datos en el libro de Ana Trigo: *Joyas malditas*. La Esfera de los Libros,2024.

arreglarlo, así que llamaron al escultor zaragozano Félix Oroz. Y aquí empieza lo bueno.

A Oroz, que ya había realizado figuras para las comparsas de gigantes y cabezudos de Zaragoza, le pareció muy divertido darle al diablo un rostro reconocible y con unos buenos atributos. Y no era uno cualquiera, sino que talló precisamente la cara de Jerónimo Borao, un catedrático, escritor romántico, político, rector de la Universidad de Zaragoza en tres ocasiones y, al parecer, candidato ideal para este papel demoníaco. Le puso su bigote, su perilla, y hasta los cuernos. Todo ello como una especie de chiste privado, que terminó siendo un escándalo público y la comidilla de la prensa rosa, así como de toda la ciudad del Ebro.

En la iglesia de San Miguel de los Navarros hay un demonio peculiar.

Cuando el rector se percató del asunto, recordemos que fue el autor de *Diccionario de voces aragonesas*, debió pegar gritos a los cuatro vientos. De algarabía o de desaprobación, no lo sabemos. Lo peor fue cuando su madre, que no estaba precisamente para risas flojas, se enteró del desaguisado. Indignadísima, fue al taller del escultor como una furia y con los brazos en jarra para recriminarle esa escultura con la faz de su hijo. Félix le soltó entonces que era una forma de pasar a la posteridad, pues ya de pequeños, cuando asistían a las clases del colegio de los escolapios, el profesor, ante las travesuras de Jerónimo, le repetía: «este niño es el mismo diablo». Dicho y hecho. Félix Oroz se lo tomó al pie de la letra, aunque la madre no se marchó muy convencida.

Para colmo, el rostro del demonio no transmite miedo ni derrota. Más bien parece estar pasando un buen rato. Apoya la cabeza en el brazo con una sonrisa irónica, como si dijera: «¿Esto es lo mejor que tienes para mí, san Miguel?».

La historia ha dado para mucho debate, y hasta se discute si el autor fue Oroz o Antonio José Palao, otro escultor que también tenía mucho sentido del humor.

Esta versión sobre el escultor Palao es la que aparece en el blog de José Antonio Cuenca Campillo, en su entrada «El grupo escultórico de la portada de San Miguel de los Navarros en Zaragoza» (11 de septiembre de 2007), en la cual comenta un chascarrillo en el que señala:

> La travesura del escultor murciano Antonio José Palao y Marco que, al labrar el grupo escultórico que corona la puerta de entrada, dicen que dio al demonio vencido por el arcángel los rasgos del rector de la Universidad de Zaragoza Jerónimo Borao, su condiscípulo, porque oía decir a sus maestros 'eres el diablo' y no podía imaginar a Pateta (forma coloquial de nombrar al Diablo o príncipe de los ángeles rebelados) de otra manera.

Sea quien sea el escultor, nos queda claro que en Zaragoza hasta el demonio tiene su toque de sorna.[10]

10 Más datos en el libro de José Eugenio Borao Mateo: *Jerónimo Borao y Clemente (1821-1878)*. Institución Fernando el Católico, 2014.

II.
Os vais a quedar de piedra (o más tiesos que un ajo)

El distraído, tropezó con ella.
El violento, la usó como proyectil.
El emprendedor, construyó con ella.
El caminante cansado, la usó como asiento.
Para los niños, fue un juguete.
Drummond, hizo poesía con ella.
David mató a Goliat.
Michelángelo extrajo de ella, la más bella escultura.
Y en todos los casos la diferencia no estaba
en la piedra, sino en el hombre.
Recuerda…
No existe piedra en tu camino que no puedas
aprovechar para tu propio crecimiento.

Antonio Pereira Apon, escritor, poeta y profesor brasileño.

18.
LA GÁRGOLA DE UNA BRUJA (Y CON LA BOCA ABIERTA)

Ubicación: catedral de Girona.

El ser humano, experto en convertir cualquier formación rocosa o estatua curiosa en una leyenda de película, siempre tiene una historia lista para justificar lo que ve. Y si esas formas tienen pinta de persona, monstruo o algo salido de un mal sueño, ¡la imaginación vuela más rápido que un meme viral!

En este caso, nos centramos en la catedral de Girona, donde encontramos una gárgola muy peculiar del siglo XIV. Una mujer con la boca tan abierta como si acabara de ver la factura de la luz. Lleva túnica, sostiene un pergamino entre sus manos y, según cuentan, es nada menos que una bruja de las que lanzan piedras, insultos y maldiciones a diestro y siniestro, sobre todo a siniestro.

Cuentan que había una vez una mujer un poco «especial», por decirlo de manera suave. Se dedicaba a la brujería satánica y tenía el carácter más agrio que un limón verde. Su *hobby* favorito, además de injuriar a todo el que pasaba, era tirar piedras a la catedral y a los pobres viandantes que osaban acercarse. Todo iba bien hasta que, durante una procesión de Corpus Christi, un eclesiástico, harto del numerito brujeril, soltó una frase digna de una película de fantasía épica: «Piedras tiras, piedras tirarás, en piedra te convertirás».

Y ¡abracadabra! La bruja quedó convertida en piedra al instante, con la boca abierta de sorpresa (y probablemente con ganas de reclamar su derecho a réplica). Sin necesidad de una medusa o un basilisco, el castigo surtió efecto. Pero no se quedaron ahí: la colocaron en lo alto del templo como gárgola, para que dejara de lanzar improperios y, en su lugar, expulsara agua de lluvia cada vez que hubiera tormenta. Como toque final, su vista quedó fijada hacia abajo, sin posibilidad de volver a mirar al cielo. Vamos, que pasó de ser una bruja lanza piedras a una gárgola lanza aguas.

Entre todas las gárgolas de la catedral, solo esta tiene forma humana. Se ha ganado su puesto como una de las figuras más fascinantes y antiguas del templo, a diferencia de falsos históricos como la famosa gárgola del fotógrafo en la catedral de Palencia o el astronauta de la catedral de Salamanca. Por si la leyenda no fuera suficiente, el escritor Miquel Fañanás dio un paso más en su novela *La bruixa de pedra*, donde imagina quién era esta mujer, cómo se llamaba y por qué terminó inmortalizada en piedra para la posteridad.

Dicen que ser único tiene sus ventajas, y ese parece ser el caso de la gárgola antropomorfa de la catedral de Girona. Al ser la única de su tipo, se ha ganado la fama de diva medieval y protagoniza una leyenda que lleva siglos en boca de todos. Quizás en su juventud (o mejor dicho, en la época en que nació la leyenda), alguien le adjudicó un pasado misterioso ligado a la brujería.

Gárgola gótica del siglo XIV que representa a una mujer vestida con túnica y fruto de una maldición.

Ahora bien, antes de que esta gárgola se ponga muy orgullosa, hay que decirle que en Barcelona hay otras dos figuras bastante parecidas (yo diría que muy parecidas) en la calle del Bisbe: una en la esquina de la catedral y otra en el Palau de la Generalitat. Así que, querida gárgola de Girona, no eres tan única como creías. Y si te molesta, peor aún: tienes dos primas lejanas en Praga, en la catedral de San Vito, y corresponden a dos monjes góticos con el mismo estilazo que tú. ¿A ver si en vez de bruja resulta que eres un brujo?

Parece que estos paralelos iconográficos dejaron su marca en edificios a kilómetros de distancia. Aunque, claro, no deja de ser curioso que dos ejemplos tan similares compartan barrio en Barcelona. Esto sugiere que, en aquella época, la gente entendía bien lo que estas figuras querían decir. ¿El secreto? En boca cerrada no entran moscas y la ropa y las filacterias que portan, el equivalente medieval de un cartel de neón, nos están diciendo: «Soy una gárgola con mensaje. Atrévete a descifrarme».

Tampoco es la única gárgola femenina fruto de una maldición. En Laguardia (la Rioja alavesa) tienen a la Marinpena, una muchacha convertida en esta guisa por desavenencias familiares y que adorna la iglesia de San Juan Bautista con un gesto de sorpresa eterna. Es posterior a la de Girona, del siglo XVI, y cada vez que hay una tormenta las lágrimas de lluvia surgen por su boca y por sus ojos de piedra.

19. LA «MUERTE PELONA» (O SEA, LA LÁPIDA LAPIDADA)

Ubicación: Iglesia de San Miguel. Tejeda de Tiétar, Cáceres.

Hay cosas que uno ve y piensa: «Esto aquí no encaja ni con calzador». Ese es el caso de una peculiar lápida granítica en la pared sur de la iglesia de San Miguel en Tejeda de Tiétar. La pieza, que más bien parece estar en sentido horizontal por error, debería ir vertical para hacerle justicia. Pero ahí está, desentonando y llamando la atención.

La lápida, con casi un metro de largo y un diseño que parece un intento de Picasso en sus años escolares, tiene una figura que ocupa casi todo el espacio. Es un personaje antropomorfo, al que los expertos han llamado «el danzante». Viste una especie de falda, lleva un sombrero picudo, va descalzo y parece estar en plena coreografía.

La inscripción en la lápida menciona algo de un tal Julio que hizo un voto a las Selais Duillas, unas diosas prerromanas protectoras de la vegetación, y el baile ritual sería una de las formas de venerarlas a ellas y a la Naturaleza en general. Dentro de este contexto, pudieron ser divinidades consagradas al río Tiétar. Y un danzante es precisamente la que se halla retratado en el ara votiva de Tejeda; danzante que ejecutaría su arte en honor a las Duillas. El historiador Hurtado de San Antonio lo cataloga del siglo III, basándose para ello en la falta de abreviaturas de la epigrafía.

No es esta circunstancia la que me ha motivado para traer esta pieza al Gabinete de las Maravillas sino el hecho de que esta lápida ha sido lapidada. Los historiadores aseguran que el danzante no estaba allí para decorar, sino para conectar con las divinidades. Por alguna razón que solo la psique colectiva de un pueblo podría justificar, la gente de Tejeda decidió que apedrear esta ara votiva era una gran idea.

La investigadora extremeña Israel J. Espino nos amplia la historia de este vandalismo de antaño:

> Curiosamente, y desde hace generaciones esta lápida ha sido objeto de apedreamientos, y los niños incluso orinaban sobre ella, tradición inculcada por los antepasados ante todo lo que significara paganismo. Ese mismo pueblo es que el que le puso, misteriosamente, su actual apelativo: «La muerte pelona».
>
> Hay quien afirma que la lapidación, al igual que la danza, constituye un mecanismo potenciador de la fertilidad, e incluso que, apedreando la imagen de piedra, se conseguían los mismos efectos que ejerciendo la violencia contra la persona representada, en este caso, y para la mentalidad del pueblo, la muerte.[11]

Y entonces recuerdas que la incrustación de lápidas paganas en edificios religiosos fue usual por toda la geografía española a lo largo de la Edad Media y Moderna. Su función era doble: por una parte, reutilizar materiales anteriores ya tallados con un buen aspecto

11 Israel J. Espino: *50 lugares mágicos de Extremadura*. Cydonia, 2015.

estético y, por otra, la sacralizar elementos paganos o simplemente desconocidos a los que el pueblo, muchas veces por desconocimiento o por la rareza de la pieza, atribuían algún tipo de poderes mágicos.

En este caso, la lápida, asociada a lo pagano y a la muerte, se convirtió en el blanco perfecto. En varias partes de España y Latinoamérica, la «pelona» es un apodo para la muerte, porque si no tiene pelo, algo grave pasó. Alguien debió decir: «Si apedreamos la figura, espantamos a la muerte». Y más de uno, con gran entusiasmo, se lanzó a ello. El que esté libre de culpa, que tire la primera piedra…

En este pueblo cacereño pervive un ritual ancestral. (Foto de Israel Espino).

Con el respaldo del cura o el alcalde de turno, se celebraban estos apedreamientos. Y seguro que se hacía en fechas señaladas primaverales, como si fuese un festival local, pero con menos música y más proyectiles.

Por otra parte, en este pueblo cacereño de 600 habitantes tienen muy visible en la plaza una picota donde se ajusticiaba a los maleantes, y la iglesia posee un rosetón con una estrella de David de cinco puntas, con el vértice principal hacia abajo, similar al de la ermita de San Bartolomé de Ucero, en el Cañón del Rio Lobos, y que nada tiene que ver con símbolos satánicos.

La patrona local del pueblo es la Virgen de la Torre, en cuya rehabilitación se descubrió que era negra, del siglo XIII, con postura hierática, entronizada y con la mano derecha desproporcionada, algo que no obedecía a la poca pericia del escultor sino a un elemento sobrenatural y simbólico intencionado.

20.
TRAS LA ESTELA DEL MILAGRO EUCARÍSTICO

Ubicación: calle del Milagro, Frómista,Palencia.

Frómista, ese encantador pueblo medieval con más historias que un cuentacuentos, tiene cuatro cartas para hacerse notar:

1. Nació aquí san Telmo, patrono de marineros, aunque lo más cercano al mar que veía de niño eran charcos.
2. Su iglesia de San Martín de Tours, una joya románica.
3. La comunidad judía local, y por eso son conocidos sus vecinos cariñosamente como «los judíos».
4. El milagro eucarístico de 1453, protagonizado por una piedra, un cura de nombre épico y un cristiano olvidadizo.

Resulta que, en el año 1453, un señor llamado Pedro Fernández de Teresa, vecino de Frómista, pidió dinero prestado al judío Matudiel Salomón. Y Pedro olvidó devolverlo. Para colmo, ignoró su excomunión cuando el tema llegó a oídos del clero. Años después, en su lecho de muerte, Pedro pidió los últimos sacramentos. Sin embargo, cuando el sacerdote intentó darle la comunión, la hostia quedó pegada a la patena como si alguien hubiera usado superpegamento celestial.

Ante esta escena, el cura preguntó si había algo sin confesar, y Pedro, como quien recuerda que dejó la estufa encendida, mencionó su excomunión olvidada. Tras el perdón y un acto de contrición exprés, la hostia se despegó como por arte de magia. ¡Milagro! Bueno, al menos eso dijo el cura, que guardó la patena como reliquia sagrada.

La famosa Piedra del Milagro marca el lugar de los hechos y está situada frente a la antigua casa de Pedro (ahora son dos casas con contador eléctrico incluido). Esta piedra, en realidad una estela funeraria medieval reciclada, fue retallada para conmemorar el milagro. En una cara tiene una cruz y en la otra un cáliz con una hostia, dejando claro que aquí pasó algo importante.

Un poco de contexto histórico no viene mal. El año 1453 no fue cualquier año. Mientras Pedro arreglaba sus asuntos espirituales en Frómista, Constantinopla caía ante los otomanos, terminaba la Edad Media y comenzaba la Edad Moderna. Lo que importaba en Frómista era la ruta de peregrinación que surgió gracias al milagro, convirtiendo al pueblo en una parada más del Camino de Santiago y, de paso, en un destino medieval de moda.

En Frómista esta piedra recuerda un acontecimiento prodigioso de 1453.

Ya que estás en Frómista, a modo de bonus, no te pierdas la iglesia de San Martín de Tours. Además de ser un clásico del románico, cuenta con canecillos en los aleros que incluyen escenas tan subidas de tono que podrían hacer sonrojar a más de uno. En el interior, busca el capitel que recrea una fábula de Esopo, la de la zorra y el cuervo (escrita en el siglo VII a. C.) y cuyo texto dice así:

> Un cuervo robó a unos pastores un pedazo de carne y se retiró a un árbol. Lo vio una zorra, y deseando apoderarse de aquella carne empezó a halagar al cuervo, elogiando sus elegantes proporciones y su gran belleza, pero que lo afectaba el hecho de que no tuviera voz. El cuervo, para demostrarle a la zorra que no le faltaba la voz, soltó la carne para lanzar con orgullo fuertes gritos. La zorra, sin perder tiempo, rápidamente cogió la carne y le dijo: «Amigo cuervo, si además de vanidad tuvieras entendimiento, nada más te faltaría realmente para ser el rey de las aves».

Era una fábula muy en boga durante toda la Edad Media, hasta el punto de que el infante don Juan Manuel la incluyó en su libro *El conde Lucanor* (en el siglo XIV) cambiando la carne por un pedazo de queso. Da igual, la moraleja es la misma. Una historia medieval de vanidad que sigue enseñándonos que, a veces, es mejor cerrar el pico.

21. LA PIEDRA DEL BUEY QUE REVENTÓ

Ubicación: en Vega de Ruiponce, Valladolid.
Cerca de la ermita del Cristo de la Veracruz.

Para empezar, encontrar la famosa Piedra del Milagro no es tarea fácil. Si llegas al pueblo, cruzas un puente, giras a la izquierda y sigues un camino vecinal con un cartel tan descolorido que parece pintado por el sol, estarás en la ruta correcta. A unos cien metros de la ermita (que, por cierto, no se ve desde la carretera), te toparás con este pedrusco sostenido por una trébede de ladrillo y, sobre todo, por una leyenda tan peculiar como surrealista en la que están involucrados un cristo, un buey y un arriero.

Arrieros y carreteros fueron personajes muy populares en la Edad Moderna. En muchas ocasiones, el estado del camino y su trazado tortuoso lo hacían apto solo para viajeros a pie, a caballo o con carros tirados por mulas, asnos o bueyes cargados con mercancías. Estas bestias eran muy apreciadas, así que existía un abundante mercado de compraventa, muchas veces en manos de gitanos.

¿Y qué pinta esa piedra en ese lugar perdido en medio de la nada? También se ha perdido la memoria de su traslado. Por tanto, me imagino a una madre con su hija paseando por este enclave, mientras visitaba la ermita a finales del siglo XIX, y a la niña preguntando:

—Mami, ¿y esa piedra tan rara que hace ahí?

La madre, al no conocer la respuesta histórica, respondió:

—Pues verás, hija. Resulta que uno de los arrieros que recorría la ruta zamorana que llegaba hasta Fermoselle, pasó por estos lares con varios carros tirados por una yunta de bueyes cargados con todo tipo de mercancías.

—¿Qué clase de cosas? —inquirió la rapaza

—Pues productos del campo, sacas de lana, carbón, sal, herramientas, cosas así... Y, para engrasar las ruedas, no se le ocurrió mejor idea al arriero que robar un poco del aceite que alumbraba al cristo de la ermita.

—Anda, qué ladronzuelo —comentó la niña.

—Pues sí. Y el ermitaño se lo reprochó y le llamó la atención y, ¿sabes qué contestó el arriero de manera ufana?

—No, ¿qué contestó? —Quiso saber la pequeñuela curiosa.

—Pues que, si fuera verdad, allí mismo reventara el mejor de sus bueyes de tiro.

—¿Y qué pasó?

—Pues que, en efecto, allí mismo reventó y se desprendió la panza del animal, convertida en piedra como recuerdo de este hecho prodigioso.

Y la niña, después de mirar el pedrusco, no se fue muy satisfecha, pero si lo decía su madre...

Por lo que sea, esta historia se trasmitió a otros vecinos y se fue perpetuando. En fin, hay que tener muchas tragaderas para creérselo. Pero ya da igual. La leyenda es la leyenda. Como el pedrusco se parece a un estómago de buey (es un decir), pues *pareidolia* al canto, y nunca mejor dicho.

Allí está, a la intemperie, sobre un pequeño pedestal en medio de una sombreada chopera en la comarca de Tierra de Campos. Con un cartel al lado en el que aún se puede leer su texto. Le quedan pocos meses legible. Y en ese texto se cita al cronista Santiago Pisonero del Pozo (tiene un libro contando la historia de este pueblo pucelano), el cual considera que la piedra sería el símbolo de una leyenda que debió de surgir en el siglo VIII cuando en esa loma había un asentamiento hispano visigodo que se abandonó tras la invasión árabe del año 711. Mi opinión particular, dado el cariz de esa historia, del arriero gitano, la ermita, el aceite y el asombroso milagro pétreo, es que su origen no va más allá del siglo XVIII.

A veces ciertas rocas cuentan historias maravillosas.

Lo curioso de todo este asunto es el ostentoso título que le han dado. Nada menos que «piedra del milagro», si bien lo más milagroso es que todavía esté intacta. Lo llamativo es que se trata de una piedra de cuarcita metamórfica o micacita (un mineral inexistente en la zona, y que además suena importante) de una media tonelada de peso. Como hoy por hoy nadie se explica cómo llegó hasta estos pagos castellanos, pues se acude a la leyenda inverosímil. De esta forma se hace familiar un objeto foráneo.

La piedra, que de lejos parece un cangrejo gigante (o eso dicen), lleva siglos ahí, soportando el sol, la lluvia y, seguramente, algún que otro curioso que la toca para ver si pasa algo. Aunque algunos cronistas creen que su historia podría remontarse a tiempos visigodos (siglo VIII), lo más probable es que sea una invención del siglo XIX, cuando las leyendas hacían más entretenido cualquier paseo por el campo.

Su posición sobre un pedestal en medio de una chopera le da cierto aire solemne…, hasta que recuerdas que está junto a un cartel tan deteriorado que parece que también se lo llevó el milagro.

Si consigues encontrar la ermita del Cristo de la Veracruz, descubrirás que es moderna, aunque se eleva sobre los restos de una más antigua, la de Santa Cruz de Araduey. En su interior (si tienes suerte y está abierta) se guarda un cristo del año 1600; pero como en mi visita la ermita estaba cerrada, el misterio quedó intacto.

La historia de este buey reventado tiene ecos de otras leyendas, como la del buey blanco de la Mezquita-Catedral de Córdoba, que supuestamente transportó todas las columnas del edificio hasta que, agotado, también reventó. Claro que, si miras con atención, el «buey» en cuestión no es un bovino cualquiera, sino un toro que representa a san Lucas, con un águila a su lado que simboliza a san Juan. Para los más bromistas, es un buitre esperando devorar sus vísceras.

Moraleja: cada piedra tiene su historia, aunque para creerla hay que tener fe... O, como en este caso, buen sentido del humor. En Vega de Ruiponce, esta piedra seguirá siendo testigo del ingenio popular. Y recuerda: saber mirar es saber admirar.

22.
PASAR POR LA PIEDRA QUE CURA HERNIAS (O TE DESTROZA LAS RODILLAS)

Ubicación: bajo el altar de la ermita de San Frutos, en Carrascal del Río, Segovia.

Si tienes una hernia y te sientes aventurero (o desesperado), olvídate de médicos y cirugías. Entra al maravilloso mundo de la folkmedicina y pasa por la ermita de San Frutos, donde una piedra cúbica y milagrosa promete aliviarte. El proceso implica más gateo que un bebé aprendiendo a caminar, pero si estás dispuesto a agacharte, la promesa de la sanación está al alcance de tus rodillas (literalmente).

La ermita de San Frutos está ubicada en un lugar digno de postal: el cañón del río Duratón. Aquí se retiraron en el siglo VII Frutos y sus hermanos Valentín y Engracia (que eran segovianos de pura cepa), buscando paz y oración. A su muerte, en el 715, el cuerpo de san Frutos fue enterrado por sus dos hermanos en lo alto de la hoz del Duratón. Años más tarde, Valentín y Engracia, se trasladaron a la ermita de San Zoilo, dentro del término del pueblo segoviano de Caballar. Todo iba bien hasta que unos moros iracundos aparecieron, los capturaron, martirizaron y decapitaron. Las cabezas de Valentín y Engracia siguen protagonizando un curioso ritual llamado «las mojadas de Caballar»: en periodos de extrema sequía, cuando la lluvia es un tesoro, el cura las mete en una fuente para invocar precipitaciones. Cuidado, meteorólogos, que tenéis competencia.

Para llegar a la ermita hay que cruzar un puente del siglo XVIII que salva una grieta apodada la cuchillada de San Frutos, supuestamente resultado de un enfado del santo (la hizo con su báculo para salvar a un grupo de cristianos perseguido por los sarracenos). Todo muy épico.

La ermita de San Frutos esconde muchas sorpresas como esta.

Si ya estamos dentro de la ermita dedicada a San Frutos, que data del siglo XII y construida sobre la visigótica fundada por el santo a finales del siglo VII, prestémonos al ritual de pasar por la piedra, porque es muy genuino. Bajo el altar, encontrarás la famosa piedra del santo, un bloque rectangular que fue el pie del antiguo altar visigodo. La tradición dice que, si gateas tres veces alrededor de esta piedra por un pasadizo estrechísimo, rozándola en cada vuelta, tu hernia y tu reuma desaparecerán. Eso sí, tendrás que dejar la dignidad en la entrada, porque el proceso es bastante acrobático.

Si te duele una muela, basta con dar una vuelta a la ermita. San Frutos, omnipresente y milagroso, tiene solución para casi todo, aunque no te sorprendas si el dolor de espalda postateo compensa cualquier otro mal.

Entre los prodigios atribuidos a san Frutos está el de «la despeñada», una historia que no tiene desperdicio. En 1225, un marido celoso tiró a su esposa desde lo alto de la hoz de san Frutos, convencido de que lo estaba engañando. La mujer, sin un rasguño, sobrevivió y, agradecida por el milagro, donó todos sus bienes al priorato. Su epitafio, todavía visible, resume la hazaña con esta poesía involuntaria, inscrita en el sillar situado en la puerta sur de la ermita: «aquí yace sepultada una mujer de su marido despeñada y no morío i hizo a esta casa lymosna de sus bienes».

Como si no tuviera ya suficientes credenciales, san Frutos es también el patrón de los cazadores de pájaros. Es decir, si te dedicas a atrapar aves con liga, el santo te echa una mano. Todo un polifacético de los milagros este santo pajarero.

Conclusión: san Frutos no es un santo cualquiera. Desde hernias hasta muelas, despeñamientos y lluvias, parece tener una solución para todo. Solo necesitas un poco de fe, algo de flexibilidad y, probablemente, un antiinflamatorio después del ritual. ¡Ah, y no olvides disfrutar de las vistas! Porque si no se te cura la hernia, al menos te llevas unas buenas fotos del cañón del Duratón.

23.
DORMIR COMO UN TRONCO
(PERO EN UNA ALMOHADA DE PIEDRA SORIANA)

Ubicación: Museo del Convento de clausura de la Concepción. Ágreda, Soria.

Las almohadas no son un invento moderno. De hecho, ya en el año 7000 a. C. (sí, hace más de 9000 años) en la zona de Mesopotamia, la gente rica usaba almohadas, pero no de algodón sino de piedra. ¿Por qué de piedra? Pues porque estaban diseñadas para evitar que insectos intrusos decidieran hacer de tus oídos su residencia temporal. Los egipcios, siempre tan innovadores, también dieron un toque místico a sus almohadas, fabricándolas con materiales como cerámica o mármol, e incluso las usaban para protegerse de los malos espíritus. Todo muy espiritual y muy duro para el cuello.

La más antigua, famosa y con pedigrí más milagroso es, sin duda, la piedra que le sirvió de almohada a Jacob. Esa que utilizó el patriarca Jacob para recostar su cabeza en el extraño pasaje del Génesis en el que sueña con una escalera que ascendía al cielo y que con el tiempo se convertiría en la Piedra del Destino o la Piedra de Scone, en la que han sido coronados todos los reyes británicos desde finales del siglo XIII.

Vamos a dar un salto en el tiempo hasta la Edad Moderna, donde, si pensabas que tu almohada de plumas de ganso era demasiado incómoda, ¡los santos te enseñan lo que es sufrir! Si visitas el convento de las franciscanas en Ágreda, te encontrarás con la almohada de mármol que usaba sor María Jesús de Ágreda, la famosa Dama Azul, una monja que se bilocaba (es decir, se teletransportaba) entre Ágreda y el Nuevo Mundo en un santiamén para evangelizar sin moverse de su celda. Repartía rosarios y cálices entre los indios en Nuevo México... antes de que llegaran los primeros misioneros europeos. Esto, por supuesto, dejó a los cronistas de la época boquiabiertos y a fray Alonso de Benavides con la misión de encontrar pruebas físicas de dichas visitas celestiales, como un rosario o un cáliz con el sello de un joyero soriano que confirmara que la Dama Azul realmente estuvo allí entre 1620 y 1629. Lo malo es que en 1650 hubo una revuelta indígena que terminó con la destrucción de iglesias, tesoros y reliquias.

En 1630 Benavides volvió a España y redactó un informe para el mismísimo Felipe IV, apodado el Rey Planeta. El monarca quedó tan impresionado con el relato que ordenó su publicación en la Imprenta Real. Este documento no solo recogía los milagros de la Dama Azul, sino que, de paso, fue la primera descripción histórica de la geografía y los pueblos de Nuevo México. Es decir, la bilocación de la Dama Azul vino con datos históricos gratis.

Por si la historia no fuera ya lo suficientemente inverosímil, ella y Felipe IV se escribieron la friolera de 618 cartas a lo largo de 22 años. Sí, además de bilocarse, sor María de Jesús también tenía tiempo para asesorar al rey sobre su gobierno, sus ministros y las virtudes que debía tener un príncipe. Cuando Isabel de Borbón, la esposa del rey, murió en 1644, la monja le escribió para informarlo de una visión que había tenido: la reina se le apareció en el purgatorio, vestida con sus mejores galas y guardainfantes, pero todo estaba envuelto en llamas. Así, durante un tiempo, la monja se dedicó a transmitir al monarca mensajes de su difunta esposa.

Sor María Jesús de Agreda dormía poco. No me extraña.

La visita al museo es imprescindible. Comienza por la iglesia, donde puedes ver el sarcófago de la Dama Azul con su cuerpo incorrupto, rodeado de dos angelitos que parecen estar intentando abrir una ventana para que puedas mirar mejor. Y sobre el sarcófago, la estatua de sor María Jesús, descansando en su eterno sueño sobre… ¡dos almohadas rojas! Un contraste total con su almohada de mármol. Además, el rostro de la monja, que sigue intacto, está cubierto con una máscara de cerámica (no, no es una mascarilla de cera, eso sería demasiado fácil).

He estado tres veces. La primera cuando preparaba junto con Javier Sierra el libro sobre *La España Extraña*;. La segunda, en julio de 1999, donde puede ver de nuevo el museo y, entre las pertenencias personales de la monja, encontré, además de esa piedra marmórea, algunos escritos y objetos diversos de la Venerable, incluyendo su correspondencia como asesora personal del rey Felipe IV. Y en un arcón metida, tras una reja, nada menos que el cuerpo incorrupto de Catalina de Arana, la madre de sor María Jesús, cuya tapa nos abrió amablemente una monja para que pudiéramos contemplar que lo de la incorruptibilidad viene de familia. Cuando fui de nuevo en el verano de 2024 estaban rehabilitando el museo, y no hubo forma de visitarlo. No creo que la almohada pétrea se haya movido de su sitio, ni mucho menos que esté bilocada.

La paradoja es que esta santa popular tiene méritos suficientes para ser algo más que Venerable, es decir, para ser beatificada (tuvo visiones, escribió libros místicos, hizo milagros, se teletransportó, su cuerpo es incorruptible, etc.). En 2016 la Santa Sede decidió por enésima vez que no había elementos nuevos para reabrir su causa de beatificación. O sea, que todo sigue igual que hace siglos.

La de Ágreda no fue la única monja en usar almohadas tan incómodas, aparte de ponerse cilicios por todo el cuerpo para mortificarlo. Santa Catalina de Siena también prefería dormir en el frío suelo y usaba una piedra como almohada. ¿Por qué? Pues porque ser santa no es precisamente sinónimo de confort. Después de un tiempo de este «tratamiento» tan relajante, su salud comenzó a resquebrajarse (literalmente), y tuvo que suavizar sus métodos de mortificación por consejo médico. No obstante, su cuerpo también quedó incorrupto tras su muerte, lo cual es un consuelo y otro punto en común con nuestra monjita soriana.

24.
EL PEDRUSCO DEL VENERABLE ANADÓN

Ubicación: Loscos, Teruel.

Hablando de venerables, en Loscos existe una historia que te dejará sorprendido y con ganas de ver una piedra. ¡Pero no cualquier piedra! Hablamos de la que tenía fray Domingo Anadón, un fraile del siglo XVI. Una piedra de 150 kilos que él usaba como asiento para descansar y para calzarse. Cada día, sin dar mayor importancia al asunto, la sacaba de su casa, se sentaba en ella y luego la volvía a meter. ¡Todo un experto en levantamiento de piedras!

En este municipio, de apenas trescientos habitantes, nació nuestro personaje en 1530 y vivió allí hasta los diecinueve años, momento que se fue a Daroca a estudiar. En su juventud protagonizó un hecho memorable. Un niño de ocho años cayó de una ventana con tan mala suerte que, según todo el pueblo, quedó «literalmente muerto» durante más de dos horas. Pero no contaban con Domingo, quien, con más calma que un médico de guardia, tomó al niño en brazos, rezó un rato y… *Voilà*! El crío volvió a la vida como si nada. Esto deja a los superhéroes de Marvel en pañales.

Durante cuarenta y cuatro años, desempeñó el oficio de portero y limosnero de su comunidad dominica de Valencia hasta su muerte en 1602. Algo muy similar a lo que hizo unos siglos después fray Leopoldo de Alpandeire en Granada como limosnero capuchino. Ambos se granjearon fama de hombres buenos y santos.

El padre Anadón tenía una rutina de lo más curiosa. Imagínate levantarte a las cuatro de la mañana todos los días, en invierno y en verano, no porque tengas que ir a trabajar, sino porque estás muy ocupado siendo santo. Así era la vida del padre Anadón, según sus biógrafos, quienes dejaron constancia de sus épicos días, que parecen más el guion de una película de devoción piadosa que una rutina cotidiana.

Un testimonio pétreo de los muchos milagros que se le atribuyen a fray Domingo.

El día comenzaba fuerte. A las cuatro en punto, mientras la mayoría seguía abrazando la almohada, el padre Anadón ya estaba rezando maitines y dándose una rigurosa disciplina. Luego venían la confesión, la misa, las oraciones y una maratón espiritual por los más de cien altares de su iglesia. Sí, cien. Si esto no es cardio divino, que venga Dios y lo vea.

A las nueve, después de haber cubierto más kilómetros en los claustros que un atleta en un triatlón, se iba a la portería. ¿Para descansar? Nada de eso. Allí repartía limosnas con la eficiencia de un cajero automático, pero con más amor y sin comisiones. A la una, en lugar de un descanso para el almuerzo (porque eso sería demasiado mundano), se dedicaba a ayudar a los estudiantes. Les daba limosnas, les negociaba asuntos como un gestor espiritual. Ah, y si les faltaba casa, el padre Anadón también hacía de agente inmobiliario.

El padre Anadón no era un hombre cualquiera. Su vida diaria no solo era una lista interminable de buenas acciones, sino que también estaba llena de momentos que rozaban lo épico y lo inexplicable.

Sus dotes milagreras eran *vox populi*. Por las noches, cuando uno pensaría que el padre Anadón estaría exhausto, él se retiraba a rezar en modo ninja. Pero un día, su amigo Antonio Burguero lo sorprendió en plena capilla. Allí estaba el padre arrodillado, pero con un detalle curioso: flotaba a dos palmos del suelo. Sí, levitaba como si fuera lo más normal del mundo. Al darse cuenta de que lo habían pillado en pleno momento santo, su reacción fue tan humilde como hilarante: «Lo que habéis visto, calladlo, que puede ser ilusión del demonio». Si flotaba como si nada, como para no levantar una roca de 150 kilos.

El pedrusco de Loscos debería estar en lo que fue su casa, pero cuando fui a visitarla, el lugar estaba destartalado y en obras. Eso sí, la piedra se encontraba a buen recaudo y cuidada como si fuera una reliquia. Pilar, la simpática administrativa del ayuntamiento, fue quien me facilitó las llaves de la nave industrial donde se encontraba el objeto buscado. Una gran piedra rodeada de maquinaria agrícola. No me atreví a levantarla porque no soy tan insensato y valoro mis lumbares, pero sí que me senté en ella, y doy fe de que, por unos instantes, me sentí inspirado.

El guía local me explicó que gracias a los molinos eólicos que abundan en los alrededores han conseguido financiación para hacer, en la que fuera casa natal del venerable Anadón, un museo donde poner todo lo referente a él, incluida la reliquia ósea que tiene una familia y, por supuesto, la famosa piedra.

Si queremos conocer el rostro de fray Domingo, nada mejor que acudir a una placa con su efigie que se encuentra en la puerta de la iglesia, idea que surgió en la celebración del IV centenario de su muerte en el 2002. Asimismo, en un panel están expuestas poesías a él dedicadas durante las justas poéticas que se celebran cada año en su honor, en las que los participantes se visten con trajes de época y procesionan con antorchas.

Se cuentan muchas historias de este venerable en los años que vivió en Loscos, que no fueron muchos. Una de ellas es que un día unos vecinos bromistas, para probar su fama de persona sensible y vidente, pusieron un papel debajo de dicha piedra. Cuando fray Domingo apoyó su pie en ella a la mañana siguiente, pronunció una copla que casi todos en Loscos conocen:

> O la tierra se ha elevado,
> o el cielo se ha bajado,
> pero la piedra no está,
> como yo la he dejado.

Recuerdan cada año su figura en la procesión del lunes siguiente al Domingo de Pascua, cuando la piedra se convierte en una reliquia y todos se acercan a besarla en honor al padre Anadón. Para ello la colocan delante del altar ocasional que se levanta en la puerta de su casa donde se detiene la procesión. Con la cruz, los estandartes y el cuadro del venerable como testigos, el cura reza las oraciones y un grupo de mujeres entonan cantos en su honor. Un altar sencillo compuesto de una sábana blanca cubre la puerta y delante se coloca su piedra con unas lamparillas de aceite.

El milagro más recordado en Loscos no es el trajín que se traía con la piedra, sino el nacimiento de la Fuente de los Olmos. Cuentan que, siendo pastor de ovejas en Loscos, cuidando el rebaño con su hermano pequeño Juan por la Cañada la Artota a las afueras del pueblo, éste sintió sed. Como no había ninguna fuente cercana, Domingo golpeó el suelo con su garrote o cayado, y allí mismo, de repente, manó agua. Entonces Domingo soltó otro ripio para la posteridad:

Fuente los Olmos,
Fuente los Olmos,
poco manarás
pero no te secarás.

Murió en Valencia el día de los Santos Inocentes, el 28 de diciembre de 1602. El último día del padre Anadón fue todo un evento, casi como una despedida de *rockstar*, pero con más rezos y menos guitarras eléctricas. Cuando llegó el momento de su muerte, su aposento se llenó de gente. Al ver que el buen hombre estaba en las últimas, el público presente entró en un frenesí devocional. Empezaron a pasarle rosarios por la cara y las manos, como si fueran tarjetas mágicas que recargaban santidad. Otros sacaron toquillas y sombreros y los pusieron en la cabeza del pobre santo. Todo esto, claro, con la esperanza de que se les pegara algo de su virtud. Cuando ya no quedó nada en la celda para saquear —ni zapatos, ni papeles, ni siquiera los clavos de las paredes—, los más devotos empezaron a buscar qué más podían llevarse. En resumen, la muerte del padre Anadón fue menos un velatorio y más un mercadillo celestial. Y dicen que cuando expiró se produjo un suceso extraño: ¡las campanas sonaron solas!

Fue enterrado en la Capilla de los Venerables de la Iglesia del Convento de Santo Domingo, y en 1611 se trasladaron sus restos al nuevo sepulcro de mármol construido en Génova por el Virrey de Nápoles, Don Juan Alonso Pimentel de Herrera.

Si alguna vez te acercas a la fuente de los Olmos, no olvides lavar tu cara, como manda la tradición de san Juan, que el agua de la piedra no se seca ni aunque haga calor como el del verano del año pasado.

En el texto de una obra representada por grupo ILLMO y Cía de Loscos (a ritmo de rap) se leen estas coplillas que hacen un resumen de su vida:

Nació en la calle del Moral, / que no está nada mal.
Y a la escuela de Daroca / lo mandaron a estudiar.

Siendo más mayor, / ejerciendo de pastor
un buen día en el campo /su fuerza demostró.

Cuando se cansaba / una piedra se sacaba.
¿Y cuánto pesaba? / Una tonelada.
¡Qué exagerada!

Cuenta la leyenda / que su palo golpeó
y en ese momento / agua brotó.
Y fuente de los Olmos / la bautizó.

Mucha fe tenía / y en Valencia le querían
ayudaba a quien pedía / con mucha simpatía.

El día de su muerte /lloramos un montón
y sonaron las campanas /sin explicación.

Toda la tarde componiendo esta canción
para recordar al venerable Anadón.

25.
LA DAMA FENICIA QUE RESULTÓ SER UN VARÓN

Ubicación: Museo de Cádiz.

¿Quién necesita ficción cuando la realidad te da historias tan reactivas como esta?

En el siglo XX hubo un descubrimiento de campanillas y sin precedentes en la «tacita de plata», o sea, en la ciudad de Cádiz. Era el viernes, 26 de septiembre de 1980, mientras se realizaban las obras de excavación en un solar donde años atrás se encontraba la vivienda del arqueólogo Pelayo Quintero Atauri (en la calle Ruiz de Alda). Y entonces la excavadora topa con algo duro que resultó ser la tapa de mármol de un sarcófago. Rompen un trozo del mismo, hueco por el que un obrero saca una calavera, y le dice al arqueólogo Ramón Corzo: «Ha aparecido un muerto».

Sacan el sarcófago de la tierra, aún con restos de pintura policromada, lo observan con detalle y el maquinista suelta una expresión espontánea: «¡Esta sí que era una tía guapa!»

Lo abren con expectación y dentro ven un esqueleto. Se dan cuenta de la importancia que puede tener el hallazgo, pero había problema logístico: eran las dos de la tarde, hora de la comida. Así que lo taparon todo y lo dejaron para el lunes.

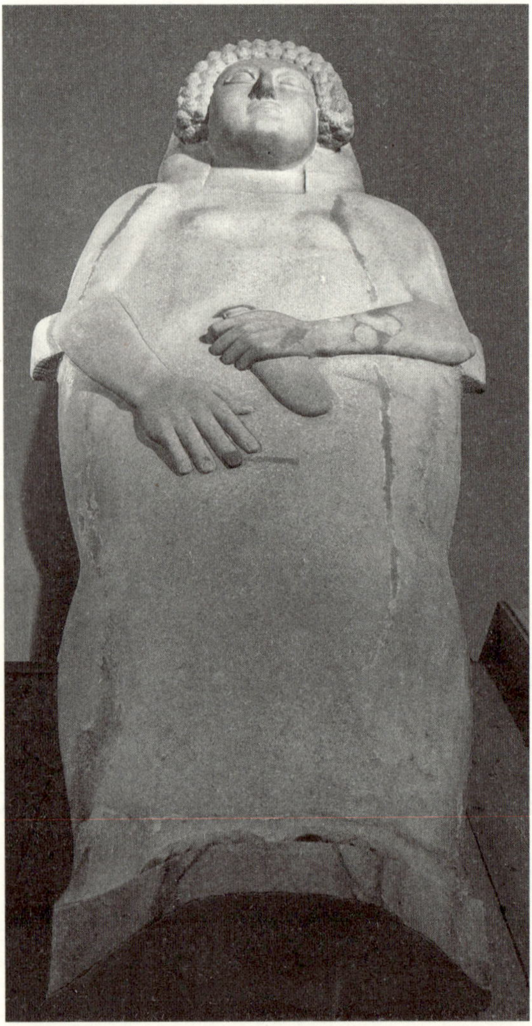

Son dos sarcófagos impresionantes por su origen y sus restos óseos.

Llega el lunes, día laborable, y se hizo una filmación donde se ve cómo extraen este espléndido sarcófago femenino fenicio datado en el 470 a. C., al que bautizan como «la dama de Cádiz», porque aparece un relieve en el que se ve su pelo ensortijado y un frasco de ungüento en su mano izquierda (un alabastrón). En su interior apareció un ajuar funerario compuesto de dos pares de pestañas de bronce, cinco amuletos colgantes en forma de ureos (representación de la diosa Uadyet con forma de cobra erguida), un escarabeo (amuleto en forma de escarabajo) y cuatro clavos de bronce.

Que una diablesa desnuda procesione en la Semana Santa de Orihuela no es algo que se vea todos los días ni en ninguna otra parte de España. (Junto a Nacho Ares).

El sillón del diablo que se muestra en el Museo Municipal de Valladolid tiene asociada una historia oscura y tremebunda de muertes que se remonta al siglo XVI.

Hay repiques de campanas que tienen diversos significados, pero la campana cordobesa de Scala Dei si toca sola no es de muy buen augurio. (Foto de José Manuel Morales Gajete).

Según una leyenda, había una Virgen que no quería competencia femenina en la Edad Media. Si acudes a las cercanías del monasterio de Valvanera te encontrarás con una cruz que lo señala.

La Piedra del Milagro de Frómista nos remite a un acontecimiento eucarístico que dejó huella en una casa, una patena y una estela.

Hay leyendas un tanto exageradas como la del estómago de un buey que se convirtió en piedra en el pueblo vallisoletano de Vega de Ruiponce.

Bajo el altar de la ermita de San Frutos, ubicada en Carrascal del Río (Segovia), hay un sillar que recibe el nombre de *piedra del santo*. La tradición dice que si das tres vueltas te cura la hernia.

La almohada de piedra en la que descansaba cada noche sor María Jesús de Agreda, la famosa monja segoviana que se bilocaba hasta América, no era muy cómoda.

Hay piedras y pedruscos. La del venerable de Loscos tiene unas cualidades especiales, en gran parte debido a la vida y prodigios de fray Domingo Anadón.

Los pimientos no aparecen en Europa hasta el siglo XVI, ¿entonces que pinta uno de ellos en una tumba palentina del siglo XIII?

Los antiguos romanos fueron muy dados a esculpir falos como símbolo de fertilidad. Lo inaudito es que en La Hinojosa haya cinco que forman parte de un Vía Crucis católico.

La muria leonesa es una piedra muy especial, en donde se reunían para celebrar sus reuniones los nobles de las distintas regiones, bien regadas con vino. (Foto de Ana Caballero).

Las muñecas articuladas de Ontur son cinco datadas en el siglo III d.C. (sus reproducciones están en una rotonda) y en Tarragona se puede ver otra en su museo arqueológico.

El duende Martinico fue tan famoso que incluso se le menciona en un proceso inquisitorial. Hoy su estatua se puede ver en Mondéjar, aunque no se parece mucho a las descripciones que hay sobre él.

En Bargota tienen la estatua del cura Johanes que era capaz de transformarse en animales y hasta de volar.

La Cueva de Salamanca era el lugar favorito para los que querían estudiar las artes más nigrománticas en compañía del mismísimo diablo. De eso sabía mucho Enrique de Villena y Diego de Torres Villarroel.

Ser pionero de la aviación en España no es muy saludable ni rentable. Que se lo digan a Diego Marín Aguilera y su prototipo de Coruña del Conde (Burgos).

El hombre-pez de Liérganes ha generado mucha leyenda a partir de un personaje que realmente existió y que desapareció en el mar un día de 1685. (Junto a Juan Gómez).

El milagro de Jesús de Nazaret en las bodas de Caná de convertir agua en vino fue en una hidria. ¿Es posible que esta vasija esté en una iglesia de Galicia como aseguran en Cambre?

La multiplicación de alimentos se recoge en la Biblia, pero la multiplicación de buen vino en una tinaja es algo que ocurrió solo en Alcobendas en el siglo XVII.

Es normal que las autoridades municipales lleven un bastón de mando, pero el aleo que se ve en la catedral de Ceuta tiene una historia cuanto menos peculiar.

Nada fuera de lo normal, excepto que, cuando años más tarde le echaron un vistazo más de cerca, se dieron cuenta de que los huesos no eran precisamente de una mujer. ¡Ups! Al parecer, el sarcófago contenía los restos de un hombre de unos 45 o 50 años. ¿Alguien dijo «sorpresa» en el mundo de la arqueología?

Este sarcófago había sido buscado toda la vida por el arqueólogo Pelayo Quintero Atauri, quien se había empeñado en encontrar a la famosa «dama fenicia». Y aquí viene el guiño del destino, porque él había estado viviendo sobre el objeto anhelado sin saberlo. Su casa estaba en la calle Ruiz de Alda, justo encima del sarcófago, y él lo buscó en todos los lugares menos debajo de su cama.

El descubrimiento fue tan épico que inspiró al autor gaditano Felipe Benítez Reyes, quien lo incluyó en su novela *Mercado de espejismos*, ganadora del Premio Nadal en 2007. Un relato de esos que hasta Borges habría disfrutado.

Los sarcófagos fenicios masculino y femenino se dataron en el siglo v a. C. y se confirmó lo que el bueno de Pelayo ya sabía. Con seguridad, sus huesos se debieron de remover de satisfacción en su tumba. Al menos Pelayo Quintero tiene desde 2011 un busto en la plaza que lleva su nombre en Uclés, su localidad natal.

Aquí no acaban las sorpresas. Se sabe que fue un artesano de la ciudad de Sidón quien debió de realizar el sarcófago antropomorfo con figura femenina, supuestamente para enterrar a una noble damisela. Tras la travesía en barco, lo depositó en Cádiz, que por entonces era la más importante de las colonias fenicias de la península ibérica (Gadir). Al representar a una mujer joven tallada sobre el mármol, se suponía que los restos que contendría esa tumba serían los de una mujer.

Lo más curioso es que el sarcófago, que al principio parecía ser de una dama, fue hecho para una noble mujer. Al final, los huesos dentro de este sarcófago de eran los de un hombre robusto, mientras que los de «el hombre» del sarcófago masculino resultaron ser los de una mujer. ¡Qué despiste, por favor! ¿Se reutilizaban los sarcófagos? ¿O simplemente se hacían en serie y se usaban como un buen ataúd de *stock*? A saber.

La cuestión es que el sarcófago era tan caro que no lo pagaba cualquiera, por lo que la gente de buena familia andaba ahí, cambiando huesos sin pedir permiso.

Los sarcófagos antropoides de Cádiz son tan raros que hasta ahora son los únicos de este tipo encontrados en toda España, y en Europa solo hay algunos en Sicilia.

26.
UN PIMIENTO PRECOLOMBINO (Y PALENTINO)

Ubicación: Iglesia de Santa María la Blanca,
en Villalcázar de Sirga, Palencia.

En medio de la vasta llanura de Tierra de Campos, un pueblo con más ovejas que habitantes (¡apenas ciento setenta personas!), se encuentra una iglesia que, de no ser por su inmensa belleza y grandiosas proporciones, podría ser fácilmente pasada por alto por los peregrinos que se dirigen a Frómista o Palencia. Pero ojo, si lo haces, te perderás uno de los tesoros más insólitos de la región.

La iglesia, construida entre finales del siglo XII y principios del XIII, está dedicada a santa María la Blanca y guarda secretos muy jugosos entre sus muros. Casi al lado hay un albergue con una estatua de bronce que representa al Mesonero Mayor, un tal Pablo Payo, quien parece estar dispuesto a compartir su comida con cualquier peregrino de buen corazón. Y es que, este lugar fue una encomienda de los caballeros templarios, quienes lo utilizaban para proteger a los peregrinos y, aparentemente, para dejar algunos secretos bien guardados.

Uno de esos secretos es la Virgen Blanca que preside el altar mayor de la iglesia y tiene fama de obrar milagros a cascoporro. Aunque lo que realmente te dejará boquiabierto está en la capilla de Santiago, que se encuentra cerrada tras una reja metálica, como si quisieran proteger su contenido a toda costa. Yo tuve la suerte de acceder a ella durante el rodaje de un programa de la serie *Otros Mundos*, de Javier Sierra, en marzo de 2021, y te aseguro que la visita no tiene desperdicio.

Lo primero que se ve allí es la Virgen de las Cantigas, una imagen románica del siglo XIII que, aunque un tanto mutilada, tiene una larga historia de milagros a sus espaldas. Uno de los más conocidos está recogido en la Cantiga 355: durante la construcción de la iglesia, un peregrino fue acusado injustamente de robar una piedra. Justo antes de que lo ahorcaran, la Virgen colocó la piedra robada bajo sus pies, demostrando que era inocente, y lo salvó.

Aparte de la Virgen, en la capilla hay tres sarcófagos góticos. El más simple es el de Juan de Pereira, un caballero de Santiago del siglo XIV, que sostiene un ave decapitada. El del medio pertenece al infante Felipe de Castilla, hermano de Alfonso X el Sabio. Y el tercero es, o al menos se pensaba que era, el de doña Leonor Ruiz de Castro y Pimentel, la esposa de Felipe. Pero resulta que la cosa es más enrevesada. Los emblemas heráldicos que decoran el sarcófago no corresponden a ella, sino a Inés Rodríguez Girón, su segunda esposa. Así que, ¿quién está realmente enterrada allí?

Los que buscan una prueba de la presencia de América antes de Colón, aquí está.

Ahora viene lo más jugoso: la estatua de la esposa de Felipe (ya sea Leonor o Inés) muestra a una mujer con una panela en la mano; un objeto heráldico que, según dicen, representa un corazón. Si miras bien, te darás cuenta de que lo que realmente está en su mano es un pimiento morrón. ¡Sí, un pimiento! Y lo más desconcertante: un pimiento de origen americano. ¿Cómo llegó un pimiento de América a un sarcófago del siglo XIII? ¿Estuvieron los templarios en América antes que Colón? Tal vez sí, tal vez no, pero seguro que el pimiento es un código secreto, o al menos eso nos gustaría creer.

Como curiosidad extra, el infante Felipe se casó en primeras nupcias con una noruega, la princesa Cristina, que debió de pasar tantos sofocos en su palacio de Sevilla que la pobre murió, unos dicen que de tristeza, otros de otitis y otros de un golpe de calor, cuatro años más tarde de su matrimonio concertado en 1268. Su tumba que está en Covarrubias tiene la llamada «campana del amor», que, según dicen, consigue que quien la toque tres veces se case. Otro objeto sonoro para el gabinete de curiosidades.

27. EL MELOCOTÓN ALQUÍMICO E INCOMESTIBLE

Ubicación: Museu Arqueològic de Catalunya, Barcelona.

En 1980, durante unas obras de restauración en el monasterio románico de Sant Cugat del Vallés, los arqueólogos hicieron un descubrimiento tan jugoso que casi se lo comen: una reproducción perfecta de un melocotón de mármol. ¿Y qué se hace con un melocotón de estas características? Pues, como buen inquisitivo, investigarlo. Así lo hizo José Antonio Lamich Cámara, del Grupo de Estudios Hipergea, quien no dudó en darle un vistazo más detallado. Tras escanearlo varias veces, descubrió que dentro del melocotón había un hueso, lo cual inmediatamente nos hace preguntarnos: ¿es un melocotón de mármol como obra artística o un melocotón natural transmutado en piedra por alguna especie de magia medieval?

Tras este análisis, Lamich se metió en el terreno de la exoarqueología (sí, como suena, una arqueología de lo raro) para investigar más a fondo. Los científicos no tardaron en ponerse manos a la obra. Bajo el microscopio, la textura del melocotón no parecía la obra de un artista virguero, pues no presentaba estrías ni pulimentación, lo que sería típico de una escultura bien hecha. Al contrario, su piel rugosa, casi como la de un melocotón real, nos daba pistas sobre algo más orgánico. Por si eso no fuera suficiente, el escáner radiológico mostró que el hueso del melocotón tenía una densidad mucho menor que el resto del fruto. Esto significaba que el melocotón y su base no eran lo mismo, lo que sugiere que estamos ante algo mucho más extraño que un simple pedazo de mármol.

La conclusión más plausible para algunos investigadores es que un alquimista medieval anónimo pudo haber realizado un experimento que convirtió un melocotón real en una pieza cristalizada. Incluso se teoriza que podría estar relacionado con la simbología china de la longevidad, ya que en esa cultura el melocotón es un símbolo de inmortalidad.

¿Es posible petrificar una fruta por métodos alquímicos?

Lo tuve en la mano cuando estuve en el programa *Cuarto Milenio* en enero del 2011, junto con el profesor D'Arbó y Javier Sierra. Tras tocarlo nos dimos cuenta de que este tipo de producto u objeto alquímico bien podría datar de la ciudad de Praga y haberse producido por inmersión dentro de una solución alquímica.

Le pregunté a Luis Silva Mascuñana, alias Vasilius, autor del libro *Alquimia, tras la piedra filosofal*, si este tipo de procedimientos son posibles o estamos ante un relato de ciencia ficción. Me contestó lo siguiente:

> Toda la materia, incluso la orgánica, puede ser reducida a sales y, por tanto, podría cogerse un melocotón o cualquier otra fruta y encontrar la forma de inyectar algún tipo de sustancia y petrificarlo o salificarlo, pero conservando su estructura, porque realmente sí que se puede hacer en el mundo de la alquimia.[12]

El misterio sigue abierto, pero sin duda, este melocotón no huele ni tampoco es lo que parece.

28.
LOS FALOS RIJOSOS E HINOJOSOS

Ubicación: Los Hinojosos, Cuenca.

En los viejos tiempos, la esterilidad femenina era vista como una especie de gran tragedia, porque, claro, si no había reproducción no había futuro para el grupo. Y como la naturaleza es sabia, en muchas culturas antiguas, desde los egipcios hasta los incas, el culto al falo fue una especie de garantía de fertilidad, tanto para las personas como para las cosechas.

En Los Hinojosos no hace falta buscar mucho para ver evidencias de estos ancestrales cultos: aún se pueden encontrar cinco falos de piedra bien enhiestos.

Todo esto viene, como os podéis imaginar, de los antiguos romanos que anduvieron por estos pagos, siempre tan prácticos y supersticiosos ellos. No solo adoptaron el culto fálico griego, sino que también lo expandieron por todo su imperio, incluyendo Hispania. Tallaron falos en piedra por doquier, también en metal, e incluso se los colgaban al cuello como amuletos. La creencia era que protegían contra el mal de ojo (es decir, el *fascinum*), y, como buen romano, siempre tenías que llevar uno cerca, a veces en forma de *tintinabulum*.

Todo nos remite al dios Príapo, hijo de Dionisio y Afrodita, que se jactaba de tener un pene de tamaño extraordinario, y cuya imagen estaba por todas partes como símbolo de fertilidad. Esta obsesión por el órgano viril masculino traspasa fronteras. Si viajamos hasta

12 Luis Silva: *Alquimia*. Glyphos, 2012.

Egipto, hallamos la efigie grabada del dios Amón Min itifálico. Y si vamos a Perú, encontramos templos como el de Inca Ullo, en Puno, donde se veneraba a este dios con más de cuarenta vergas esculpidas en piedra. Cuando los cristianos llegaron, construyeron una iglesia justo al lado para purificar el lugar.

Los penes de Los Hinojosos (de un metro de altura) se encuentran en un lugar que bien podría ser un santuario dedicado al culto de la fertilidad, no sólo para la gente, sino también para la agricultura y las cosechas. De hecho, lo llaman el templo fálico. Y culmina el recorrido de un viacrucis, ni más ni menos.

Colocados hace más de dos mil años en lo alto de la Hontanilla, a las afueras del pueblo de no más de 700 habitantes, estos cipotes se habrían ungido con aceites o perfumes para atraer la buena fortuna. Sin embargo, con la llegada del cristianismo, los falos se reaprovecharon de manera inaudita como estaciones delviacrucis, un recorrido piadoso que se hace durante la Semana Santa y que conmemora diferentes momentos vividos por Jesús de Nazaret, desde su apresamiento en el monte de los olivos hasta su crucifixión, sepultura y posterior resurrección.

Si no lo ves no lo crees: falos romanos en un Vía Crucis.

El santuario estaba y sigue estando en un lugar abierto, con el fin de que esas estructuras tan erectas estén expuestas a los dos principales elementos fertilizantes: el sol y la lluvia. ¿Cuántos habría en su origen? Se calcula que entre veinte y cuarenta, con una disposición probablemente circular, colocados en uno o dos círculos concéntricos. Una auténtica rotonda fálica. Quizá ese culto fuera dedicado al dios Mutunus Tutunus, una deidad fálica romana del matrimonio cuyo nombre no inspira mucho respeto.

Hasta 1936 todavía se contaban catorce falos (tantos como estaciones del viacrucis), todos ellos ubicados en las proximidades del cerro de la Hontanilla. Yo solo he visto cinco bastante reconstruidos en ese denominado templo fálico, ubicados en el Calvario, y me contaron que en el año 2002 otro fue donado al ayuntamiento, que lo guarda en el patio de una nave a la salida del pueblo.

Todo indica que estos falos, hasta el año 1936, estaban provistos de una cruz y que el viacrucis se iniciaba a la salida del pueblo, en el margen izquierdo de la carretera que va a Quintanar de la Orden, ascendiendo después por el cerro hasta más allá de donde se ubica el Calvario actual. Según José María Rubio, durante la Guerra Civil se les quitó la cruz y algunos falos quedaron enterrados en la cuneta de la carretera. En 1954 el párroco Fernando Rodríguez Villafranca los restituyó, los volvió a coronar con cruces de hierro y se restableció la costumbre del viacrucis campestre.

León Chicote Pozo, cura párroco entre 1967 y 1977, deseando continuar con la costumbre, utilizó los seis falos del viacrucis primitivo que quedaban y colocó unos monolitos de cemento numerados y coronados con cruces a lo largo del recorrido.

Otro párroco, Jesús García García (que ejerció en esta localidad entre 1977 y 2002) fue quien colocó, hacia año 1985, cinco de estas vergas en el Calvario; cuatro encima del montículo y una en la parte baja. Estas son las que actualmente se ven, todas ellas «mirando a Cuenca».[13]

---

13 Más información: Miguel Salas Parrilla: «Los falos de piedra de Los Hinojosos (Cuenca). Notas sobre su culto extinguido». *Culturas Populares. Revista Electrónica* 3 (septiembre-diciembre 2006). Y también Miguel Ángel Linares y Sheila Gutiérrez: *50 lugares mágicos de Cuenca*. Cidonia, 2023.

Los pocos falos rocosos hallados en la península ibérica, de tamaño considerable, son todos de origen romano, como los que se encuentran en Ufones y Rabanales (Zamora). En Rabanales de Aliste se muestran un par de ellos de piedra granítica al lado de la iglesia, uno de ellos de dos metros de altura. El de Ufones es de menores dimensiones, también junto a la iglesia, lo cual nos hace pensar que los cristianos levantaron sus templos en los mismos lugares donde antes se había practicado un culto pagano. Algo habitual.

El hecho de que hallemos cipotes más duros que el pedernal en zonas tan diversas y distantes como Grecia, Italia, Francia, Gran Bretaña o España nos habla claramente de la gran difusión de estos rituales fertilizadores a dioses variados, que el cristianismo procuró eliminar al prohibir el culto a las piedras en el segundo concilio de Braga (572), sin éxito. Los Hinojosos es buena prueba de ello.

29. UN MOJÓN COMARCAL (BIEN REGADO CON VINO)

Ubicación: en la rotonda de entrada a Puente Almuhey, en la Montaña Oriental Leonesa.

Nuestros antepasados sabían dónde reunirnos. En vez de aburridas salas de conferencias, se elegían árboles como lugar de encuentro, con la idea de que estos majestuosos árboles representaban algo mucho más que sombra: eran símbolos de poder, de tribu e incluso de fertilidad. Sin embargo, en León, en lugar de un árbol, se usó una piedra. No es cualquier piedra, ojo. Esta muria (que así se llama en estas latitudes al mojón de piedra que se coloca en tierras de labranza para delimitar los terrenos), no llega al metro de altura y se encuentra junto a un puente medieval, al lado de la ermita de Nuestra Señora de las Angustias. Es la heredera de una tradición ancestral donde la diplomacia, la política y el vino iban de la mano.

La muria, a simple vista, parece insignificante pero, en su tiempo, servía como lugar de reunión y frontera territorial entre tres marqueses medievales. ¿Y cómo se resolvían los conflictos? No con discursos aburridos, sino con buen vino leonés. Así es, el negocio de la piedra incluía un pequeño bar improvisado: en el centro de la piedra se colocaba una gran jarra de vino, y en los huecos restantes, un vaso para cada uno de los tres gobernantes. Y a medida que la bodega se vaciaba, acompañada de cecina de vaca y queso de oveja, las discusiones se volvían más amistosas, hasta que lo que empezó en tensión, acababa en buenos acuerdos, risas, canciones y hasta chistes.

Por supuesto, como pasa con todo lo bueno, se pasaron de rosca. Le cogieron gustillo a este tipo de reuniones, y debido a su excesivo consumo en algunas ocasiones se llegó a publicar en el siglo XVIII un decreto para prohibir el vino en los concejos por el despilfarro que suponía para las arcas públicas. Un proverbio cuenta que «donde hay vino, hay alegría», y en esa zona leonesa, sin duda, la hubo.

Ramón Gutiérrez data entre el año 1100 y 1200 la primera presencia de los marqueses de Prado en la zona de Valdetuéjar. Y los orígenes de la muria, aunque sin fuentes fiables, se ubicarían en algún punto cronológico entre el siglo XIII y el siglo XVIII.

Con la creación de los ayuntamientos —tras las Cortes de Cádiz de 1812—, esos concejos abiertos que durante siglos habían dirimido el futuro de tres territorios jurisdiccionales, desaparecieron.

La muria donde se discutían asuntos cruciales.

El mojón de marras representa a la perfección esa convivencia, en la mayoría de las ocasiones pacífica, que han mantenido los pueblos leoneses a lo largo de los siglos.

La rotonda no parece el lugar más adecuado para mostrar una piedra histórica que sirvió durante siglos para intentar arreglar —o todo lo contrario— los asuntos y disputas territoriales, sociales, familiares y administrativas. Pero ahí está, de testigo mudo, para recordarnos que cualquier discusión se hace más llevadera acompañada de un buen vaso de vino.

En fin, que se tomaron a rajatabla esa frase que en su día escribió Bernardo Piuma: «El que al mundo vino y no toma vino, ¿a qué vino?»

30. LOS JARRONES AZTECAS DEL CORRO Y EL ROSAO (EL ARTE DE LA PICARESCA ARGÁRICA)

Ubicación: Museo Municipal Jerónimo Molina, en el Palacio del Concejo de Jumilla, sección de arqueología, Murcia.

El mundo de la falsificación tiene su intríngulis, y también sus historias divertidas. Viajemos a finales del siglo XIX, a un yacimiento arqueológico en Murcia, en concreto a La Bastida, situado en la localidad de Totana. Las piezas que van a apareciendo en él corresponden a la cultura argárica, que vivió pleno apogeo alrededor de dos mil años antes de Cristo, en la Edad de Bronce.

En las primeras excavaciones, empiezan a surgir de las entrañas de la tierra artefactos y cerámicas que, por su calidad, pronto adquieren valor histórico para coleccionistas y museos de todo el mundo.

Y algunos vecinos de Totana, alfareros, pensaron que aquello podía dar beneficios no solo a la ciencia, sino también a ellos. Se les pusieron los ojos del tío Gilito, y entonces apareció uno llamado Bernardo Marín Díaz, alias el Rosao, un gitano avispado que le dijo a su amigo Paco Serrano Cutillas, alias El Corro, un payo que no le iba a la zaga en pillería: «¿Y si hacemos nosotros lo mismo?»

Y, ni cortos ni perezosos, se arremangaron la camisa y se pusieron a «fabricar historia». Durante días observaron cómo se iban extrayendo vasijas rotas pintadas con garabatos, y barruntaron que también podían hacer lo mismo en el taller clandestino de un amigo suyo; incluso mejorarlas. Vieron negocio. Y aquí aparece un cuarto personaje en este sainete, Francisco Cayuela Aledo, alias «Frasquitolo», quien desempeñó el papel de intermediario.

Nuestros pícaros se motivaron e inspiraron mucho más cuando en 1897 se vendió la Dama de Elche por una suma considerable al museo del Louvre (4000 francos, que al cambio de aquella fecha se tradujeron en 5200 pesetas).

Como había señoritos de buena fortuna dispuestos a comprarlas, su ingenio y picaresca hizo lo siguiente: empezaron a replicar y falsificar obras de arte, y así engañar a los expertos. Compraron barro, madera y un horno y, ¡hala!, a realizar vasijas de cerámica similares a las encontradas en La Bastida. El precio de producción de cada una eran 20 céntimos, y las vendían como auténticas a 5 pesetas. Negocio lucrativo, viendo lo fácil que era colocarlas en el mercado.

Para envejecerlas utilizaron un método digno de un chef arqueológico: introducían las piezas en bolsas de tela y las remojaban en agua salada; luego depositaban las bolsas en un estercolero durante dos semanas (bien rebozadas en boñigas de caballo) y, por último, las enterraban en las arenas de las playas de gravilla de Mazarrón y Águilas. Arte argárico a tutiplén y al por mayor dentro de la fiebre arqueológica que se desató en Totana. El museo arqueológico de Berlín y el Museo Británico de Londres picaron.

Todos querían tener esas vasijas tan bonitas y en tan buen estado, aunque las decoraciones cada vez eran más raras.

El Corro, el Rosao y Frasquitolo seguían incrementando su patrimonio y cobraban ya unas 1000 pesetas la pieza, haciendo además trabajos extras como servir de guías a los investigadores que querían conocer de cerca el yacimiento y potenciar de esta manera las virtudes de las cerámicas que luego ellos les vendían.

Aplicaban los dos lemas que en su día estableció el empresario circense Barnum: «Cada minuto nace un tonto» y «a la gente le gusta que la engañen». Les llovían ofertas y pedidos. Y así, mes tras mes, año tras año. No daban abasto.

El periodista Juan Cuadrado, que entrevistó a los susodichos, distingue cuatro etapas en el desarrollo de las actividades fraudulentas de los totaneros. En la primera, se limitaron a vender reproducciones de recipientes cerámicos argáricos; en la segunda, ampliaron su catálogo a objetos de Cartago y Roma; y durante la tercera y la cuarta incluyeron ejemplares con influencias estéticas del México precolombino e incorporaron elementos extravagantes surgidos de la fantasía del Rosao y el Corro, plasmados en piedra y metal. No conocían el miedo.

El párroco de Totana les había regalado «La Ilustración Española y Americana», una revista donde veían láminas con piezas de arqueología mexicana, y se pusieron a imitarlas. ¿Por qué no? Y surgió más avaricia, imaginación y desfachatez. Introdujeron nuevas piezas en su fantástico catálogo, pero esta vez jarras con forma de cabezas precolombinas.

Dos pícaros murcianos fueron capaces de engañar a arqueólogos.

¿Aztecas en Murcia? Esto los delató. En 1904, Louis Siret y otros arqueólogos sospecharon y les pillaron con las manos en la masa (literalmente). Sus falsas obras de arte se retiraron, no sin cierto bochorno, de los museos de España, Francia, Bélgica y Alemania.

Conocí esta fascinante historia gracias a Raúl Alonso Sáez, coordinador de exposiciones del Ministerio de Cultura, cuando lo entrevistamos en La Escóbula de la Brújula para hablar de objetos raros exhibidos en algunos museos españoles. Y supe que alguna pieza de estos totaneros aún se conserva en la sección de Arqueología del museo de Jumilla, y una en concreto fue expuesta temporalmente en 2016 por su anterior director Emiliano Hernández. Cuando visité este museo en enero de 2025 no había ninguna visible en sus vitrinas (ni siquiera nada correspondiente a la cultura argárica, y tampoco su pieza estrella, el pilar de la estela de los Jinetes de Coimbra del Barranco Ancho). Sin embargo, me confirmaron que en el almacén tienen guardada una de las falsificaciones. Sería positivo que se volvieran a mostrar estas exóticas cerámicas como un atractivo más para el museo jumillano, pues de esta manera se convertiría en el único lugar de España donde se podrían apreciar y ver estas obras de arte de la picaresca, lo cual no deja de ser historia arqueológica de Murcia.

Por cierto, recomiendo visitar el otro edificio del museo, correspondiente a las ciencias naturales y etnografía, donde se puede ver el que está considerado como mejor registro fósil de icnitas —huellas fósiles— del Terciario de todo el mundo, aparte de una colección de minerales y mariposas envidiable.

El Corro y el Rosao no son los primeros falsificadores arqueológicos de la historia de España. Como bonus extra, años antes estaba haciendo de las suyas Juan Amat, conocido como el «relojero de Yecla», otro pícaro vivales que para sobrevivir se dedicó al oficio de sacamuelas y afinador de pianos, para luego reconvertirse en relojero y falsificador de esculturas de damas oferentes en el santuario del Cerro de los Santos (Albacete).

Al final, lo único más auténtico que las vasijas argáricas del Corro y el Rosao fue su descaro, porque si algo nos enseñaron es que, en arqueología y en la vida, el ingenio también tiene su lugar en las vitrinas de algunos museos.

III.
Leyendas de monumentos, estatuas y bustos (que dan mucho gusto)

Dijo la Zorra al Busto,
después de olerlo:
tu cabeza es hermosa,
pero sin seso.

Como éste hay muchos,
que, aunque parecen hombres,
sólo son bustos.

Fábula de Samaniego: «La zorra y el busto»

31.
UNA BARBIE ROMANA (JUGUETE ARTICULADO DE HACE 1.600 AÑOS)

Ubicación: Museo Nacional Arqueológico de Tarragona.

Si piensas que los juguetes articulados eran cosa de los Madelman o los Playmobil, te equivocas. Los romanos ya estaban a la última hace 1600 años, creando muñecas articuladas con tanto detalle que parecen las Barbies de su tiempo, aunque, en lugar de plástico, estaban hechas de materiales *deluxe* como marfil, hueso o incluso ámbar.

En el Museo de Tarragona puedes encontrar la famosa Nina d'Ivori, una muñeca articulada que no tiene nada que envidiar a las modernas muñecas de colección. Descubierta en 1927 dentro de un sarcófago infantil en la Necrópolis Paleocristiana de Tarraco, esta muñeca de marfil, con codos, rodillas, caderas y brazos articulados, fue el juguete preferido (y probablemente el más caro) de una niña romana de cinco o seis años. Era como la Barbie Malibú, pero versión Tarraco, con vestidos hechos a medida y hasta restos de hilos de oro que sugerían que la moda ya era cosa seria en el siglo IV.

A las niñas romanas les encantaba vestir y desvestir a estas muñecas (o desmembrarlas, dependiendo del nivel de travesura del día). Estas esculturas no solo eran juguetes, también tenían un significado simbólico. La Nina d'Ivori fue colocada en el sarcófago como una especie de compañera en el viaje a ultratumba. Un detalle muy egipcio, con una función similar a los *ushebtis*.

Con sus 23 centímetros de altura y sofisticado peinado, este juguete romano (para nada se parece a una muñeca chochona) demuestra que incluso en la Antigüedad, el glamur y los detalles eran lo más de lo más. No es de extrañar que se haya convertido en la joya de la arqueología tarraconense, eclipsando otros hallazgos de la misma necrópolis, como los restos de una fábrica de tabacos (que, sinceramente, no son tan emocionantes).

La muñeca encontrada en Tarraco indica que las niñas romanas no eran tan diferentes a las actuales.

Si alguna vez hubo una *influencer* entre los juguetes antiguos, posiblemente fue la Nina d'Ivori. Y eso que no es la única muñeca articulada de la península: hay otras seis más en Castilla-La Mancha. Por ejemplo, las cinco de Ontur (Albacete) que fueron encontradas en 1946 junto a una parte de una necrópolis romana. Cuatro son de hueso y una de ámbar, fechadas entre finales del siglo III o el IV d. C., y que actualmente están en el museo provincial de Albacete.

Y una sexta en Segóbriga. Aparte, la que se exhibe en el Museo Arqueológico Nacional (MAN). Todas ellas son un legado arqueológico de alta costura. En la localidad de Ontur han tenido el detalle de hacer una rotonda con la reproducción a tamaño natural de las cinco muñecas articuladas encontradas en el municipio, todas ellas calzadas con sus botines.

Cabe recordar que también existen esculturas animadas —pero con fines religiosos— que son más antiguas de lo que imaginamos. El ejemplo más claro son los cristos articulados que se ponían en acción durante la Semana Santa para representar de manera teatral el descendimiento de la cruz. Uno de los más famosos es el cristo de Burgos, de cabeza y brazos móviles y piel elástica.

32.
UN DUENDE CAPUCHINO LLAMADO MARTINICO

Ubicación: calle Palacio. Mondéjar, Guadalajara.

En España, hay calles y callejones llamadas del Duende (como en Sevilla), y atravesarlas es casi como pasear por una leyenda. Ahora, si pasas por Mondéjar, puedes revivir la historia de Martinico, un duende que no se andaba con rodeos. Y lo mejor de todo: su historia está tan documentada que podría servir de base para una buena novela de aventuras trapisondas.

Todo empezó en 1759, cuando una adolescente llamada María Medel le contó a su ama, doña María Teresa Murillo, que de niña había jugado con un duende en una casona deshabitada del pueblo, a la que denominaban palacio del marqués de Palacios (no se trataba del palacio del marqués de Mondéjar). La señora Murillo, chismosa y recelosa ella, como quien no quiere la cosa fue y se lo contó al tribunal de la Inquisición, ubicado en la calle Torija de Madrid, que se puso manos a la obra (porque cualquier sospecha de duendes no podía ser ignorada en esa época).

La denuncia a esta moza que había tenido de criada se produce en el año 1760. La señora Murillo la describe como «bastante espigada, de medianas carnes, carirredonda, blanca, algo roma y de pelo castaño». Esta moza, junto con otras muchachas del lugar, se había divertido en el palacio del marqués de Palacios con un muchacho llamado Martinico, que se les aparecía en forma de capuchino o de culebrón y las reprendía alguna vez por su demasiada curiosidad.

Veamos una parte del acta de dicha acusación que no tiene desperdicio:

> María Medel, de 18 años de edad, de estado doncella, natural del lugar de Mondéjar le contó: Que por el invierno pasado y a principio de dicho año hablando con ella la declarante, ésta le dijo: que en dicho lugar de Mondéjar había un palacio en el que habita el mayordomo del marqués de Palacio, señor de dicho lugar. Que no sabe el nombre de dicho mayordomo y que en una parte de dicho palacio que no lo habita nadie, había un duende. Que ella concurría con otras muchachas del lugar, hasta un número de 14 o 15, y que solo se acuerda de una de estas, que dijo se llamaba la Jesusa y estaba sirviendo aquí en Madrid.
>
> Y llamaban a Martinico y se manifestaba un muchacho como de diez a doce años vestido de capuchino, con el cual jugaban dándole abrazos por detrás y no por delante porque era feo, y que queriéndole ver los bajos, no lo permitía diciendo era demasiada curiosidad, pero que con ellas daba volteretas sin que nada se le viese.

No siempre el tal Martinico, en sus juegos y piruetas, se mostraba con hábito de monje, sino que a veces también lo hacía bajo forma reptiloide. Además, en un alarde de virtuosismo, también hacia labores de costurera:

> También le dijo, que otras veces bajaba Martinico por la escalera en forma de culebrón y que le decían que se apartase que en aquella forma les daba miedo, y que se subía y volvía aparecérsele vestido de fraile capuchino como antes, y entonces le decían, que así lo querían.
>
> Que un día de estos en que concurrieron a lo referido, una de las concurrentes que era una pobrecita que por serlo llevaba un jubón muy roto, le dijeron a Martinico, mira esta pobre que jubón más roto tiene: que él dijo se lo vendiesen y que habiéndose subido con él arriba, sin que ellas viesen lo que hizo, le bajó muy compuesto, bien remendado, de modo que un sastre no lo podía haber hecho mejor y que esto lo ejecutó prontamente…[14]

14 AHN. *Papeles de la Inquisición de Toledo*, legajo 92.

Hay pocas estatuas dedicadas a un duende popular.

Añadía la criada que, si hubiera querido, habría sido rica y no tendría que servir nunca más, y Martinico le haría las cosas de la casa; pero temía a la Inquisición, porque no quería que las gentes dijeran: «¡Qué muchacha es, y ya va con la mitra por las calles!»

> Que también la dijo, entre claro y confuso, que era menester negar a Dios y aun a su Madre, aunque esto no lo dijo por las claras, y que a esto le respondió la declarante, anda que eso todo son embustes, y que todo lo que ha dicho ha pasado entre las dos sin que otra persona estuviese presente ni lo pudiese oír.

El acta la firma Joseph Athanasio de Escalona y, como hemos visto, es más jugosa que un buen chisme de pueblo: un estrambótico personaje del tamaño y aspecto de un niño de 12 años vestido con hábito. Nada menos las muchachas del pueblo jugaban con él, aunque no lo abrazaban por delante ya que, según las chicas, Martinico les daba un poco de asco al no ser precisamente un modelo de belleza. Un duende feo, pero muy simpaticorro. Y con habilidades de saltimbanqui y de sastre, ¿qué más se puede pedir?

El comisario del tribunal de la Inquisición, al oír la historia, se quedó un poco desconcertado. Doña María Teresa, al parecer, no le dio mucha importancia al asunto, y las diligencias se suspendieron en 1760, sobreseyéndose la denuncia.

Lo que no desapareció fue la creencia en este duende travieso. Martinico, o alguien similar a él, siguió apareciendo en años posteriores, dejando su huella en la cultura popular. Tanto es así que incluso Goya lo intentó retratar en sus aguafuertes como un enano cabezón vestido de fraile. Otros duendes de su estilo han hecho travesuras en localidades toledanas como La Guardia o Cazalegas.

Tan famoso es ya que le han hecho una estatua de madera de pino de cuerpo entero, colocada al lado del antiguo palacio donde se aparecía y que ahora, desde el año 1986, es un bloque de viviendas. Está en la calle Palacio, muy cerca de la Oficina de Turismo, por la que se accede al museo en el coro alto de la Parroquia de Santa María Magdalena, y donde podrás charlar con Juan Antonio López, excelente guía turístico y autor de una obra de teatro dedicada a nuestro duende. Además de mostrarme los secretos de la impresionante «Cripta de los Judíos» de la ermita de San Sebastián, me suministró muchos más datos sobre el paradero de María Medel tras la denuncia, en la cual ella nunca testificó. Me dijo que había encontrado un documento donde, tras una ausencia de diez años de Mondéjar y sin tener descendencia, María adquirió una gran fortuna de origen desconocido y dejó buena parte de su herencia al patrón de la villa, que es el Santo Cristo del Calvario.

Para el historiador y etnógrafo alcarreño José Ramón López de los Mozos, el asunto está claro:

> Más parece, por lo que se puede apreciar en la declaración precedente, que se trate de un ser humano que un duende. Y posiblemente se trate del tonto del pueblo. Tal es lo que nos hace pensar su retrato, aunque éste sea escueto. Es decir, más bien se trata de un fenómeno directamente emparentado con la picaresca, o al menos con ciertas formas de la picaresca.[15]

15 Mas datos en el libro de Miguel Zorita: *Martinico, el duende Mondéjar* (publicado por el Ayuntamiento de Mondéjar. 2017). Y en la Revista de Folklore, nº 200 el artículo: «El "duende Martinico" de Mondejar y los duendes de Berninches» (1997), de José Ramón López de Los Mozos.

Quizá tenga razón, pero vamos a suponer que era un ser sobrenatural.

Porque a finales del siglo XIX, en Villarejo-Periesteban (Cuenca), otro duende llamado Martinico seguía atormentando a una familia. No solo se metía con la comida (¡como todo buen duende!), sino que además ofrecía consejos matrimoniales, y no precisamente los más sabrosos, ya que acabaron echándolo de la casa.

En *El conde Lucanor* o *Libro de Patronio*, del infante Don Juan Manuel, el diablo, muy educado él, le dice a uno de sus seguidores: «Si te ves en un lío, no dudes en gritar: "¡Acorredme, don Martín!"». Y claro, parece que Martín (y sus variantes fonéticas) no solo era un buen nombre para pedir ayuda demoníaca, sino que además ha sido el elegido por trasgos, duendes y demás bichos traviesos para bautizarse en Andalucía, ambas Castillas y más allá. De hecho, Antonio de Torquemada, en su obra *Jardín de flores curiosas*, manifiesta que todos los brujos y las brujas son llevados a los aquelarres por demonios en figura de cabrones a los cuales ellos llaman «martinetes». Y no está de más recordar que este apelativo es uno de los muchos con que se llamó al diablo, junto con los de «martinetto» y «martinello».

Estos Martinicos tienen un currículum muy peculiar: su especialidad es desordenar la casa, apagar luces en el momento más inoportuno, y, como no podía faltar, lanzar piedras con una puntería más bien aleatoria. De ahí viene la famosa expresión «dar trasgo a uno», que no es más que hacerte pasar un mal rato con travesuras dignas de un trasgo con exceso de cafeína.

Y no nos olvidemos del astuto Martín Txiki, también conocido como Martín el Pequeño y san Martinico, quien, en la mitología vasca, no se conforma con ser un simple duende revoltoso. Este geniecillo con pinta de pícaro logró arrancarle los secretos a Basajaun, el señor del bosque, demostrando que el tamaño no importa, pero la maña sí. Así, Martín consigue ser no solo sinónimo de travesuras, sino también de astucia divina.

Por si fuera poco, en Andalucía también tienen sus propios Martinicos, como el de Granada (al que también llamaban Bastián) o el de Córdoba, en la calle Almonas (llamado Martín) y el de Antequera (en Málaga), que aparecía en forma de hombre negro. El nombre tiene tirón, y no es para menos: un duende con estilo, habilidades de costurero, juguetón y consejero amoroso. ¿Quién no lo querría tener en casa?

33.
UN DEMONIO QUE SE HACE SELFIS LLAMADO SEGODEUS

Ubicación: cuesta de San Juan, al lado del acueducto de Segovia.

Cuentan las malas lenguas que una joven aguadora, harta de cargar cántaros por las empinadas calles de Segovia, decidió hacer un trato con el diablo. Vender su alma a cambio de que el demonio construyera un acueducto que le trajera agua directamente a casa y la librara de la pesada tarea. El diablo, siempre dispuesto a hacer un buen negocio con alguien tan holgazán, aceptó gustosamente el reto: construiría el acueducto en una sola noche y, si lograba terminarlo antes del canto del gallo, la chica le entregaría su alma.

La joven pronto se dio cuenta de la insensatez que acababa de cometer, y se pasó toda la noche rezando para salvar su pellejo. Mientras tanto, los diablillos ponían piedras como si no hubiera un mañana. La chica rezaba, los diablillos picaban piedra, y, cuando el gallo cantó, al diablo solo le faltaba por colocar una piedra más y salió pitando con rabia. La joven se libró de puro milagro y el acueducto quedó intacto.

Esta historia, además de ser una lección sobre cómo hacer tratos con el diablo sin leer la letra pequeña, inspiró al médico y escultor José Antonio Abella a crear una escultura del diablo en honor a la leyenda. Durante su investigación en Lübeck para su novela *La sonrisa robada*, conoció la figura de un demonio similar, llamado Teufel, y pensó: «¿Por qué no darle a Segovia también su propio demonio travieso?». Y así nació la escultura de bronce de Segodeus, de 1.70 metros de altura; un demonio moderno, porque no solo está construyendo un acueducto (apoyado en la piedra sillar que le faltaba poner), sino que también se hace selfis con su teléfono móvil. Un diablo tecnológico del siglo XXI.

Sin embargo, la escultura no fue del gusto de todos. Un grupo de vecinos, llamados la Asociación San Miguel y San Frutos, se opusieron con fuerza a la obra, reuniendo más de 12000 firmas en contra. La escultura fue un regalo de Abella a la ciudad, todo financiado por él, y los derechos se cedieron para restaurar el patrimonio de Segovia. Generosidad no siempre bien recompensada.

Un demonio que se hace selfis llamado Segodeus.

El caso llegó a los tribunales, y, en enero de 2020, el juzgado falló a favor de la escultura. La sentencia resolvió que la obra no atacaba la libertad religiosa ni los valores católicos.

Ahora, lo que empezó como una polémica judicial, ha convertido a Segodeus en un icono y atracción turística. Nadie que visite Segovia puede irse sin hacerse una foto con el diablillo regordete y cachondo. Y así, Segodeus ha logrado lo que muchos otros demonios solo sueñan: convertirse en una estrella de selfis con una mirada tentadora.

34.
UNA SIRENA ENJUICIADA LLAMADA MARUXAINA

Ubicación: en unas rocas de la playa de O Torno,
Islas de Os Farallóns, Lugo.

Cada segundo sábado de agosto, la parroquia de San Cibrao, en Cervo, se convierte en el escenario más marinero y legendario de la región. Me refiero a la fiesta de la Maruxaina. Un pueblo llamado San Cipriano nos evoca sin quererlo la historia de un santo nigromante que fue experto en artes ocultas, y ya nos está advirtiendo de que esto no va a ser una fiesta cualquiera.

La leyenda local habla de una sirena, la Maruxaina, que vive en las aguas cerca de San Cibrao, entre rocas y percebes (¡no olvidemos los mejillones!). Según la versión más amistosa, la Maruxaina avisa a los marineros de los peligros del mar para que no se pierdan; pero, como toda buena historia, tiene su lado oscuro: algunos afirman que la sirena usa su canto seductor para hechizar a los marineros y perderlos en el mar, para después hacerles compañía… ¡eternamente!

Con el paso de los años, la leyenda se fue alimentando con naufragios reales como el de Castillo Moncada (1945), el pesquero Marifran (años 50) y el Carebeka VIII (1982). Así que, como buen pueblo gallego, decidieron no quedarse con los brazos cruzados y, en 1985, comenzaron a celebrar la fiesta de la Maruxaina para rememorar al personaje legendario. Cuando llegamos a esta playa, sobresale la figura de una sirena sobre una roca a orillas del agua y podemos leer un cartel con letras azules, que dice así:

Una leyenda marina que ha dado origen a una fiesta.

> Cuenta la leyenda que la Maruxaina es una sirena rubia mitad pez, mitad mujer... vive en la cueva de Xan Vello... allá en los Farallóns... entre percebes y mejillones donde se pasa el tiempo hilando con hebras de lino. En los días de tormenta sube a la cima de la Sombriza gritando o tocando su bocina, algunos dicen que para advertir a los marineros del peligro en el que se encuentran... otros que para engañarlos y llevarlos al naufragio... de ahí la controversia que desde tiempos inmemoriales hay en este pueblo pesquero de San Ciprián.

El segundo sábado de agosto, los hombres del pueblo salen al mar en busca de la sirena, haciendo sonar cuernos y bocinas para no escuchar su canto. Cuando regresan con la Maruxaina (en forma de figura de cartón, porque la sirena original no se deja atrapar), la llevan a la plaza del pueblo, donde es sometida a juicio popular. Y, como era de esperar, siempre sale absuelta (¿quién puede condenar a una sirena tan simpática?). Todo termina con una queimada, con su *conxuro*, hasta ver el amanecer.

A lo largo de la playa de O Torno puedes ver la estatua de la Maruxaina, obra de Ánxel Cao e inaugurada en 2006. No es la famosa Sirenita de Copenhague ni pretende serlo, pero no le va a la zaga, y seguro que con el tiempo se convertirá en un reclamo turístico como su hermana danesa. De momento, ya es un icono en estas latitudes.

Además, Galicia tiene su propia saga de sirenas (convertidas en eternas estatuas), y una en concreto dio origen a una familia gallega. Me refiero a los Mariño de Lobeira que serían los descendientes de la famosa sirena Mariña, que compite en popularidad con la Maruxaina. Ambas son parte indisociable de la herencia de Galicia. Cuenta la leyenda —o más bien, varias leyendas con versiones algo creativas que se remontan al siglo XIII (una escrita por el conde don Pedro de Barcelos, que tenía la suerte de ser hijo de un rey trovador, lo cual suena bastante impresionante)—, que todo comenzó cuando un tal don Froiam, caballero de aventuras y cazador de rarezas, se encontró, allá por el año 770, con una mujer marina durmiendo la siesta en la orilla de la isla de Sálvora, que se encuentra en la bocana de la ría de Arosa. ¿Qué hizo el buen hombre? Pues, como buen caballero medieval, decidió capturarla antes de que se le escapara al mar. Todo muy romántico. Era muda, y la bautizó como Mariña. Con ella que tuvo varios hijos, incluyendo al ilustre Juan Froiaz Mariño. Para sorpresa de todos, Mariña empezó a hablar (quizá se cansó de la conversación unilateral), y acabaron casándose.

Pero espera, que Hernández de Mendoza tiene otra versión aún más pintoresca. Según él, el caballero (que aquí ni siquiera tiene nombre, porque la historia va a lo esencial) se topó con un grupo de hombres y mujeres tomando el sol, totalmente desnudos, sobre una roca, cubiertos de un cuero escamoso. Al más puro estilo de los mejores culebrones medievales, lograron capturar a una de las mujeres, y, ¡sorpresa!, al llegar a casa las escamas se le cayeron y apareció una bella dama. Ella aprendió a hablar, se casaron (como no podía ser de otra manera) y tuvieron un hijo llamado Hernán Mariño.

Sea como sea, este evento tan peculiar dejó huella, tanto que lo inmortalizaron en el escudo de armas de la familia: tres ondas azules sobre un fondo plateado, de las que emerge una sirena sosteniendo un trozo de su cola en cada mano. Una imagen bonita, aunque el diseñador del escudo, que claramente no era un experto en documentales de naturaleza marina, se dejó influir por las sirenas de los cuentos más tópicos.

Visto lo visto, en un mundo lleno de peces, intenta convertirte en una encantadora sirena.

35.
UNA AMAZONA MOLONA LLAMADA LA SERRANA DE LA VERA

Ubicación: Mirador de la Serrana, a las afueras de Garganta de la Olla, junto a la carretera que la une con el Real Monasterio de Yuste, Cáceres.

Hace siglos, en la sierra de Tormantos, entre Garganta la Olla y Piornal, vivía una mujer tan impresionante que no sólo cautivaba a los hombres, sino que también los llevaba a su cueva; no para hacer una fiesta de pijamas, sino para matarlos. Así nació la leyenda de la Serrana de la Vera, una historia que creció y creció hasta convertirse en una de las más famosas de Extremadura.

¿Y cómo era esta mujer? ¡Una guerrera total! La Serrana, cuyo nombre real (probablemente) era Isabel de Carvajal, tenía una melena que parecía haber sido diseñada por los dioses del viento. A veces la llevaba suelta y otras la trenzaba y la escondía bajo una montera, lista para ir al campo de batalla con falda corta y todo tipo de armas: arco, flechas, honda..., y una fuerza que haría enrojecer a Hércules.

Pero la historia de Isabel no es solo de poderío y belleza. No, Isabel fue una joven deshonrada. Su novio, como buen sinvergüenza de la época, la abandonó en el altar, para mayor bochorno de los invitados. Esto no le cayó nada bien a la chica, que decidió desaparecer del pueblo y mudarse a una cueva en la sierra de Tormantos. Allí, se aisló un poco del mundo (y por «aisló» nos referimos a que se asalvajó) y preparó su plan de venganza, matando a todo bípedo implume masculino que se acercaba a su morada, como si fueran insectos. Y, ¡ojo!, ella no solo los engañaba para llevárselos a su cueva, sino que, tras una noche de «diversión», se encargaba de degollarlos y hacer uso de toda su anatomía: huesos, piel, dientes, calavera... Todo era aprovechado, porque Isabel no era de derrochar.

Una mujer de armas tomar asesina de varones.

El pueblo no quedó indiferente a su nueva vida. Para recordar a las numerosas víctimas de la Serrana, pusieron una cruz en lo alto de la torre de Garganta la Olla. Porque, ¿qué mejor homenaje que una cruz gigante? Y en el lugar también podemos ver la casa de los Carvajal, la familia de Isabel, donde transcurrieron sus días hasta la famosa deshonra.

La Serrana, como mujer empoderada, pasó a ser un personaje literario, con versiones de su historia escritas por Lope de Vega y Luis Vélez de Guevara. En la obra de Lope, nos deja claro que estaba harta de hombres y decidió convertirse en una especie de monstruo mitológico, jurando matar, herir y convertir su sierra en un campo de cruces.

En la obra de Lope aparece el solemne juramento:

de aborrecer a los hombres
y de tratar con las fieras;
de salir a los caminos
y hacerles notable ofensa;

de matar y de herir tantos,
que haya por aquestas cuestas
tantas cruces como matas,
tanta sangre como adelfas;
de vestir de sus despojos,
y de ser en esta sierra
una esfinge más cruel
que la que escriben de Tebas.

Y no podía faltar su propia estatua. En 2007, el escultor placentino Evaristo García Santos, se encargó de inmortalizarla, y ahora puedes ver a la Serrana de la Vera en todo su esplendor, con mirada desafiante, ballesta al hombro y puñal en la cintura, como una figura que no solo asustaba a los hombres, sino que también es un símbolo de la fuerza y la venganza, y una advertencia de que no debes dejar nunca a nadie plantado en el altar.

36.
UN FEROZ *LOBISHOME* LLAMADO VÁKNER

Ubicación: municipio de Dumbría, A Coruña, cerca del bosque.

En el mundo rural, el lobo ha sido siempre el villano por antonomasia. De hecho, en el cristianismo, el lobo se convirtió en el diablo peludo de las leyendas, y las historias de transformación en hombre lobo no son más que meteduras de pata diabólicas.

La Inquisición, con su «todo vale para purgar el mal», perseguía a estos licántropos como si fueran la peste. Y no podían faltar ciertos ungüentos asquerosos elaborados con plantas alucinógenas y grasa de niños que supuestamente permitían a la gente convertirse en lobos. También se creía que bastaba con la maldición de una mamá o un papá cabreado para que un hijo se transformara en lobo, tal como sucedió en Asturias, en el concejo de Ibias, donde un padre enrabietado maldice a su vástago durante siete años con el grito: «¡A ver si te fartas de carne!», y pasó lo que pasó.

Sin embargo, no todos los hombres-lobo tienen nombre, salvo Manuel Blanco Romasanta, el primer asesino juzgado por *lobishome* y otro que encontramos en pleno Camino de Santiago, entre Muxía y Fisterra. Se trata de la estatua de bronce que representa a un personaje feroz de cinco metros de altura. Les presentamos a Vákner, para servirles o perseguirles.

¿De dónde viene este nombre? En el siglo XV, un obispo armenio llamado Mártir de Arzendján pasó por Galicia en peregrinación, y en su crónica menciona haber encontrado un animal salvaje grandote y temible que podría haber sido el famoso Vákner.

El obispo inició su andadura el 19 de octubre de 1489. Fue a Constantinopla, a Roma, a Fráncfort (siguiendo por la ruta del Rin), a Colonia y a varias ciudades de Francia y España. Y sus pasos le llevaron entre 1492 y 1496 a Santiago y Fisterra, donde va añadiendo jugosos detalles históricos. Estuvo en el santuario de Nuestra Señora de la Barca (en Muxia), y en el trayecto se topa con algo curioso que ha dado pie a todo tipo de especulaciones.

La única estatua dedicada a un hombre lobo medieval.

Dice que tropezó con animales salvajes sumamente peligrosos, citando entre ellos el *Vákner*, palabra bajo la cual el obispo armenio debe querer aludir a algún oso u otra bestia de grandes proporciones que lo atemorizó. Le deja tan impactado que lo cuenta así en su crónica:

> Recibí la bendición de Santiago, me puse en camino y llegué a la extremidad del mundo, a la playa de la Santa Virgen, a un edificio que fue construido por la propia mano del apóstol San Pablo y que los francos llaman Santa María de Finisterre. Padecí muchos trabajos y fatigas en este viaje, en el cual topé con gran cantidad de bestias salvajes muy peligrosas. Encontramos el Vákner, animal salvaje grande y muy dañino. ¿Cómo, me decían, habéis podido salvaros, cuando compañías de veinte personas no pueden pasar?.[16]

Luego el obispo deshizo el camino para volver a Francia aún con el miedo en el cuerpo.

Para rendir homenaje a esta extraña criatura, se erigió esta imponente estatua de Vákner, que, según el escultor Cándido Pazos, es la representación más fiel de la leyenda, ya que está vinculada con las raíces gallegas y a la figura del *lobishome*. Y, lo mejor de todo: es la primera escultura de un hombre lobo en España.

37. UN PILOTO ANÓNIMO... DEL QUE SABEMOS SU NOMBRE

Ubicación: Jardines del Muelle, Huelva.

En el fascinante mundo de los misterios históricos, voy a destacar uno. Me refiero a un piloto al que llamamos «anónimo», pero que terminó siendo bautizado por las crónicas como Alonso Sánchez de Huelva. ¿Cómo pasó de ser anónimo a tener nombre y apellido? Esa es una odisea que os voy a contar.

Cuatro cronistas aseguran que este piloto o capitán náutico terminó dándole a Cristóbal Colón la llave maestra del Nuevo Mundo. ¿El lugar del encuentro? La isla de Porto Santo, en Madeira, donde el tal Alonso —perdón, el piloto anónimo— relató una aventura digna de película de piratas: tras sobrevivir a una tormenta apocalíptica, él y su tripulación llegaron por accidente a las costas caribeñas en

16 García Mercadal incluyó la traducción del viaje del obispo Mártir en su obra *Viajes de extranjeros por España y Portugal desde los tiempos más remotos hasta comienzos del siglo* XX. Junta de Castilla y León, Consejería de Educación y Cultura, 1999.

torno al año 1484. Allí, entre descubrimientos y enfermedades venéreas, nuestro protagonista y su equipo decidieron regresar a España un tanto maltrechos.

De vuelta en casa, este piloto se convierte en fuente privilegiada para Colón que por entonces barruntaba descubrir algo importante. El piloto, bastante enfermo, le proporciona mapas, trayectorias, rutas de vientos y todo el GPS que uno podía soñar en esa época. Es decir, Colón partió rumbo al Nuevo Mundo con las cartas marcadas, literalmente.

Décadas después, el famoso mapa de Piri Reis de 1513 se convierte en un mapa delator pues confirma que Colón no fue precisamente un navegante a ciegas. Entre las notas del mapa se menciona que el genovés tenía conocimientos previos sobre tierras desconocidas gracias a un libro misterioso y a testimonios de tipos como nuestro anónimo héroe onubense.

El prenauta dio información muy valiosa a Colón sobre la ruta hacia el Nuevo Mundo.

El enigmático mapa de Piri Reis asegura que en 1501 Kemal Reis capturó siete barcos frente a las costas de Valencia y que en uno de ellos había un marinero que navegó con Colón en tres de sus viajes al que incautaron un mapa del que dijo que también su almirante tenía una copia. «Estas costas se llaman las Costas de las Antillas. Fueron descubiertas en el año 890 de la era musulmana. Se ha referido que un genovés llamado Colón fue el primero en descubrir estos territorios».

Se habrán percatado que el 890 de la hégira corresponde al año 1485 del calendario gregoriano. ¿Encajan o desencajan las piezas? ¿Existió ese piloto anónimo?

Según Bartolomé de las Casas, Colón estaba tan seguro de lo que iba a encontrar que parecía que ya había hecho un *tour* guiado por América Central antes de zarpar. Y llega otro cronista, el Inca Garcilaso de la Vega, que fue quien le puso nombre y apellido al piloto anónimo —Alonso Sánchez de Huelva—, aunque nadie sabe de dónde sacó esa información en sus *Cometarios Reales*. ¿Investigación profunda o un golpe de inspiración? Quién sabe.

El escritor Óscar Fábrega añade más datos de estos náufragos famélicos de los que solo llegaron a la isla de Madeira cinco (de diecisiete), entre ellos Alonso:

> Garcilaso cuenta que fueron a parar a casa del famoso Cristóbal Colón, porque supieron que era gran navegante. Pero llegaron tan agotados y exhaustos que, en unos días, fallecieron todos, «dexándole en herencia los trabajos que les causaron la muerte». El Inca, en definitiva, consideraba que aquel había sido «el primer principio y origen del descubrimiento del Nuevo Mundo, de la cual grandeza podía loarse la pequeña villa de Huelva, que tal hijo crió». Además, dijo algo muy importante: gracias a esta información, que Colón mantuvo en secreto, consiguió convencer a los Reyes Católicos.[17]

Lo que está claro es que Colón parecía saber a dónde iba, e incluso es posible que ya hubiera estado en esas tierras él mismo años antes, como parece deducirse de las *Capitulaciones de Santa Fe*, firmadas

17 Óscar Fábrega: *Homo insólitus*. Editorial Guante Blanco, 2021.
Más datos: Mariano Fernández Urresti: *Colón, el Almirante sin Rostro*. Editorial EDAF, 2006.

por los Reyes Católicos meses antes de que tuviese lugar la primera expedición oficial colombina en 1492. Se especificaba en el primer párrafo: «lo que ha descubierto en las mares Océanas». Y por eso exige con tanta convicción los títulos de virrey, gobernador y el título vitalicio y hereditario de almirante de todas las «islas y tierras firmes» que Colón descubriese o conquistase «por su mano o industria». Con un par. Y los monarcas se lo concedieron.

Para honrar al supuesto «predescubridor» o «prenauta» del Nuevo Mundo, Huelva levantó un monumento que hoy adorna los Jardines del Muelle. El marinero, esculpido por Antonio León Ortega en 1970, sujeta en una mano una carta náutica y en la otra un timón de rueda que, por cierto, no existía en su época (detalle histórico menor, pero importante para los puristas). Para disimular este gazapo, alguien decidió mutilar parte del timón.

El piloto anónimo pasó de ser un misterioso contador de tierras lejanas y de tormentas caribeñas a ser una leyenda con nombre, calle, monumento y una rueda de timón que parece sacada de otro siglo. Porque en la historia, como en la vida, a veces los detalles más disparatados son los que más perduran.

38.
UNA PRINCESA ENCANTADA Y SANJUANERA QUE PESA MÁS QUE UNA PIEDRA

Ubicación: Rojales, Alicante.

En nuestra península, donde cada rincón tiene más leyendas que churros en la feria, las princesas encantadas son protagonistas habituales. Estas damas hechizadas suelen aparecer en la mágica Noche de San Juan, peinando sus melenas con peines de oro mientras esperan que algún incauto (o héroe despistado) las desencante.

Pero ojo, que la Encantada de Rojales no es cualquier princesa maldita. Esta historia tiene un giro inesperado y unos cuantos kilos de más… Literalmente.

Érase una vez un castillo en Cabezo Soler y una princesa mora llamada Zulaida (o Zoraida, depende de quién cuente el cuento). Vivía rodeada de lujos, jazmines y un ejército de eunucos, hasta que se enamoró de un galán cristiano. El padre, un emir moro enfurruscado que no era muy fan de los romances multiculturales, montó en cólera porque su intención era casarla con un amiguete suyo ricachón de una taifa cercana. Con la ayuda de un brujo con un máster en maldiciones malévolas, condenó a su hija a vivir encantada en el interior del Cabezo Soler, una montaña junto al río Segura. Y como toda maldición que se respete, había una cláusula para romperla.

La Encantada solo puede ser liberada en la mágica Noche de San Juan. Si un hombre valiente se topa con ella (y aquí subrayamos valiente), la princesa le rogará, le pedirá, le suplicará que la cargue en brazos hasta el río para mojar allí sus pies. Fácil, ¿verdad? Pues no. Resulta que, con cada paso, la princesa empieza a pesar más y más. Y por si eso no fuera suficiente, el pobre tipo tiene que lidiar con monstruos y criaturas que se cruzan en su camino, entre ellas un toro con dos cabezas. Si se rinde y la suelta, el valiente acabará también encantado o morirá. Lo que se dice una maldición demasiado pesada.

La Encantada de Rojales es más que un símbolo cada que vez que llega la Noche de San Juan.

Como era de esperar, ningún galán ha conseguido llegar al río Segura con la moza en brazos, ni siquiera uno tan gallardo llamado Juan Vila que se animó a ir montado en su caballo. Entre el peso, los sustos y la perspectiva de morir con la lengua fuera, los valientes de Rojales prefieren quedarse en casa durante la mágica noche viendo una película o saltar hogueras, que es menos peligroso. Y no solo eso: la leyenda se ha hecho tan popular que, incluso en el centenario de la maldición —porque la puerta dimensional se abre solo cada 100 años—, los más osados ni se acercan al Cabezo Soler. O sí.

Esta leyenda sigue viva gracias a la tradición oral, a un monumento rosado que le han dedicado, a un libro de Fausto Cartagena y hasta un mediometraje que ganó una mención especial en el Festival Cinema Jove de Valencia. Por si fuera poco, los Moros y Cristianos de Guardamar recrean la historia cada año, porque ¿qué son las fiestas populares sin princesas encantadas?[18]

Y para añadir más misterio, Rojales tiene su propia lista de encuentros con damas blancas y niños rescatados milagrosamente. Por ejemplo, una niña de cuatro años desaparecida en 1898 que dijo haber sido cuidada por una mujer de aspecto brillante, otra salvada de un pozo por una figura blanca, y una aparición masiva de la Virgen del Rosario en el año 1936. Sin olvidar que cerca del monte la Atalaya hay un gran montón de piedras que forman una cruz en el suelo. La tradición cuenta que se debe echar una piedra en esta cruz para que no se aparezca la Beata. ¿*Marketing* local? ¿Cuáles son estas historias y que clave oculta se esconde detrás de ellas?

Sea lo que sea, lo único seguro es que en Rojales la Encantada sigue dando mucho que hablar. Y mucho peso que cargar.

39.
UN BRUJO CON SOTANA LLAMADO JOHANES DE BARGOTA

Ubicación: Plaza del brujo, en Bargota, Navarra.

En ese pueblecito encantador en la Merindad de Estella, donde lo sobrenatural parece ser parte del paisaje, nació Johanes de Bargota, el cura-brujo más famoso de la región. Lo mencionó incluso Marcelino Menéndez Pelayo, quien lo describió como un sacerdote

18 Más datos: Marta Ruiz, «Martuja», y su libro *La Vega mágica*. Edición de autor, 2023.

que, entre sermones y vuelos mágicos, parecía más un superhéroe de Marvel que un hombre de fe. Se dice que salvó la vida del papa Alejandro VI y presenció la batalla de Pavía desde el palco celestial, todo esto gracias a un espíritu familiar que prefería mantenerse en el anonimato.

Nuestro amigo Johanes, además de ser cura, tenía un título avanzado en brujería obtenido en la célebre Cueva de Salamanca. Allí, entre grimorios y clases nocturnas, hizo un pacto con el diablo que le costó algo valioso: su sombra. A cambio, recibió una capa mágica que lo hacía invisible. Eso sí, recuperaba su sombra temporalmente cada vez que celebraba misa. ¡Milagro a la inversa!

Este sacerdote no se conformaba con lo ordinario. No sé si estamos en presencia de un prestidigitador soberbio o ante la versión navarra del barón de Münchhausen. Dicen que se quitaba la cabeza para dormir (vamos que se la desenroscaba como si fuera la tapa de un refresco de gaseosa), que construyó su casa en una sola noche, que convocó toros misteriosos y que se paseaba por los cielos en una nubecita blanca, dejando a medio pueblo boquiabierto. Cada sábado desaparecía para regresar el domingo jadeante, cubierto de nieve en pleno verano, o con los zapatos llenos de barro en plena sequía. «¡Cómo nieva y qué fresquito hace en Montes de Oca!», decía mientras dejaba a todos preguntándose si había pasado la noche de farra en Alaska.

Una de sus hazañas más memorables ocurrió cuando un arriero lo vio cerca de la iglesia para descubrir, momentos después, que su recua de bueyes estaba dando vueltas en el aire alrededor del campanario. Al pobre hombre casi le da un infarto al ver a sus bueyes levitando, pero Johanes, muy tranquilo, le dijo: «No te preocupes, ahora los bajo». Y cumplió. Porque podía.

En otra ocasión, solucionó un conflicto financiero invocando un rebaño de carneros para pagar las deudas de un muerto. Los acreedores quedaron contentos, pero cuando salieron del pueblo, los carneros desaparecieron tan rápido como habían llegado. Parece que la magia de Johanes también venía con cláusulas de devolución.

El investigador Agapito Martínez Alegría realizó un buen trabajo folklórico sobre él, añadiendo datos de su propia cosecha, en el que relata cómo realizaba sus extraordinarios e imposibles viajes, merced a la magia aprendida en Salamanca:

> Después de acabado el divino oficio matutino, montaba en una nube, cubriendo su cuerpo con una capa especial, que le hacía invisible y en un santiamén se trasladaba a las orillas del Ebro, en donde radicaban casi todas sus heredades, o a las afueras de Viana, donde poseía pocas, pero eran sus mejores fincas. En el verano, cuando amanecía el día radiante, sin lluvia alguna, subía a lo más alto del cerro, desde donde el Ebro se divisa y aspiraba con toda la fuerza de sus pulmones, y como el imán al acero, atraía hasta sus pies un núcleo de aquella niebla, que semejaba gigante vellón de blanca lana; sentábase sobre sus transparentes guedejas, se ocultaba en su capa invisible y al instante la niebla se restituía a su madre y Johanes, apeándose, ponía el pie en las márgenes del río.[19]

Relata Martínez Alegría que alguna vez Johanes venía calzado con botas de montar y cubierto de barro hasta la rodilla, y al pasar decía entre dientes: «Aquello no es el prado de Cantabria; aquello es el barrizal del infierno». Los que le oían se santiguaban escandalizados y se decían al oído: «Ya viene del aquelarre de Viana; perdónalo, Señor, porque no sabe lo que hace».[20]

Sin duda, hay datos confusos y contradictorios en su biografía, pues si Menéndez Pelayo dice que voló de Bargota a Roma para salvar al papa Alejandro VI (el papa Borgia), cuyo pontificado duró desde 1492 hasta 1503, no tiene lógica cronológica que fuera denunciado en 1599 a la inquisición por asistir a un aquelarre en Viana o que fuera condenado en el auto de fe de Logroño en noviembre de 1610, y más cuando según la leyenda vivió 65 años.

Hoy en día, el pueblo de Bargota, de 300 habitantes, lo honra con una serie de paneles naíf colocados en el ayuntamiento en los que se relatan sus numerosas hazañas. Y, como no podía ser menos, con una estatua de piedra en la que se le ve con su zurrón, un gato a sus pies, portando una máscara y con un libro en la mano, todo ello esculpido en bajorrelieve en la Plaza del Brujo. Su casa natal sigue en pie, en la calle Juan Lobo, nombre de un famoso bandolero que fue testigo de sus proezas, ya que Johanes lo convirtió en gato negro para huir de los alguaciles.

---

19 Agapito Martínez Alegría: *La batalla de Roncesvalles y el brujo de Bargota*. Pamplona, 1929.

20 Alfredo Gil del Río: *La brujería y sus personajes en La Rioja. Historias, leyendas y procesos célebres en un mundo fantástico y mitológico*. Zaragoza, 1975.

Un sacerdote con muchos poderes, incluso de levitación.

En el mes de julio, Bargota se convierte en la capital de la brujería durante una semana (bajo la sombra y la inspiración de nuestro brujito), y en el escudo municipal aparecen una estrella de ocho puntas, un racimo de uvas y la efigie del brujo con sombrero puntiagudo, al estilo de Gandalf.

En resumen, Johanes de Bargota fue algo así como el Doctor Strange del Renacimiento: volaba, invocaba, desaparecía y siempre tenía un truco bajo la manga… O la sotana.

40.
UN ASTRÓLOGO MATEMÁTICO LLAMADO TORRES VILLARROEL

Ubicación: La antigua iglesia de San Ciprián o San Cebrián, conocida como la Cueva de Salamanca, Salamanca.

En el mundo de las leyendas, hay algunas que son más enrevesadas que otras, como la historia de la Cueva de Salamanca. No es precisamente una cueva, pero sí es un sitio con mucho «encanto», especialmente si te gustan las historias de encantamientos, magia, demonios y conocimiento oculto.

Antaño, la Cueva de Salamanca era más bien un lugar de tesoros no materiales, sino intelectuales; no de oro ni de joyas, sino de conocimientos oscuros. Y, según dicen, el demonio no perdía el tiempo en sus tardes libres, y se dedicaba a enseñar a los alumnos ciertos secretos nigrománticos. Como todo buen lugar de misterio, hay mitos que aseguran que la cueva está relacionada con Hércules o que incluso fue punto de entrada a un laberinto subterráneo que conectaba toda Salamanca. Exageraciones sin fundamento. En realidad, la Cueva es la cripta de una iglesia románica del siglo XII que desapareció en el XVI. El espacio era tan oscuro y tenebroso que se convirtió en el centro de enseñanzas… poco ortodoxas.

La Cueva fue famosa gracias a Cervantes, quien en su entremés «La cueva de Salamanca» nos cuenta cómo un estudiante, usando lo que aprendió en este antro, quería hacer uso de esas ciencias prohibidas, si bien la Inquisición no le daría el visto bueno (ya se sabe, no todo lo que brilla es magia blanca). En la leyenda, el demonio, disfrazado de sacristán, enseñaba a siete alumnos durante siete años los secretos de la ciencia oscura. Pero ojo, porque al final de sus estudios, uno de los estudiantes debía quedarse allí para siempre. O, si tenía suerte, solo perdería su sombra.

Uno de esos alumnos fue Enrique de Villena, un tipo que no era marqués ni estudiante, pero sí maestre de la Orden de Calatrava. Según la leyenda, Enrique aprovechó sus conocimientos para escapar de las garras del demonio, aunque al final perdió su sombra. Imagínate andar por la calle y que todo el mundo te señale y se aparte de ti solo porque no proyectas sombra alguna. Y si piensas que eso es raro, pregúntale al pobre Peter Schlehmiel, que vendió su sombra a cambio de riquezas, según el famoso relato de Adalbert von Chamisso.

Por cierto, Enrique de Villena, gracias a sus amplios conocimientos heterodoxos, redactó un *Tratado de fascinación y aojamiento* que pudo salvarse de la quema que auspició el obispo de Cuenca, fray Lope de Barrientos, por orden del rey don Juan II. Un bibliocausto en toda regla.

Si vamos a este paraje, veremos en la entrada de la actual Cueva de Salamanca un busto de bronce no de Enrique ni del demonio, sino de Don Diego de Torres Villarroel, ilustre varón que se dedicó a mil y una trapisondas para sobrevivir. Torres Villarroel bien pudo ser un alumno de esa cueva, porque no se andaba con rodeos, ni siquiera al resumir su infancia en su autobiografía: «Me crié como todos los niños: con teta y moco, lágrimas y caca, besos y papilla».

Este salmantino era un verdadero todoterreno: a lo largo de su vida fue sucesivamente santero, curandero, poeta, ermitaño, bailarín, alquimista, soldado, torero, estudiante de medicina, ufólogo, cazador de duendes, astrólogo y cien cosas más. Con el tiempo, se coronó catedrático de matemáticas en la Universidad de Salamanca, aunque probablemente era más conocido por sus almanaques y pronósticos anuales, firmados como El gran Piscator de Salamanca. Este seudónimo, por cierto, suena a que vendía el futuro como quien vende pescado fresco en el mercado.

Según Torres, desde el siglo XVII todo iba de mal en peor en su época: más vicio, más necedad y menos tiempo para el arte y la ciencia. Básicamente, si hubiese tenido Twitter, habría sido *trending topic* cada día. Donde realmente brilló fue con su propia autobiografía (porque si quieres que algo salga bien, mejor lo haces tú). Su *Vida, ascendencia, nacimiento, crianza y aventuras* fue un éxito rotundo y digno de un serial. Allí, Torres desplegó todo su ego, sus virtudes, sus destierros, defectos y sus consejos para mejorar el mundo.

En la Cueva de Salamanca el profesor olía a azufre.

Y si hablamos de profecías, este hombre era como el Nostradamus español: predijo la muerte del rey Luis I, el motín de Esquilache y hasta la Revolución Francesa. Escribía folletos sobre alquimia, astrología y respuestas a cartas de difuntos (¿necesitas algo del más allá? Torres te lo manda por correo). Entre riñas, profecías y amigos de dudosa reputación, acabó en Burdeos y, más tarde, en Portugal. Como penitencia, hizo el Camino de Santiago a pie, recorriendo 567 kilómetros en plan *influencer* peregrino, recibiendo aplausos en cada pueblo. Y hoy incluso se ha creado el Camino Torres en su honor: 23 etapas que pasan por Portugal y Galicia.

A los 52 años decidió hacerse sacerdote (seguramente porque ya no le quedaban más profesiones por probar), y se retiró como catedrático a los 56, alegando problemas de salud. Pasó sus últimos años tranquilamente como capellán y administrador de nobles, hasta que, a los 77 años (el día siguiente de cumplir años), se despidió de este mundo en Salamanca, su tierra natal, con un ataque de apoplejía. Torres Villarroel: un hombre que vivió tantas vidas como historias dejó para contar.

Y desde 1993, su busto con forma de balón picudo y agujereado lo observa todo desde su pedestal; con una mirada enigmática, como si supiera algo que nosotros ni siquiera sospechamos, y con la imagen de una lechuza en el anverso. Aunque un sabio refrán nos asegura que: «Lo que natura no da, Salamanca no presta».

Como dato curioso, según algunas leyendas sudamericanas, la Salamanca designa un lugar diabólico, donde el «supay» (uno de los nombres andinos del demonio) también enseña sus malas artes y las brujas efectúan sus reuniones para iniciarse en la práctica del maleficio.[21]

41. JUICIO A UNOS DELFINES (APLICANDO EL DERECHO MARÍTIMO)

Ubicación: Parque Maestro Antuña. Candás, Asturias.

Imagina el panorama: estamos en 1624, y los pescadores de Candás están hasta las narices, o más bien hasta las redes rotas, de la presencia de unos vecinos bastante listillos: los delfines, o calderones,

21 Más datos en la obra de Ignacio Francia: *Guía secreta de Salamanca*. Sedmay ediciones, 1979.

que devoraban el pescado y destrozaban sus herramientas de trabajo. En pleno ataque de desesperación, decidieron llevar a estos traviesos cetáceos a juicio. Y no, esto no es una broma. Es historia real, respaldada por documentos oficiales encontrados en el Archivo Histórico Provincial de Oviedo.

Juicio a unos delfines (aplicando el derecho marítimo).

La estrategia legal fue digna de una serie de abogados. Se buscó un fiscal, un defensor y hasta un notario. Al frente de la defensa de los delfines estuvo nada menos que el cura de Candás, el licenciado don Andrés García de Valdés, quien argumentó que los delfines eran criaturas de Dios con derecho a alimentarse. Por otro lado, el fiscal, un eminente catedrático llamado Martín Vázquez, defendió que los pescadores de Candás tenían más derecho a la zona de pesca porque, alguien tiene que poner el pan sobre la mesa.

Con todo el papeleo en regla, la comitiva judicial, que incluía pescadores, clérigos y testigos, zarpó el 8 de septiembre de 1624 para notificar oficialmente a los delfines el juicio. Sí, en alta mar y a voz en grito.

Tras una solemne lectura de cargos y sentencia (que seguro los delfines escucharon atentamente entre saltos), un clérigo de la Santa Inquisición, armado con estola, hisopo y mucha paciencia, conminó a los acusados a abandonar las aguas de Candás. Y contra todo pronóstico, los delfines, en un acto de ejemplar civismo, acataron la sentencia y desaparecieron de la costa. Aprendieron que la ley es la ley. Y el miedo a un juicio de apelación fue suficiente para que no volvieran.

El éxito de este juicio insólito fue registrado en la obra *Teatro Eclesiástico de la Santa Iglesia de Oviedo* (1635) por el cronista Gil González Dávila, quien aseguró que en once años no se vio rastro de delfines en las playas de la zona.

Para conmemorar esta hazaña jurídica única en el mundo, en 1982 se erigió un monumento de bronce, obra del escultor Vicente Santarúa, en el Parque Maestro Antuña. Así que, si pasas por Candás, visita el monumento y recuerda que incluso los delfines tienen que respetar las normas.

Si algo caracteriza a Asturias es su creatividad e imaginación judicial. En la década de 1630, se produjo otro juicio a unos ratones que se dedicaban a arrasar cosechas, causando hambruna en la región. Se les asignó un abogado defensor que alegó y argumentó que «Dios, a estos animales, como criaturas suyas, les ha enseñado para el sustento de sus vidas los frutos y frutas de aquellos dominios».

Este argumento tan propio de san Francisco de Asís no convenció al provisor, que exilió a los ratones a «lo más encumbrado (alto)» de las montañas de Babia. Por si quieren hacer otra estatua…

Hay que ser justos y saber que, hace siglos, había otra mentalidad, y los juicios contra diversos animales, con abogado defensor y toda la parafernalia, tenían su explicación en las arraigadas creencias religiosas. Siempre había un clérigo, juez u obispo que justificaba la ejecución de un animal (fuera un cerdo, una vaca, un gallo, una rata o un gorgojo) alegando que se había contravenido la ley de Dios y que, por tanto, por muy irracional que fuera el bicho, había que juzgarlo, condenarlo, excomulgarlo y ejecutarlo de manera racional. Para colmo, el pueblo acogía de buen grado este tipo de juicios absurdos e histriónicos.

Para picaresca eclesiástica lo que aconteció en el año 1690 durante una invasión de orugas que estaba acabando con las cosechas de un valle en Puy-de-Dome. El vicario local entonces incoa un procedimiento para calmar los ánimos exaltados de la población. Su tribunal juzga a las orugas y les ordena retirarse. Como éstas desobedecen, son excomulgadas. El pueblo, con pocos conocimientos de entomología, quiere comprobar los efectos fulminantes y lo que ven son mariposas que se van por el aire. Ni rastro de orugas. En agradecimiento, los pobres campesinos aceptan pagar al obispo «los diezmos e impuestos atrasados» que le debían. Todos contentos.

42.
UN PIONERO DEL VUELO SIN MOTOR LLAMADO DIEGO MARÍN

Ubicación: Coruña del Conde, Burgos.

Hijo de Narciso y Catalina, agricultores castellanos, poco hacía presagiar que este niño tuvieras aspiraciones de altos vuelos. En 1757 nació Diego Marín Aguilera (cuyo segundo apellido ya auguraba aventuras aéreas) en esta localidad burgalesa, un genio adelantado a su tiempo, aunque probablemente en el momento no lo parecía tanto. Criado en una familia modesta y con el inesperado título de cabeza de familia tras la muerte de su padre (sí, con siete hermanos, por si no fuera suficiente responsabilidad), Diego empezó a desarrollar su pasión por la invención. De joven, sus vecinos lo conocían como el tipo que hacía cosas raras pero útiles, con ingeniosos artilugios que solucionaban pequeños problemas cotidianos, como mejorar el funcionamiento de los molinos de agua o aserrar mármoles de las canteras.

Mientras pastoreaba y filosofaba sobre la vida (porque uno tiene tiempo para todo en el campo), se obsesionó con el vuelo de las aves. Lo que cualquier otra persona habría dejado como un bonito pasatiempo, Diego lo llevó más allá: atrapó águilas y buitres para estudiar sus alas. Sí, atraparlas, porque, ¿qué mejor forma de entender cómo vuelan que secuestrarlas brevemente para un estudio técnico? Eso ya lo hizo unos siglos antes Leonardo da Vinci.

Con la ayuda de su fiel amigo, el herrero Joaquín Barbero, y tras seis años de sudor, lágrimas y plumas, Diego construyó una máquina que hoy describiríamos como un rudimentario avión y que en su época probablemente llamaron «ese armatoste raro». El aparato, según los documentos, parecía un pájaro gigante con cuerpo de madera y alas de hierro cubiertas de plumas. Y quiso probarlo, faltaría más.

Llegó la noche de autos, que fue la del 15 de mayo de 1793, miércoles para más señas. Acompañado por Joaquín y su hermana como testigos privilegiados, Diego subió al cerro del castillo, montó en su máquina, se ajustó el arnés, apretó los dientes y, nervioso, gritó a los cuatro vientos, con la confianza de un piloto de aerolíneas burgalesas, la siguiente frase: «*¡Voy a Burgo de Osma, de allí a Soria, y volveré en unos días!*». Con este plan optimista, cogió carrerilla y saltó al vacío, sin gritar «Jerónimo» y… planeó sobre algunas casas y… milagrosamente no se mató. De hecho, logró volar unos 350 metros (unas 432 varas castellanas, para los nostálgicos de medidas antiguas) antes de aterrizar al otro lado del río Arandilla. Un perno del ala derecha se rompió, y el vuelo terminó de manera abrupta mucho antes de llegar a Soria. Diego se fue cojeando a su casa, y seguro que esa noche tuvo pesadillas.

A la mañana siguiente, sus vecinos, que algo barruntaban, en lugar de reconocerlo como el visionario que era y llevar a hombros a este precursor de la ciencia aeronáutica, casi lo tiran al pilón y decidieron que el aparato era «cosa de brujas» (gracias a las soflamas del sacerdote del pueblo, que era muy crítico con la tecnología de la época). No contentos con burlarse de él, destruyeron el planeador delante de Diego. Como era de esperar, el incomprendido inventor cayó en una depresión. Una tristeza interna que le originó, seis años después, en 1800, un fallecimiento prematuro a los 44 años en su pueblo natal, sin haber visto cumplido su sueño ni haber sido admirado por nadie, salvo por su hermana y un herrero que se apellidaba Barbero.

Hoy, más de dos siglos después, Diego Marín es considerado un pionero temerario y aventurero de la aviación, y no un chalado montando en su loco cacharro (parafraseando la película de 1965). Sin duda, fue un genio sin estudios que en pleno siglo XVIII desafió la gravedad y a todo un pueblo. Tal es así que está considerado como el primer hombre de la historia que ha conseguido volar (más bien planear) con una máquina rudimentaria, tal como numerosos documentos lo demuestran; adelantándose casi un siglo al ingeniero alemán Otto Lilienthal, muerto en 1896, a los 48 años, cuando experimentaba con uno de sus planeadores, y conocido precisamente como el «padre del vuelo». Fue el que dijo aquello de: «Inventar un aeroplano no es nada, construir uno ya es algo y volar … ¡lo es todo!».

Pues eso hizo nuestro amigo Diego, y en 1996 su hazaña inspiró una película, *La fabulosa historia de Diego Marín*. Desde 2009, el aeropuerto de Burgos rinde homenaje a este extraordinario visionario. Por si fuera poco, desde 2010 tiene su merecido monumento en su pueblo, reproduciendo más o menos el artilugio con el que planeó. También un instituto de enseñanza secundaria en Burgos lleva su nombre, y en el Museo del Aire en Madrid hay una maqueta que lo representa volando en su máquina. Sin menospreciar que el Ministerio del Aire colocó un avión moderno en el pueblo como homenaje.

En esta localidad burgalesa vivió este gran visionario.

Su historia nos recuerda que a veces estar adelantado a tu tiempo conlleva muchos sufrimientos, jaquecas y dolores de estómago y que, si te despistas, tus vecinos te destruirán el invento a palos. Aunque si esperas unos cuantos lustros, seguro que te pondrán una placa y te harán homenajes. Y desde el más allá darás palmas con las orejas.

El tiempo pone a cada uno en su sitio. ¿Quién se acuerda hoy del párroco que instigó para que se destruyera el armatoste aéreo?

43.
UN HOMBRE PEZ LLAMADO FRANCISCO DE LA VEGA

Ubicación: Liérganes, al lado del río Miera, Cantabria.

«Su proeza atravesando el océano del norte al sur de España, si no fue verdad mereció serlo», reza una placa ubicada junto a la orilla del río Miera en Liérganes que recuerda la mítica historia de Francisco de la Vega Casar, más conocido como el «hombre pez». Y vaya que lo mereció, porque su historia tiene más giros que una telenovela y más agua que una pecera.

Todo empezó allá por 1674, en plena víspera del día de San Juan (ya sabéis que en esas fechas ocurren cosas extrañas y mágicas), cuando Francisco, un chaval más amigo del agua que un pato, decidió que lo suyo no eran los libros, sino los chapuzones interminables en el río Miera.

Un día, su madre, cansada de encontrarlo casi siempre a remojo, lo reprendió con un «¡Así te vuelvas pez!», sin imaginar que sus palabras tenían tanto poder que la frase acabaría siendo casi literal. Francisco, fiel a su estilo acuático, se lanzó al río y desapareció nadando como si lo persiguiera una sirena. Pasaron horas, días, semanas, meses y, cinco años después, en 1679, un ser acuático extraño con apariencia humana se apareció a unos pescadores en la bahía de Cádiz.

Cuando lo subieron a cubierta comprobaron con asombro que el extraño ser era un hombre joven, corpulento, de tez pálida y cabello rojizo y ralo; las únicas particularidades eran una cinta de escamas que le descendía de la garganta hasta el estómago, otra que cubría todo el espinazo y unas uñas gastadas. Le preguntaron su nombre, pero el joven escamoso se limitó a decir una palabra enigmática: «Liérganes».

Los pescadores lo llevaron al convento de San Francisco, donde, después de conjurar a los espíritus malignos que pudiera contener, lo interrogaron en varios idiomas sin obtener de él respuesta alguna. Al cabo de unos días, los esfuerzos de los frailes por hacerlo hablar solo obtenían una palabra: «Liérganes».

El suceso corrió de boca en boca, y nadie encontraba explicación alguna al vocablo hasta que un mozo montañés que trabajaba en Cádiz conectó esa palabra con un pueblo cántabro, cercano a Santander, perteneciente al arzobispado de Burgos. De inmediato mandó noticia del hallazgo efectuado en Cádiz a sus parientes. De Liérganes respondieron que allí no había ocurrido nada extraordinario fuera de la desaparición de Francisco de la Vega, hijo de la viuda María de Casar, mientras nadaba en la ría de Bilbao; pero esto había ocurrido un lustro atrás.

Realmente existió y nunca se encontró su cuerpo.

Esta respuesta excitó la curiosidad de Juan Rosendo, fraile del convento, quien, deseoso de comprobar si el joven sacado de la mar y Francisco de la Vega eran la misma persona, se encaminó con él hacia Liérganes. Cuando llegaron al monte que llaman de la Dehesa, a un cuarto de legua del pueblo, el religioso le mandó que se adelantase. Así lo hizo el joven, que se dirigió directamente hacia Liérganes. Cuando su madre lo vio, lo reconoció al instante. Bueno, más o menos: ahora parecía un híbrido entre un humano y un atún.

De vuelta en Liérganes, Francisco no mostró mucho interés por la vida terrestre. Descalzo y desinteresado, vivía a su aire, pronunciando solo tres palabras: «pan», «vino» y «tabaco». Cuando comía lo hacía con avidez, para luego pasarse cuatro o cinco días sin probar bocado. Era dócil y servicial; si se le mandaba algún recado, lo cumplía con puntualidad, pero jamás mostraba entusiasmo por nada. Hasta que, un buen día, decidió volver al mar sin GPS ni vuelta atrás.

La historia de Francisco despertó tanto escepticismo como fascinación. El padre Feijoo, un fanático de la lógica, incluso consideró la posibilidad de que los hombres pez fueran reales, mencionando casos en Catania y Holanda. Años después, Gregorio Marañón sugirió que Francisco podría haber sufrido cretinismo, enfermedad caracterizada por una detención del desarrollo físico y mental y acompañada de deformaciones, lo que explicaría su aspecto y comportamiento. Pero, entre nosotros, ¿quién quiere un diagnóstico cuando la leyenda es tan buena? La mudez, la tez blanca, el pelo rojizo, la piel escamosa (debido probablemente a la ictiosis), la glotonería y el hecho de comerse las uñas, información que aparecen en el relato del padre Feijoo, serían para Marañón síntomas inequívocos de esta enfermedad endémica propia de regiones montañosas.

¿Es este el único caso de hombre pez en España? No, hay otro. Marañón, en su obra *Las ideas biológicas del Padre Feijoo*, recoge un caso ocurrido en la ría de Requejada (Santander), donde un hombre pez de color oscuro y ojos blancos fue visto en 1838. Se zambullía y se comportaba como tal, y con esas palabras lo mencionó la prensa de la época. Pero incluso antes, en 1741, el famoso naturalista Georg Wilhem Steller (el que dio nombre a la «vaca marina de Steller», extinguida en el mar de Bering desde 1767) observó durante unas horas cerca de las islas Aleutianas (en el Pacífico Norte) a un extraño ser antropoide al que describió como una «especie de mono de mar». No consiguió apreciarle extremidades inferiores, salvo una larga y estrecha cola.

El pueblo de Liérganes ha querido recordar a Francisco con dos monumentos. Uno es un Centro de interpretación y el otro, una estatua en su honor. El Centro está ubicado en un molino de 1667; en él, numerosos paneles explican, además de la vida de Francisco, el funcionamiento de un molino de la época, ya que el ayuntamiento consiguió reparar su mecanismo original.

La obra del artista cántabro Javier Anievas Cortines representa en bronce a un joven Francisco de la Vega Casar meditabundo, desnudo y descalzo (como le gustaba estar) contemplando el paso del río Miera bajo el puente romano, como pensando «a saber cuándo encontrarán mis huesos y mis raspas».

44. EL CAPITEL POLÉMICO (CON BUSTOS DE DICTADORES)

Ubicación: Parc del Valira, situado a la orilla izquierda del río Valira a su paso por La Seu d'Urgell, Lleida.

¿Alguna vez soñaste con pasear por un claustro románico, pero con una pizca de Marilyn Monroe, un toque de Einstein y un chisporroteo de polémica? Pues el economista y escritor Luis Racionero, que llegó a ser director de la Biblioteca Nacional, hizo realidad ese sueño en 1990. Inspirado por el claustro medieval de la catedral de La Seu d'Urgell, que tiene forma cuadrangular y cincuenta y un capiteles esculpidos, todos ellos distintos, diseñó una réplica moderna con menos capiteles y un giro inesperado: en lugar de ángeles y demonios, quiso mostrar mitos del siglo XX en sus capiteles.

El escultor elegido fue Manuel Cusachs encargado de esculpir una cuarentena de figuras, agrupadas en ocho capiteles y ordenados por géneros y temas, desde el mundo de la política y la ciencia hasta el del cine, el fútbol o la música, sin que falten cuatro dictadores del siglo XX. Un popurrí extraño incluyendo a los villanos más infames del siglo. Aunque no están todos. Debido a eso, a este lugar se le empezó a denominar «el claustro de los dictadores».

Llamado popularmente como claustro de los dictadores no ha dejado indiferente.

De esta forma se convirtió no solo en el claustro más moderno sino también en el más polémico de la historia de España, con más caras conocidas que las que desfilan por una alfombra roja. El resultado fue una construcción de esos ocho capiteles con 40 esculturas en total. Aquí puedes encontrar a Bernard Schuster marcando un gol, Marilyn Monroe luchando con su falda, Albert Einstein (al que le falta la nariz) pensando en la teoría de la relatividad, el papa Juan XXIII, Winston Churchill, Sigmund Freud, los hermanos Marx, el Gordo y el Flaco y también compositores como Bach o Wagner y hasta Paul McCartney y George Harrison haciendo muecas.

Pero el auténtico escándalo vino con un capitel que reunió a Franco, Hitler, Mussolini y Stalin, como si fueran los *Avengers* de la dictadura, aunque aquí «aprisionados» por símbolos del cuadro de Guernica de Picasso, en un intento de ironía que no todos entendieron. Racionero explicó que los dictadores «forman parte de la historia del siglo XX» y los representó de forma ridiculizada, pero muchos no se rieron. Especialmente porque el capitel con Franco se convirtió en el blanco favorito de grafitis, pintadas y otras «expresiones artísticas» no autorizadas, hasta que un antifranquista furibundo le borró el rostro con martillo y cincel.

En sus mejores años, este claustro acogió conciertos del Festival Brudieu de música antigua, lo que dotaba de un aire culto al lugar.

Pero luego llegaron las fiestas de botellón y el vandalismo, y con ellos las pintadas en los bancos, las paredes y, por supuesto, los capiteles.

Hoy, este claustro de los dictadores es un recordatorio de que combinar historia, arte y sarcasmo puede ser una apuesta atrevida. Y que quizá, solo quizá, los ángeles y demonios clásicos eran menos propensos a acabar llenos de grafitis. No te pierdas este curioso rincón si es que está abierto, porque desde hace muchos años lo han dejado cerrado a cal y canto.

Es una mezcla perfecta de arte, provocación y una pizca de caos moderno, cuyo final ha sido parecido a las obras literarias de su creador, olvidadas o criticadas con su alta dosis de polémica.

45. EL CABEZÓN DE GABIA (UN MOTE CON ORGULLO)

Ubicación: Plaza de las Cabras. Las Gabias, Granada.

Hace más de un siglo, en una modesta casa del barrio del Ejido, nació Manuel Baena García, conocido cariñosamente como El Niño de Gabia. Y no es para menos: su cabeza empezó a ser más famosa que el jamón de Trevélez.

Este vecino ilustre sufría hidrocefalia, una enfermedad que agranda el cráneo. De hecho, la cabeza promedio de un ser humano tiene un volumen de 1.400 centímetros cúbicos y la de Manuel, en cambio, alcanzó los 2.760 centímetros cúbicos. Por contexto, era la segunda más grande del mundo. Y vivió hasta los 48 años, cuando muchos médicos no le daban ni uno.

La magnitud de su cabeza no solo era tema de charlas en los corrillos del pueblo, sino que llegó a interesar a médicos, artistas y curiosos de toda Granada.

Manuel era todo un luchador. Se ganaba la vida vendiendo lotería y periódicos en la puerta del Café Suizo de Granada. Además, recibía una ayuda económica de la Facultad de Medicina, gestionada por el rector Francisco Mesa Moles, otro gabirro de pro. Con ese dinerillo y lo que sacaba de las ventas, pudo vivir humildemente, pero sin grandes penurias.

Sin embargo, su vida llegó a un triste final en 1917, cuando murió debido a una hipotermia tras pasar la noche a la intemperie. Su partida dejó a su pueblo natal con un apodo que ha pasado de generación en generación: los gabirros son, desde entonces, conocidos como «cabezones».

¿Quién más puede presumir de haber hecho historia con su cabeza y de poseer un dicho popular granadino tan contundente como: «¡Tienes más cabeza que el Niño de Gabia!»?

Tanto es así que, a sus 20 años, el escultor Antonio Marín inmortalizó su cráneo en barro cocido, mientras que el pintor Ruiz Morales lo plasmó en acuarela. Estas obras, junto con su cráneo (donado para fines científicos), se encuentran en el Museo Anatómico de la Facultad de Medicina de Granada.

Además, gracias a esa donación, hoy sabemos mucho más sobre la hidrocefalia, lo cual ha ayudado a salvar la vida de muchos bebés que nacen con esta condición. El Niño de Gabias tuvo una gran cabeza… y también un gran legado.

En la Plaza de las Cabras se erigió un busto en bronce en su honor, obra del escultor local Javier Casares. Hoy, los visitantes pueden contemplar el monumento y recordar a este hombre cuya cabeza fue tan grande como su corazón, con su aportación a la ciencia y al folclore local.

Si visitas esta localidad, no te olvides de saludar al busto del Niño de Gabias, tocar su testa y, de paso, recordar que ser cabezón a veces significa ser grande en todos los sentidos.

Un personaje granadino ilustre y muy querido.

IV.
Turismo por las reliquias (sagradas y profanas) más impactantes

En el siglo III, uno de los pioneros del turismo pío, el Peregrino de Burdeos, aseguró haber orado ante la piedra donde Judas traicionó a Jesús, y en el lugar exacto del monte de los Olivos desde el que nuestro Redentor inició su Ascensión a los Cielos. No parece que se trate de las piedras actualmente designadas al efecto. En un testimonio algo posterior al del bordelés, hacia 530, se aseguraba que en la piedra de marras se percibían claramente los hoyuelos marcados por las rodillas de Jesús. En la piedra actual, dentro de un templete octogonal que guarda los restos de una capilla bizantina, un alcorque señala la roca ascensional con un rehundimiento que vagamente asemeja la huella de un pie.

Los hipercríticos podrían objetar que la vaga señal no prueba nada pero en este caso viene en nuestro auxilio una tradición que legitima la huella y disipa cualquier duda sobre su autenticidad. Nos referimos al entrañable y antiguo villancico que reza:

En el portal de Belén
hay una piedra redonda
donde puso Dios el pie
para subir a la gloria.

Naturalmente, forzados por el octosílabo y por tratarse de un villancico navideño, han tenido que sustituir el topónimo Jerusalén por el de Belén. Existe otra losa, en la mezquita del Monte, que disputa a la anterior la candidatura de piedra ascensional de Jesús.

Juan Eslava Galán: *El catolicismo explicado a las ovejas*. Planeta, 2009.

46.
EL ARCÓN VOLADOR DEL MORO (UNA LEYENDA CON MUCHO VIAJE)

Ubicación: Santuario de la Virgen del Camino, León.

Había una vez un arcón volador, un moro desconfiado, un cristiano encadenado y una virgen que se tomó en serio aquello de «donde caben dos, caben tres». Esto podría ser el inicio de una peli de aventuras, pero no, es un relato de esas leyendas que parecen demasiado buenas para ser verdad, aunque nadie se atreve a discutirlo.

Todo comienza en Argel, un lugar que, en aquella época, no figuraba precisamente en las guías de «destinos turísticos relajantes». Allí estaba nuestro protagonista, un leonés en apuros, convertido en esclavo, con harapos de última moda (siglo XVI) y una cadena al cuello que, como todo en la cárcel, también estaba en decadencia. El pobre, viendo que su situación no mejoraba, decidió jugársela: rezó con todas sus fuerzas a la Virgen del Camino para que lo sacara de allí. Lo que no esperaba era el paquete completo que iba a recibir.

Su carcelero moro, que no se fiaba ni de su sombra, decidió asegurar la mercancía y lo encerró en un arcón con cadena y todo. Para rematar la seguridad, el buen hombre se tumbó encima del mueble a dormir. Sin embargo, la Virgen tenía otros planes: burlar el espacio-tiempo. Al amanecer, nuestro cristiano se encontraba, junto con el moro y el famoso arcón, nada menos que en su tierra. El moro, al despertar, flipó en colores y, viendo que esto de los milagros iba en serio, optó por cambiar de religión y quedarse a vivir allí. Porque claro, si una virgen te transporta sin billete de vuelta, ¿quién eres tú para discutir?

Teletrasportarse con cadenas y todo lo convierte en un turboarcón.

En el moderno Santuario de la Virgen del Camino (León) vemos este arcón del cautivo o del moro, o más bien lo que queda de él, porque lo vi bastante achacoso y deteriorado, con unas cadenas herrumbrosas en su interior y una copia plastificada relatando el suceso, con caligrafía del siglo XVI, dentro de una vitrina. Pude fotografiarla, y el texto describe lo ocurrido, incluida la fecha:

> Estando Alonso de Ribera, vecino de Villamañán, cautivo en Argel, en poder del Moro Alcazaba, se encomendó muchas veces a esta soberana Señora Virgen del Camino y temiendo el moro que le había de librar y se había de ir, le metió en esta arca y él encima para más seguridad habiéndole ligado con esta cadena; y su divina majestad fue servida de traerle de la noche a la mañana a su Santa casa donde murió juntamente él y el moro. Sucedió año 1522.

Pero espera, que hay más. En el Santuario de la Candelaria, en Tenerife, hay otro arcón similar (mucho más completo), y en el monasterio de Guadalupe (Cáceres), encontré una versión similar de la historia, solo que esta vez el arcón venía con combo especial: el cristiano, el moro, un perro guardián y las cadenas. Todo, teletransportado desde Berbería hasta el monasterio, que ya parece un servicio *premium* de mudanza celestial. En uno de los cuadros que decoran el lugar, se detalla que tantos eran los milagros similares que ya ni prisiones ni perros daban abasto. ¡Menudo departamento de logística tenía la Virgen!

Volviendo al Santuario de la Virgen del Camino, el arcón original aún sobrevive, aunque le faltan unos cuantos trozos. ¿Por qué? Porque los devotos, en un acto de fe y de carpintería *amateur*, arrancaban astillas para usarlas como remedio contra el dolor de muelas. El milagro los curaba a ellos, pero el que acababa con un buen dolor de cabeza y de encías era el párroco al intentar salvar lo que quedaba del arcón.

Hoy, este mueble celestial sigue expuesto para recordar a los visitantes que, si rezas lo suficiente, hasta un arcón con turbopropulsor puede sacarte de un apuro.

47. LA HIDRIA DE LAS BODAS DE CANÁ (EL *SOUVENIR* MÁS PESADO DE GALICIA)

Ubicación: Iglesia de Santa María de Cambre, A Coruña.

La vida está llena de coincidencias, y esta historia lo demuestra. Imagina que decides visitar una iglesia románica-gótica del siglo XII, famosa por guardar una vasija milagrosa, y el destino te lleva a una boda en A Coruña. Entre brindis con albariño, vieiras y pulpo a la gallega, recuerdas que a unos kilómetros hay una vasija que supuestamente convirtió agua en vino. Es decir, el invitado perfecto para cualquier boda.

Esta iglesia de Cambre guarda, ni más ni menos, una de las seis hidrias del famoso milagro de las bodas de Caná. Según el Evangelio de san Juan, Jesús, presionado por su madre, convirtió el agua en un vino tan bueno que probablemente fue el primer ejemplo de «Denominación de Origen Divina». Y, cosas de la vida, una de esas tinajas acabó en Galicia, porque si algo tienen los gallegos es que siempre saben encontrar el mejor vino, aunque venga desde Palestina.

El templo en sí ya impresiona, con su rosetón y su agnusdéi en el tímpano, pero lo mejor te espera dentro: en una esquina, protegida por unas cintas, está la famosa hidria. Eso sí, que nadie espere un objeto resplandeciente digno de Indiana Jones. A simple vista, parece una pila bautismal algo machacada, sin asas y con más arañazos que un coche en hora punta.

La hidria de las bodas de Caná (el *souvenir* más pesado de Galicia).

Lo interesante es cómo llegó hasta allí. Aquí entra en escena Fernando Pérez de Traba, un noble gallego del siglo XII que, tras un viajecito a Tierra Santa (las típicas cruzadas), volvió cargando esta vasija de piedra calcárea, típica de Palestina. Mientras sus compañeros de viaje traían recuerdos más prácticos como astillas o joyas, Fernando, por lo visto, tenía el brazo fuerte y un sentido del *souvenir* bastante original.

Pero la hidria no lo ha tenido fácil para sobrevivir a los siglos. Por ejemplo, durante años los vecinos de Cambre se dedicaron a rasparla con entusiasmo, ya que el polvo mezclado con aceite y hierbas prometía milagros: desde facilitar partos hasta curar enfermedades de todo tipo. Por supuesto, este tratamiento antiestrés para la vasija la dejó hecha un cuadro. Hoy en día está protegida, porque si no, ya no quedaría ni para una aspirina milagrosa.

Y si crees que en Cambre no valoran sus reliquias, déjame contarte lo que pasó en 1675. El arzobispado de Santiago intentó llevársela para añadirla a su colección de tesoros, pero los vecinos dijeron «¡De aquí no se mueve!», y organizaron un motín digno de película de época. Ni la autoridad ni los soldados pudieron con ellos, así que la hidria se quedó donde estaba. Más recientemente, en 2012, volvió a desaparecer, causando el pánico en el pueblo. ¿Un robo divino? No, solo un préstamo temporal para una exposición en el Museo de Galicia. Pero por poco organizan otro levantamiento.

¿Y qué pasa si Cambre no te pilla cerca? No hay problema, porque España tiene otra hidria en la catedral de Oviedo. Una piadosa tradición dice que sería otra de las seis vasijas llenas de agua que Jesús convirtió en vino en las bodas de Caná. La primera referencia o alusión a ella es del siglo XI. Todos los años, cada 21 de septiembre, la hornacina se abre y los ovetenses acuden a beber el agua contenida en la hidra pues, según la tradición carbayona, tiene propiedades salutíferas.[22]

Las hidrias de Caná parecen tener un talento único: sean auténticas o no, siempre encuentran una forma de protagonizar historias milagrosas y motines vecinales.

48.
LA TINAJA QUE SE CREÍA UNA FUENTE (DE VINO)

Ubicación: Ermita de la Virgen de la Paz. Alcobendas, Madrid.

Sigamos con nuestra gira de recipientes milagrosos, esta vez con una tinaja que hizo lo que muchos soñamos: convertir un «no queda más» en un «¡que siga la fiesta!». La historia nos lleva al siglo XVII, concretamente al 25 de enero de 1677, cuando Juan Perdiguero, un vecino de Alcobendas con alma de organizador de eventos, experimentó un fenómeno que convertiría su casa en el epicentro del mejor botellón histórico documentado.

Juan, devoto de la Virgen de la Paz (patrona del pueblo y campeona en apariciones desde el siglo XI), había montado una celebración en su

22 Más información en el libro de Carlos Gabriel Fernández: *50 lugares sagrados de Galicia*. Cydonia, 2023.

honor. Música, clarines, danzas y, por supuesto, vino. Había llenado su tinaja con 200 litros de tinto para repartir entre las trescientas personas que pasaron por su casa durante tres días. Todo un despliegue de generosidad. O de optimismo, porque la noche antes de la fiesta principal, Juan vio que la tinaja estaba casi vacía. Pequeño detalle.

Preocupado por su falta de previsión (imperdonable en cualquier anfitrión de espíritu español), rezó a la Virgen antes de dormir. Y vaya si lo escuchó. A la mañana siguiente, al salir al corral, todavía medio en pijama, se encontró con un espectáculo digno de una bodega encantada: la tinaja estaba llena hasta casi el borde y brotaban borbotones de vino como si fuera una fuente de agua, pero mucho más alegre.

Una variante de la multiplicación de alimentos.

Según el acta notarial levantada tras el suceso, la tinaja estuvo manando vino durante tres horas, sin importar cuántas tazas, jarros, ollas o botijos llenaran. La declaración del interesado, recogida en la citada acta, reza:

> Por la mañana lunes, día veinte y cinco, a cosa de las seis, se levantó el que declara, y, sin acabarse de vestir, salió al corral de la dicha su casa, y, dando muchas gracias a Dios, dijo:
>
> —Virgen Santísima, yo os he hecho la fiesta con mucho gusto y no me ha faltado cosa alguna, porque me ha sobrado de mis prevenciones, con la mucha gente que ha habido, juzgando me faltara.

> Y, pasando delante, se fue hacia la puerta donde estaba la tinaja, y llegó a ella. Y para ver si había quedado algún vino, la miró y vio estar llena su tinaja, que le faltaría como cuatro dedos. Y, reparando en ella, vio clara y evidentemente cómo manaba el vino a forma de una fuente, con borbotoncillos que hacía, y este declarante se quedó confuso y admirado, viendo la tinaja llena.

Desconcertado y eufórico, llamó a su esposa, Manuela, quien al parecer no cuestionó que su marido estuviera viendo cosas antes del desayuno. Después, Juan corrió a contárselo a medio pueblo, que, por supuesto, no lo creyó hasta que vio la tinaja con sus propios ojos. Desde las seis de la mañana, aquello fue un ir y venir de vecinos, sacerdotes, escribanos, jueces y hasta la mismísima condesa de Puñoenrostro, que no quiso perderse el espectáculo (y quizá llevarse algún frasco de vino para su colección). Así lo cuenta el acta:

> Y desde la hora de las seis de la mañana, que se publicó, hasta las once y media del día, estuvo el que declara dando vino con tazas, jarros, medias arrobas, cuartillas, botijos, ollas, frascos y ayudándose a sacar el vino José de Jarras, vecino de esta villa (vaya nombrecito), sin cesar continuamente estuvieron todo este tiempo sacando dicho vino hasta llegar a sudar por el mucho trabajo que tenía de la continuación, concurriendo más de seiscientas personas, el Sr. Juez, sacerdotes, Justicia y Regimiento, escribanos del Ayuntamiento, innumerable gente, la Sra. Condesa de Puñoenrostro y toda su casa y familia, y mucha gente de Madrid, que sacaron botas para diferentes partes, así a Colmenar, San Sebastián, como a Madrid, Barajas y otras partes, todos cargados del dicho vino, que le parece a este declarante sacarían en el tiempo, desde las seis de la mañana hasta las once y media del día, más de cien arrobas de vino [o sea, más de 1500 litros].

Por supuesto, no faltaron los escépticos. Pero aquí entra el acta notarial firmada por veintinueve testigos y sellada por el mismísimo cardenal arzobispo de Toledo. A falta de Netflix, en el siglo XVII el entretenimiento era serio. Después de revisar la tinaja, la casa y todo el corral, no encontraron ni una gota de trampa.

Pero no den por concluida la historia todavía. Quizá el milagro mayor fuese otro, también acontecido el 25 de enero de 1677. Lo narra el doctor Eduardo de Castro, médico de Alcobendas en aquella fecha. Tras testificar sobre el milagro de la multiplicación del vino (es el testigo número 24), don Eduardo completa así su declaración (que transcribo parcialmente, adaptada a la ortografía actual):

> Declara que en el mismo día y en la misma hora que Dios obraba el prodigio del vino, a cosa de las nueve de la mañana, habiendo un niño de Diego Aguado y de Dña. María de Ayala, su madre y padre vecinos de esta villa, de edad de tres años, comido como una cuarta de solimanes que sacó de un escritorio. En hay casas de Dña. Agustina y Dña. María de Vera le llamaron para ver el niño de los accidentes graves que el solimán como veneno tan activo le causaron al niño, el cual estaba casi muerto. Y habiendo hecho algunas diligencias medicinales para echar el veneno, no fueron ni pudieron corregir parte de tan graves accidentes como el niño padecía, todos de necesidad mortales, hasta que se trajo un poco del vino. Y dándoselo por fuerza, instantáneamente que lo bebió vomitó el niño el veneno con grandísima cantidad de flemas. Y quedó bueno y sano sin que repitiese accidente ninguno, e invocando el mismo niño a Nuestra Señora de la Paz, se levantó vestido como estaba y se salió a jugar a la calle con los demás muchachos a cosa de las dos horas de haber tomado el solimán. Y al entender y juicio de dicho médico, fue más milagro que obra de naturaleza por la fuerza del veneno en un niño de tan tierna edad. Y así declara para gloria y honra de Dios.

Solimán es cloruro de mercurio (veneno puro utilizado en medicina como desinfectante). Curiosamente (¿o no tanto?), el milagro del vino cesó a eso de las once u once y media de la mañana, aproximadamente la hora en la que, según don Eduardo de Castro, el niño, invocando a Nuestra Señora de la Paz, salió restablecido de la grave intoxicación y se fue a jugar a la calle. Hasta el médico, testigo del caso, reconoció que esto no tenía explicación científica (aunque el vino, claramente, tenía superpoderes).

Hoy en día, la famosa tinaja reposa en la Ermita de la Virgen de la Paz, protegida en una urna de cristal con rejas, para evitar que alguien intente replicar la magia (o llevarse un *souvenir*). Una placa recuerda el milagro, y un cuadro de 1977 inmortaliza a Juan y Manuela en camisón, iluminados por un candil, observando con asombro cómo el vino brotaba sin parar.

Además, hay exvotos que narran otros milagros atribuidos a la Virgen, pero ninguno tan popular como el de la tinaja. Por si fuera poco, enfrente del altar hay un cuadro peculiar: la Virgen presenciando (y protegiendo) un vuelo en globo aerostático de aire caliente en Madrid en 1880. No fue el primer vuelo tripulado realizado en España puesto que el 5 de junio de 1784, en el Real Sitio de Aranjuez, fue cuando todos quedaron asombrados con este nuevo invento prodigioso.

En la Ermita de la Virgen de la Paz ya no encontrarás vino milagroso, pero si esa paz interior que generan las iglesias, y además tendrás una foto de la tinaja y una buena historia para compartir.

49.
EL ANILLO VIAJERO DE SAN ATILANO (SALIDO DE UN BARBO)

Ubicación: Iglesia de San Pedro y San Ildefonso, Zamora.

Resulta que san Atilano, aparte de ser el primer obispo de Zamora (901-917) y uno de sus patronos, protagonizó una historia que combina suspense, milagros y un pez con afán de esconder joyas.

Atilano, nacido en Tarazona, era un prodigio en las armas, lo que no lo hacía precisamente un candidato para la santidad. Todo cambió cuando conoció a san Froilán, quien lo enseñó que cambiar la espada por la mitra no era tan mala idea. Ambos se convirtieron en obispos: Atilano en Zamora y Froilán en León, demostrando que la amistad puede llevarte muy lejos, incluso al altar.

Durante su episcopado, las cosas se pusieron feas en Zamora: peste, sequías, incursiones musulmanas… el paquete completo. Atilano decidió peregrinar a Jerusalén para pedir ayuda divina. Pero antes de salir, pensó que llevar un anillo obispal no era ni humilde ni discreto para un viaje de incógnito. Así que, al cruzar el río Duero, tiró su anillo al agua con el «si regreso, lo recuperaré» más confiado de la historia.

Años después, tras largas oraciones y caminatas, volvió a Zamora irreconocible, con pinta de mendigo. Pasó la noche en un albergue donde le sirvieron un barbo fresquito sacado del río. Todo normal hasta que, al hurgar en las tripas del pez, ¡allí estaba el anillo que había tirado años atrás! Pero la cosa no quedó ahí. En cuanto se lo puso, las campanas de Zamora empezaron a sonar solas y su vestimenta de vagabundo se transformó en un atuendo de obispo. Digno de una escena de *Indiana Jones y el Santo Relicario.*

San Atilano murió, fue canonizado por Urbano II, y en su honor se construyó una ermita que más tarde se convirtió en el cementerio de Zamora. Su famoso anillo se guarda en la iglesia de San Pedro y San Ildefonso, y el 5 de octubre, fiesta de san Atilano, se saca para venerarlo. Se halla dentro de un relicario del siglo XVI en forma de cruz, porque si vas a guardar un anillo milagroso, que sea con estilo.

Por si no fuera suficiente, hay otra historia digna de un *thriller* medieval. En el siglo XV, los toledanos, muy interesados en llevarse los restos de san Ildefonso (su patrón), sobornaron a un sacristán zamorano para que les entregara la calavera del santo.

El sacristán, nervioso y apresurado, les dio una calavera. Los toledanos, encantados, organizaron una solemne procesión en su honor. Todo iba bien hasta que, al cantar la letanía e invocar a san Ildefonso, la calavera levitó y habló: «No soy Ildefonso, que soy Atilano».

El anillo viajero de san Atilano (salido de un barbo).

Imaginen las caras de todos. El sacristán, que se había confundido de urna, pasó a la historia como el precursor de los errores de paquetería. Desde entonces, Zamora tiene el cuerpo de san Ildefonso y Toledo, la calavera de san Atilano. Un intercambio digno de *Juego de Santos.*

La historia de san Atilano nos deja dos grandes lecciones: nunca subestimes la memoria de un barbo, y asegúrate de etiquetar bien tus reliquias si no quieres terminar con un cráneo parlante.

50.
UNOS BOTINES DEL NÚMERO 52 (PISANDO FUERTE)

Ubicación: Casa de la Cultura, calle Fray Juan de la Puebla. Puebla de Alcocer, Badajoz.

Esto va de gigantes. De esos tan altos tan altos que cuando comen un yogur, les caduca antes de llegar al estómago. Y es que hablar de Agustín Luengo Capilla, el Gigante Extremeño, no es cosa pequeña. Con 2.35 metros de altura, superaba a Pau Gasol en 20 centímetros y a la mayoría de sus contemporáneos por una cabeza (o dos). De hecho, si te daba una bofetada, te quedabas estampado como un cromo, pero en edición limitada.

Agustín nació padeciendo acromegalia en una humilde casa donde los techos y paredes literalmente se le quedaban cortos: sus padres tuvieron que hacer un agujero en la pared para que pudiera dormir con las piernas estiradas. Un apaño arquitectónico práctico y económico.

A pesar de ser enfermizo de niño, a los 12 años su padre decidió convertirlo en inversión: lo vendió alcirco portugués de Eusebio dos Santos Marrafa a cambio de un lote digno de trueque medieval. ¿Qué incluía? 70 reales, dos hogazas de pan blanco, media arroba de arroz, miel del Alentejo, una garrafa de aguardiente, dos paletas de jamón y un daguerrotipo de feria. Ni el padre ni Agustín se quejaron. Pensaron que era un buen trato pues el chico veía una oportunidad de recorrer mundo lejos de los chismes de su pueblo y, de paso, ganarse la vida con su extraordinaria altura. Así que su padre se quedó tan ancho tras la venta del hijo.

En el circo, su *show* era simple pero efectivo: caminar entre el público y asombrarlos con su tamaño. El momento estelar llegaba cuando escondía un par de panes de kilo y medio en sus manos gigantes, que medían 40 centímetros.

Agustín Luengo, un hombre que alcanzó altas cuotas de popularidad.

Durante su vida, Agustín llegó a impresionar al mismísimo Alfonso XII y lo invita a una de esas sesiones. De hecho, hay una fotografía con él, acompañado por su madre. Y en un acto de generosidad real, Alfonso XII no le regala un cheque con 1000 reales, sino unas botas que se conservan en el museo dedicado a Agustín en su localidad natal. El 3 de octubre de 1875, el periódico vespertino *La Correspondencia de España* se hace eco de la noticia: «*Hoy ha sido presentado a S. M. un joven de 26 años, natural de La Puebla de Alcocer, provincia de Badajoz, llamado Agustín Luengo Capilla...*».

Los botines de piel eran del número 52 y medio, tan grandes que parecían perfectos para guardar el almuerzo, la merienda y algún que otro perro pequeño.

El giro más peculiar en la vida de Agustín llegó cuando conoció al médico y anatomista Pedro González Velasco, creador del Museo de Antropología de Madrid. Este señor, con una vena algo macabra, le hizo una oferta difícil de rechazar: comprarle su cuerpo en vida a cambio de una renta de 3000 pesetas. Eso sí, el dinero le llegaría dosificado en pagos de 2.50 pesetas al día, para evitar derroches. Agustín aceptó y, con su nueva renta vitalicia, dejó el circo y se mudó a la capital de España.

La alegría no duró mucho: a los pocos meses, le diagnosticaron tuberculosis ósea. El 31 de diciembre de 1875, Agustín murió a los 26 años, cerrando el año y su vida en un mismo día.

El doctor Velasco cumplió su promesa (o su capricho). Esa misma Nochevieja le practica la autopsia al cadáver, crea un molde de escayola y conserva el esqueleto del gigante. Agustín fue estudiado, descarnado y exhibido como esqueleto en el Museo Nacional de Antropología, y ha estado allí hasta abril del año 2023, cuando «las autoridades» decidieron que sea retirado, no vaya a ser que atente contra el honor y la moralidad del interfecto. A buenas horas. El museo justifica esa decisión diciendo que en los últimos años se ha producido un cambio en la consideración de los restos humanos. Ya no son vistos como simples bienes culturales, sino los restos de una persona fallecida, y por eso deben ser tratados con dignidad y respeto. Así que a esconder el esqueleto del gigante extremeño.

En el último número del *Boletín Galego de Medicina Legal e Forense* (en diciembre de 2023), se ha publicado un ensayo de carácter médico-legal que arroja luz sobre la muerte de nuestro gigante extremeño. Escrito por los expertos Félix Sánchez Ugena y María del Valle Naranjo, el informe desvela que la causa inmediata de su muerte fue por una insuficiencia cardíaca crónica, y que Agustín presentaba un síndrome de gigantismo hipofisiario, sufría una tuberculosis de larga evolución, con afectación ósea y articular en las extremidades inferiores, estaba en tratamiento sintomático y paliativo con opiáceos (láudano) y que su muerte tuvo lugar a las 18 horas del viernes día 31 de diciembre de 1875.

En el museo etnográfico de Puebla de Alcocer se conservan objetos de Agustín, como los botines que le regaló Alfonso XII, unos calcetines, un gorro carmesí y una réplica de su bastón. Además, se exhibe una reconstrucción digital basada en su molde original.

Su historia, desde que pasa a formar parte del elenco del Circo Luso de Marrafa hasta su disección por parte del doctor Velasco, está recogida en una trepidante novela, *El hombre que compraba gigantes*, del extremeño Luis C. Folgado de Torres:

> Agustín hacía sin rechistar lo que se le pedía, no importándole la naturaleza de la tarea encomendada, que lo mismo podía consistir en asear a los caballos, cortar leña o limpiar las jaulas de los inofensivos leones y el resto de cuadrúpedos. Tampoco le desagradaban sus dos compañeros de carromato, los enanos portugueses Nicolás y Justo Pedreira. Con ellos compartió, casi desde el principio, intimidades, temores, penas y alegrías. Todas las noches jugaban a las cartas, apostando judías y garbanzos, hasta que el sueño los derrotaba casi al mismo tiempo.[23]

Porque sí, Agustín fue mucho más que un gigante: fue un hombre que supo convertir su singularidad en una vida que dejó huella. Literalmente, del tamaño XXXL.

Algo similar pasó con el «negro de Bañolas». Levantó tanto curiosidad y polémica que al final lo retiraron del museo Darder de Bañolas (Girona) porque no estaba bien visto tener a un aborigen momificado. ¿Sabéis donde ha acabado su momia? El guerrero fue enterrado el 4 de octubre de 2000 en la capital de Botswana, en Gaborone, con cierta solemnidad. Más adelante se olvidaron del bosquimano y se transformó en un campo de fútbol. Su tumba señalaba la esquina de un córner. Si eso no es ironía, no sé qué lo es.

51.
EL PALO QUE SE GRADUÓ A BASTÓN DE MANDO

Ubicación: Santuario de la Virgen de África, Ceuta.

A veces, las historias más grandiosas empiezan con algo tan simple como un palo. Y no cualquier palo: un aleo, que es el típico trozo de madera de acebuche que hace siglos servía para jugar o como accesorio multiusos de la época.

Pues bien, este humilde objeto pasó de ser un simple trozo de acebuche a convertirse en un símbolo de defensa, un grito de guerra y, quién lo iba a decir, un bastón de mando cargado de tradición.

Vamos a su origen. Cuando los portugueses conquistaron Ceuta en 1415, el rey don Juan I andaba buscando un hombre valiente para

23 Luis C. Folgado: *El hombre que compraba gigantes*. Ediciones Altera, 2013.

gobernar y defender la ciudad. Candidatos había, pero su currículum no lo convencía demasiado. Primero pensó en don Nuño Álvarez Pereira, un caballero tan noble como devoto, pero Nuño, que ya había colgado la espada para dedicarse al convento, le dijo al rey: «Gracias, pero no, majestad. Yo ahora soy más de rezar que de pelear».

El rey, incrédulo, probó suerte con don Gonzalo Vázquez Coutinho. ¿Y qué pasó? Que también dijo que no. «Gracias, pero paso». A la tercera va la vencida, se dijo para sus adentros, y lo intentó con don Martín Alfonso de Melo, quien pidió tiempo para pensarlo mejor, consultó con su almohada y a sus amigos, y finalmente... también se rajó.

El pobre rey estaba al borde del colapso cuando un hombre, Pedro de Meneses, que estaba tranquilamente jugando a «la choca», un juego muy popular de la época consistente en hacer pasar entre dos palos una bola de madera con ayuda de un bastón, denominado «aleo», se presentó ante el rey y le dijo ufano: «Majestad, yo con este palo me basto para defender Ceuta de todos sus enemigos». Los presentes se quedaron con la boca abierta de asombro y el rey, ya harto de negativas, le dijo: «Pues vale. Para ti, campeón».

Así fue como ese trozo de acebuche, con varios nudos, se convirtió en el Áleo o bastón de mando ceutí. Pedro de Meneses lo transformó en su estandarte, y la gente se lo tomó tan en serio que incluso lo adoptaron como grito de guerra: «¡Aleo!». Era un grito con tanta fuerza que no solo servía para asustar a los enemigos, sino también para celebrar las victorias. Porque nada más épico que ganar una batalla gritando el nombre de un palo.

El aleo de Ceuta tiene un origen humilde.

Desde entonces, el aleo se volvió parte de las tradiciones ceutíes.

En 1747 se declaró una epidemia de peste bubónica, y el Cabildo Catedralicio acordó sacar en procesión a la Virgen por las calles de Ceuta. Era comandante general don Pedro Vargas Maldonado, que renovó el Voto a la Virgen y acordó poner en sus manos el bastón de mando o Áleo. Los templos ceutíes fueron convertidos en lazaretos para aislar a la población, y pronto remitieron las muertes. Desde entonces se instituyó la vieja tradición que siguen respetando todos los nuevos comandantes generales de tomar posesión ante la Virgen de África (la patrona y alcaldesa perpetua) y depositar en sus manos el Áleo como símbolo, emblema e insignia de mando para pedirle que proteja la ciudad.

Más de seis siglos de historia a palo limpio. En realidad, son unos 605 años de tradición militar y unos 369 de protocolo religioso, en los que este aleo ya es mucho más que un palo: es un símbolo de resistencia, un grito de unidad y, por qué no, un recordatorio de que, a veces, no hacen falta grandes armas para proteger lo que amas. Solo necesitas valor, un poco de madera y, ya puestos, un buen grito de guerra: «¡Aleo!».

Cuando visité este santuario, hice varias fotos a la imagen de la Virgen; con expresión patética, puesto que sujeta con su mano derecha la cabeza y el cuerpo de Jesucristo (al estilo de La Piedad) y en su mano izquierda sostiene el bastón. Está tallada en un solo bloque de madera, con excepción de la cabeza del Cristo y la mano izquierda de la Virgen, y hueca por su parte trasera. El bastón es el original, ya que la descripción que el códice 391 de la Biblioteca Nacional de Lisboa ofrece de él coincide con las características del que acompaña a la Patrona de Ceuta.

52. EL CUCHILLO DE NERÓN (O LO QUE SEA QUE FUERA)

Ubicación: convento de las Jerónimas de San Pablo, Toledo.

Cuando hablamos de espadas legendarias, todos pensamos en la Colada o la Tizona del Cid; tal vez en la de Fernando III el Santo. Pero ¿alguien se acuerda de la espada de san Pablo? ¿No? Pues no es de extrañar, porque ni es espada ni es cuchillo y tampoco perteneció a san Pablo ni Nerón tuvo nada que ver. Aun así, su historia tiene más giros que un culebrón.

Lo que llamamos la «espada de san Pablo» es en realidad un *falchión*, o lo que en España conocemos como bracamante, un arma curvada de un solo filo que se empezó a usar en el siglo XI. Es decir, cuando san Pablo ya llevaba siglos en el otro barrio. Pero, cosas de la vida, a mediados del siglo XIV, el papa Urbano VI le regaló esta arma al todopoderoso cardenal Gil de Albornoz, asegurando que era la mismísima herramienta con la que Nerón mandó decapitar al apóstol. Y con semejante historia, la gente la veneró como reliquia.

Durante siglos, la espada se guardó en el convento de La Sisla, en Toledo. Era tan sagrada que las monjas hacían copias de madera, las bendecían y las tocaban con el arma original para luego repartirlas entre los devotos. Todo iba bien hasta que llegaron los franceses en la Guerra de la Independencia. Para protegerla, la espada fue trasladada al convento de las Jerónimas de San Pablo. Allí permaneció hasta que, con la desamortización de 1820, la espada acabó refugiada en otro convento de la misma orden.

Una reliquia buscada y venerada por Franco.

El gran Benito Pérez Galdós, escritor y crítico de la Iglesia, no pudo resistirse a verla. Y no solo eso: aprovechó la ocasión para afilar su lápiz con ella, en un acto que parecía irreverente pero ante el cual las monjas hacían la vista gorda porque, según ellas, «algo de devoción tenía».Así relata esta anécdota Marañón en su libro *Elogio y nostalgia de Toledo*:

> Concedido el permiso, los acompañantes hacían corro para ocultarle de la vista de las religiosas, y entonces, con el alfanje, que conservaba su corte temeroso, afilaba la punta de su lápiz. Ignoraba que las depositarias de la santa reliquia conocían la estratagema, y le dejaban darse ese gusto, que parecía irreverente pero que no lo era en realidad, por el mucho amor que ponía en ligar su instrumento de trabajo, creador de tantas realidades españolas, con una de las tradiciones más antiguas y típicas de Toledo.

En 1936, durante la Guerra Civil, la espada desapareció. Se rumorea que una monja la tiró a un pozo para evitar que cayera en manos de las milicias. Pasada la guerra, Franco, amante de las reliquias cristianas, organizó varias expediciones para encontrarla. Los bomberos vaciaron pozos y buscaron entre escombros, pero no hubo suerte.

En 1967, se hizo una réplica gracias a un pergamino del siglo XVIII con un dibujo detallado de la espada. Esta réplica fue entregada al mismísimo Franco (cómo no) y, dicen, quizás también al cardenal Tarancón, quien la rechazó educadamente.

Hoy en día, el Museo del Ejército de Toledo conserva una copia en sus sótanos, pero la que destaca está en el convento de las Jerónimas, encargada en 2017 por el periodista Francisco José Rodríguez de Gaspar. Este amante de la historia toledana pagó de su bolsillo una réplica exacta para devolver la espada a las monjas, que la exhiben con orgullo.

Entre las reliquias favoritas del Generalísimo se encontraban la mano incorrupta de santa Teresa (para los viajes), el manto de la Virgen del Pilar (para la salud) y la espada de san Pablo (para gobernar España).

¿Es un cuchillo? ¿Una espada? ¿Un mito? Puede que nunca lo sepamos, pero lo que sí está claro es que esta arma tiene una historia tan increíble como surrealista. Y, oye, si en el proceso sirvió para afilar lápices o inspirar tradiciones, ¡pues algo es algo!

Por cierto, también hay una copia de madera en el convento de Santa Clara de Borja (Zaragoza) que adquiere su sacralidad porque en su día fue tocada con la original. En la parte posterior de la caja de madera que se elaboró para conservarla, aparece la siguiente inscripción:

> Las religiosas de San Pablo de Toledo tienen la espada que degollaron a San Pablo Apóstol. Las religiosas [h]acen a medida de aquellas otras espadas, las bendicen y las pasan por la misma, y las dan a las personas que las desean. Ésta se la dieron a mosen Ángel Chueca, éste se la dio a su hermana sor Josefa, religiosa en este convento, la cedió con gusto a la comunidad y le mandó hacer esta caja y la colocó en el coro. El Apóstol San Pablo les ancance [sic] el Reyno de la Gloria, y la comunidad agradecida queda en obligación de encomendarlos a Dios.

Es otro tipo de «reliquias por contacto», como ocurre con las numerosas copias de la Sábana Santa que hay repartidas por el mundo. En España tenemos unas veinticinco, y todas ellas fueron tocadas con la síndone de Turín.

53. LA CRUZ DEL RAYO (CUANDO LA NATURALEZA SE PONE ARTISTA)

Ubicación: Museo Carmelitano CARMUS.
Alba de Tormes, Salamanca.

Si vas al museo del convento de las Carmelitas Descalzas en Alba de Tormes, seguro que el sepulcro de santa Teresa acapara toda tu atención. Con su corazón disecado, su brazo incorrupto y otros objetos personales, la gente se queda boquiabierta. Pero, si bajas la vista (literalmente, a la parte baja del museo), te encontrarás con una reliquia más humilde, aunque igual de sorprendente: la cruz del Rayo.

Corría agosto de 1574, y el duque de Alba, don Fernando Álvarez de Toledo, se fue de cacería al monte de los Perales. Pero la naturaleza tenía otros planes. Una tormenta épica, con rayos y granizo incluidos, lo obligó a buscar refugio junto a su séquito bajo una enorme encina. Entre trueno y trueno, y con el susto de su vida, el duque decidió que era buen momento para rezar. Curiosamente, no se encomendó a un santo ya canonizado, sino a santa Teresa, que para entonces seguía viva y ocupada con sus fundaciones.

En pleno pánico, un rayo cayó justo sobre la encina, haciéndola pedazos, carbonizándola y dejando al duque y sus hombres en estado de *shock*. Al cabo de un rato de aturdimiento, nuestro duque salió ileso, trastabillando y atontolinado. Tras cesar la tormenta eléctrica, se serenó, se palpó para comprobar que estaba aún vivito y coleando. No se lo podía creer. Entonces vio la luz. Más bien, se dio cuenta de que en uno de los muchos trozos en que quedó convertida la encina, se había grabado una cruz. Como si el rayo, con su lápiz de fuego, hubiera dibujado una cruz negra que lo traspasaba hasta la corteza. Lo atribuyó a un milagro gracias a la intercesión de santa Teresa.

Al llegar a la villa, don Fernando relató a su mujer lo acontecido.

—¡Válgame Dios! —exclamó la esposa, echándose las manos a la cabeza—. ¿No sabéis que algo parecido le ocurrió a la santa años atrás en el mismo camino, regresando también de ver a la condesa de Monterrey? Una fuerte tormenta le hizo perder la orientación, dejándola vagar por un tiempo, hasta que una angelical imagen a lo lejos la devolvió a la senda y al instante dejó de llover.

Una reliquia asociada a Santa Teresa de Jesús.

Según la señora duquesa, la propia Teresa se había enfrentado a otro chaparrón en esa misma ruta años antes, aunque, en su caso, no fue un rayo, sino una visión angelical la que le guio de vuelta al camino. Porque los milagros de Santa Teresa eran mucho más elevados.

El duque, convencido de que aquello era una señal divina, mandó cortar el trozo de madera con la cruz y lo encerró en un relicario de plata digno de su estatus. Y ahí está, en el museo, como un recordatorio de que, cuando la naturaleza se pone creativa, puede crear arte sacro con un simple rayo.

Curiosamente, tanto santa Teresa como el duque de Alba fallecieron en 1582, con apenas dos meses de diferencia. Ella, el famoso 4 de octubre que se convirtió en el 15 de octubre gracias al cambio al calendario gregoriano, porque ni su muerte podía ser normal.

Ahí tienes el poder del rayo: un trozo de madera quemada que, entre leyendas y casualidades, sigue fascinando a quienes se atreven a mirar y curiosear más allá de las vitrinas principales.

54.
LA CRUZ DE HIERRO
(CUANDO EL HORNO SE VOLVIÓ SANTO)

Ubicación: Capilla de Mirandaola. Legazpi, Guipúzcoa.

En Legazpi, donde la historia, la fe y el hierro se dan la mano, encontramos la famosa cruz de Hierro, un milagro ocurrido el 3 de mayo de 1580, justo cuando se celebraba la fiesta de la Cruz de Mayo. Coincidencia o señal divina, el caso es que este evento hizo que hasta el obispo de la época se rascara la tonsura de asombro.

Aquel domingo de 1580, los ferrones fueron a trabajar, a pesar de que era festivo (el Día del Señor) y estuvieron trabajando hasta más allá de la medianoche arrojando al horno gran cantidad de mineral y carbón vegetal, suficiente para elaborar 4 quintales (aproximadamente 300 kilos) de hierro. A pesar del esfuerzo, del material siderúrgico y de los 1200 grados de temperatura para la forja, de manera totalmente inexplicable sólo obtuvieron un trozo de 12-14 libras (6-7 kilos) en forma de cruz irregular y sin ningún tipo de impureza.

Imagínate la cara de los ferrones: toda la chatarra y el sudor del día resumidos en una humilde cruz que, además, salió perfecta, sin una sola impureza. Contra todo pronóstico y lógica, tan solo consiguieron una pequeña pieza tras haber consumido catorce cargas de carbón y todo un día de trabajo. No se lo podían creer. ¿Qué había pasado? ¿Acaso habían sido castigados por trabajar en domingo?

Fuera o no un toque de atención divina, ellos decidieron que lo mejor era no ir contando la historia, no fuera a ser que la Inquisición pensara que aquello era cosa de brujería y les cerraran el chiringuito.

Los cinco ferrones acordaron un plan que parecía sacado de un thriller: el último que quedara vivo tendría que contar la verdad. Y así fue. Décadas después, en 1633, el último de ellos, Juan de Aguirre, soltó la sopa a su familia, que fue al cura, y el cura, al obispo. Eso sí, cuando el obispo pidió pruebas, la cruz había desaparecido.

A veces de una herrería no sale lo que quieres.

Con toda la autoridad eclesiástica que le daban sus hábitos, el obispo declaró: «Si no hay cruz, no hay milagro». Pero, como en todo buen drama, la cruz apareció justo a tiempo, validando el milagro y provocando un suspiro de alivio colectivo. Para celebrarlo, se construyó una capilla y la cruz se convirtió en la joya espiritual del pueblo.

Desde entonces, cada 3 de mayo, la cruz vuelve triunfalmente a Mirandaola en procesión. Después de la misa y unos bailes vascos, ponen en marcha la ferrería como en los viejos tiempos, pero ahora como atracción turística. Chispas, martillos y mucho hierro hacen de este espectáculo una experiencia única.

Por si la historia no era suficiente, la cruz de Hierro ha inspirado incluso literatura. En 2024, Ane Odriozola, una autora local, publicó la novela *El valle del hierro*, demostrando que los objetos milagrosos son el material perfecto para construir leyendas, cuentos o incluso zarzuelas, si alguien se anima.

Y no es para menos: Legazpi no solo tiene nueve museos y un frontón de hierro único en el mundo, sino también un milagro de los que te hacen pensar que hasta los hornos tienen algo que decir sobre la divinidad que ya la quisieran para si la Orden Teutónica.[24]

55.
UN RECUERDO NAPOLEÓNICO (QUE ES LA BOMBA)

Ubicación: Parroquia de Santa Cruz (antigua catedral), Cádiz.

Durante el asedio napoleónico a Cádiz, los franceses no solo bombardearon la ciudad, sino que también ofrecieron una «bomba» de humor gaditano.

La metralla y restos de plomo que caían en las calles de Cádiz provenientes de las bombas francesas no hacían más daño que estamparse contra los muros. Y hasta rebotaban. Al final eran recogidas por las gaditanas, que las usaban para rizarse el pelo haciendo tirabuzones que se formaban al sujetar los mechones con pedazos pequeños de plomo. Fruto de esta anécdota nació el afamado tanguillo:

24 Más datos: Enrique Echazarra: *50 lugares mágicos del País Vasco*. Cydonia, 2014.

Con las bombas que tiran los fanfarrones
se hacen las gaditanas tirabuzones.

Que las hembras cabales en esta tierra
cuando nacen ya vienen pidiendo guerra.
Y se ríen alegres de los mostachos
y de los morriones de los gabachos.

Son de piedra y no se notan, las murallitas de Cádiz,
son de piedra y no se notan, «pa» que en ellas los franceses
se rompan la cabezota.

Y como los gaditanos son *de armas tomar*, también se rieron de los franceses, burlándose de sus sombreros (los «morriones») y de sus intentos fallidos de destruir la ciudad. No es de extrañar, ya que, entre el 13 y el 31 de marzo de 1812, quinientas quince granadas fueron lanzadas a la ciudad… ¡y cuatrocientas setenta y cinco cayeron al mar! El resto causó más carcajadas que daños, como se pudo leer en un periódico local, *El Conciso,* con gracejo gaditano:

> Ni un rasguño se sabe que hayan hecho a nadie, como no sea á algún besugo, ó dorada. La lista de las desgracias ocurridas con las 40 que habrán llegado á Cádiz, solo dexa de ser tan cómica como la vez pasada, por la única desgraciada casualidad de que un caballero oficial que se hallaba en su cama, cuando cayó una de ellas, recibió un golpe que le rompió una pierna; pero aunque con pérdida de esta, ya no peligra su vida pues lo demás se reduce á unos cuantos vidrios rotos, algunos cascotes arrancados, y una gallina muerta, dos contusas y tres dispersas por la ventana del gallinero de la casa del Sr. marques del Pedroso, donde cayó otra dé las 40. Cotéjese esta verdadera relación con las ruinas y mortandad que los Soult, los Sotelos y demás canalla gabacha y agabachada han anunciado en sus papeles y conversaciones.

Pobre gallina. Lo mejor es que algunas de esas bombas «inofensivas» se quedaron como trofeo en las paredes de la ciudad. La que fui a ver es la que está ubicada en la catedral vieja. No busquéis en muros y capillas, pues no lo encontrareis. No se puede ver sin pedir el correspondiente permiso, ya que está dentro de la sacristía. En esta visita me acompañó Nacho Ares, y, ante mi solicitud a uno de los cofrades que deambulaba por el templo de ver el proyectil, obtuvimos un «no se puede, porque no está el párroco». Debido a nuestra insistencia o a que le dimos pena, al final nos hizo un gesto con la mano para que lo siguiéramos, y nos permitió entrar a una zona de la sacristía, en el pasillo de acceso a la misma, cerca de la escalera de servicio. Allí vimos medio proyectil empotrado en la pared encalada. Parecía una bomba de mortero. Y debajo un cartel explicativo con la siguiente frase:

> En el año de 1812. Día 22 de junio cayó una bomba en este lugar. Tirada por el ejército francés que sitiaba la ciudad de Cádiz desde la Cabezuela, término de Puerto Real. Este es un casco.

Solo faltó añadir: «para que conste». Otra seguidilla que se cantaba en esos años era:

> De las veinte granadas que Soult envía
> se quedan diez y nueve en la bahía.
> Y la que llega, rompe vidrios y espanta perros y viejas.

Una prueba de que algo mortífero se puede convertir en artístico. (Foto de Nacho Ares).

En fin, el asedio no solo trajo cañones y bombas, sino también gran humor. Mientras tanto, los gaditanos aprovechaban el tiempo haciendo lo que mejor saben: pasear, ir a la playa y asistir a representaciones teatrales que se convirtieron en una especie de precursoras de las chirigotas del Carnaval. Los cañones que adornan las calles no solo eran para la guerra. También servían para proteger las esquinas de los edificios de las ruedas de los carromatos. Y es que, en Cádiz, todo tiene su estilo: la guerra, el humor y hasta la decoración de las calles.

Cuando visites Cádiz, no olvides buscar cañones. Hay unos ciento catorce en total, testigos de la guerra y de cómo, en Cádiz, hasta la metralla se convierte en arte. La Guerra de la Independencia dejó aquí buenos recuerdos.[25]

56.
UNA RELIQUIA QUE ES LA LECHE… DE LA VIRGEN

Ubicación: Museo de la Catedral de Murcia.

¿Sabías que existen varios objetos de los que se dice que estuvieron en contacto con la Virgen y son venerados en diversos templos cristianos? Objetos como cabellos, cíngulos, velos, túnicas, sandalias, peines o anillos nupciales.

¿Sabías que la más chocante de todas esas reliquias son algunas gotas de la leche materna de la Virgen María? Esa que usó para alimentar al recién nacido Niño Jesús.

¿Y sabías que se conservan en varios frascos, redomas o ampollas de cristal? Desde Roma hasta Chartres, pasando por España.

La cosa láctea comienza en la Capilla de la Gruta de la Leche en Belén, a unos 10 km al sur de Jerusalén, donde se dice que la Virgen María, en su generosidad maternal, derramó algunas gotas de su leche mientras amamantaba a su pequeño. Esas gotas supuestamente blanquearon las paredes de la cueva, transformándola en un santuario sagrado que desde tiempos bizantinos ha sido visitado por miles de peregrinos.

25 Más datos: Ricardo de Castro: *Cádiz insólita y secreta*. Editorial Jonglez, 2024.

Una reliquia que es la leche... de la Virgen.

La verdad es que lo que se conserva como «leche virginal» no es exactamente lo que uno podría esperar. Nada de sustancia líquida, sino más bien fragmentos blancos extraídos de las paredes de la Gruta de la Leche. Los peregrinos, con alma de exploradores, raspaban muros y paredes como si estuvieran buscando oro y se llevaban los fragmentos como si fueran piezas de colección. Luego, a repartirlos por museos privados o diocesanos.

Eso era antes, porque ahora se ha creado toda una mística alrededor de estas reliquias. Los peregrinos que van en su busca, sobre todo parejas que anhelan concebir, creen que la Gruta de la Leche tiene poderes fertilizantes. Y no es de extrañar que los guardianes franciscanos de la gruta decidieran hace años vender polvo de piedra caliza extraído de las paredes, que supuestamente ayudaba a «fertilizar» a los que lo bebieran mezclado con agua, vino, hidromiel o la tisana de la abuela. ¡Casi como un suplemento vitamínico milagroso!

La sospecha de que la sustancia contenida en las diferentes ampollas fuera verdaderamente la leche de la Virgen despertó las críticas hasta de los más crédulos y, sobre todo, de Juan Calvino (algo lógico por su postura beligerante contra las reliquias, cuyo culto opinaba que llevaba a la idolatría). Calvino disertaba en sus sermones del malvado y deshonesto mercado de las reliquias, llegando a decir: «Si la santa Virgen hubiese sido una vaca y hubiera amamantado durante toda su vida, con mucha dificultad habría podido producir tanta».

Tengamos en cuenta que a esa sustancia se le atribuían, bien ingerida, propiedades contra la esterilidad y los problemas de lactancia.

En el siglo XVI, el príncipe Federico el Sabio donó una colección que incluía, entre otras cosas, cinco gotas de la leche de la Virgen. Todo un detalle para la iglesia de Wittemberg, que recibió esta ofrenda de lo más particular.

El historiador Juan Eslava Galán escribe, con su característica ironía, sobre las virtudes de la leche materna virginal, casi como arquetipo de sabiduría y ciencia infusa:

> También amamantó a san Bernardo en un episodio no por oscuro menos milagroso. Oraba el santo ante una imagen de la Virgen y ella le tomó tan gran afición que, oprimiéndose uno de sus adolescentes, aunque grávidos pechos, hizo brotar del botoncito rosado de su pezón tres gotas de leche que cruzaron el aire como un chorro de luz y fueron a dar en la boca entreabierta del santo. Es lo que la Iglesia denomina «lactancia de san Bernardo». Ha inspirado a muchos pintores, sin morbo alguno. Preguntado acerca del evento, el santo contestó bajando modestamente la mirada: «A nadie le amarga un dulce.» Reliquias de leche de la Virgen se veneran en París, Chartres, Venecia, Nápoles y otros santuarios de la cristiandad.[26]

En el museo de la catedral de Murcia, abierto en junio de 2021, lo que se exhibe es un precioso relicario elaborado en plata dorada, torneada y cincelada, con incrustaciones de oro, brillantes y una

26 Juan Eslava Galán: *El catolicismo explicado a las ovejas*. Booket, 2010.

ampolla de cristal que llegó a esta ciudad en 1715 a través de Nápoles. Hay que subir a la segunda planta para ver algo que ya es una rareza en sí misma. Este relicario custodia con forma de sol o de estrella radiante tiene en su centro, como si fuera una diana, una ampolla circular de vidrio, y en su interior, un minúsculo trozo marronáceo similar a una almendra que se supone es la leche solidificada.

Pero atención, porque esta reliquia tiene un poder extra: ¡se licua cada 15 de agosto! Justo para la festividad de la Asunción. Claro, ya tenemos aquí una versión de san Genaro o san Pantaleón, pero con leche en lugar de sangre. Es tan valiosa que la protegen como si fuera una joya. Y acercándome todo lo que pude, aprecié unas minúsculas gotas amarillas formadas quizá por condensación.

Lo curioso es que el culto a la Virgen de la Leche en esta catedral es inmemorial. Si entras por la Puerta de la Cruz te encuentras una capilla con un retablo del siglo XIV en la que las embarazadas se paran para rezar y se encomiendan a ella para tener un buen parto. Y dentro de la misma temática, en el museo veremos un espectacular medallón en relieve de mediados del siglo XVIII, obra del genial Francisco Salzillo, con un niño que no hace mucho caso al pezón que la Virgen le está ofreciendo y prefiere jugar con otro niño que aparece en la escena, el cual, supongo, será su primo Juan el Bautista.

En España también encontramos reliquias lácteas similares, aunque no siempre visibles. Están en las catedrales de Palma de Mallorca, Toledo, Oviedo o en el monasterio de El Escorial.

La leche maternal de la Virgen no solo ha alimentado a Jesús, sino también la imaginación y esperanza de numerosos peregrinos devotos a lo largo de siglos y siglos.

Blanco y en botella.

Y ya que estamos en este museo murciano, os recomiendo que veáis con sumo detalle otros dos objetos rarunos:

- El busto relicario de san Prisciliano, realizado en madera policromada y con un cráneo en el interior. Sorprende verlo. Llegó sobre el año 1607. Fijaos en la expresión lánguida del tal Prisciliano (no conozco a ningún santo con ese nombre, pero sí al famoso hereje Prisciliano, que fue obispo de Ávila; decapitado, y cuya cabeza está en paradero desconocido) que está como diciendo: «que hago yo aquí con esa calavera incrustada en mi pecho». Hay mucho misterio sobre la procedencia de este busto y la historia de ese tal Prisciliano.

- La campana de los conjuros, que se ve nada más entrar en el museo. Es considerada la más antigua conservada en Murcia (del año 1383) y tuvo una evidente función protectora frente a las tormentas y para exorcizar malos espíritus. Tres características definen a esta campana, llamada también La Mora:

1. La nota musical que emite es la.
2. En su faldón tiene una inscripción en latín que así dice: «Ecce lignum crucis, fugite partes adverse. Vincit leo de tribu Juda radix David allelua». Cuya traducción sería: «Este es el leño de la cruz, huid los enemigos. Vence el león de la tribu de Judá, de la raíz de David, aleluya».
3. Tiene grabada, además del signo de la cruz, la estrella de cinco puntas de David, símbolo de la armonía universal.

57.
EL ZURRÓN Y LAS TIJERAS DE ESQUILAR DE LOS PASTORES DE BELÉN

Ubicación: Iglesia de Santa María la Mayor, en Ledesma, Salamanca.

¿Qué hacen tres pastorcillos de Belén en un pueblo salmantino?

No esperes encontrar a estos chicos en una postal navideña, porque en Ledesma están muy tranquilos dentro de un arcón, rodeados de restos óseos y… ¿una inscripción con su nombre?

Cuando llegué a Ledesma me fui derecho a la iglesia de San Pedro y San Fernando (conocida como iglesia de Los Mesones), pues había leído que allí se ubicaban estos restos. Error. Decepción. La iglesia estaba cerrada a cal y canto, aunque un cartel, situado en la entrada, indicaba que allí mismo se hallaban. Pero no, desde hace años están en el interior de la iglesia de Santa María la Mayor, ubicada, como no podía ser menos, en la Plaza Mayor.

Allá que fui con Begoña. Por suerte, estaba abierta al público. Me acerqué a una señora de mediana edad que barría de polvo las tumbas del suelo y se encargaba de vender recuerdos religiosos.

El zurrón y las tijeras de esquilar de los pastores de Belén.

—¿Podemos ver las reliquias de los Santos Pastores? —pregunté tímidamente, por si ella no era la encargada de tal menester.

—Claro, si pagan —contestó con cierta indiferencia mientras seguía con la escoba.

—¿Cuánto cuesta?

—Hay dos museos, a un euro cada uno.

—Pagamos, pagamos por los dos.

—Pues ahora les enciendo las luces. Recuerden: fotos sin flash y no se puede hacer videos.

Los dos museos son dos pequeñas capillas. La que me interesaba es la capilla-relicario de Enrique de la Cueva o «del Recaudador». Fundada en 1510 por el judío Yuçá Hadida, bautizado en 1493 como Enrique de la Cueva, posee un retablo de Churriguera y las reliquias más importantes de la parroquia, entre ellas las de «los mártires de Ledesma» (que tienen una curiosa historia que ahora no voy a contar) y las famosas reliquias de los pastorcitos de Belén. Allí estaba el arcón claveteado, forrado de badana (piel de oveja y carnero), con la tapa medio abierta y protegido tras un cristal. Acercando el zoom de mi cámara de fotos pude leer la inscripción de su interior: «Los gloriosos Josepho, Isacio y Jacobo, pastores de Belén, que merecieron ver, y adorar los primeros a Chrifto Dios y hombre recién nacido en el portal».

¿Cómo fueron a parar a este lugar? Está claro que no siguiendo una estrella de Belén, sino más bien charra. Como es habitual, tenemos que acudir a la leyenda, la cual nos habla de un caballero llamado Micael Dominiquiz, que tuvo que pelear como cruzado en Jerusalén. Fue en una de las torres de esta ciudad donde encontró un cofre abandonado; al abrirlo, vio unas tijeras de esquilar, zurrones de pastor y el texto citado con los tres nombres. No sabíamos que los pastores de los que habla san Lucas en su evangelio tuvieran nombres propios. Pues ya lo sabemos.

Suerte la suya, debió de pensar. Antes nadie había reparado en ese arcón. Vaya reliquia chula que se había encontrado el tal Micael. Contento y feliz como una perdiz, en 1149 se lo llevó a su pueblo, Ledesma junto con todos los utensilios del pastoreo.

¿Realmente son estos pastores los de Belén? De Salamanca no eran, aunque desde el siglo IV a. C. ya se puede hablar de la existencia de una antigua ciudad celtibérica llamada Salmantica.

Los misterios no acaban ahí. En 1723, un sacerdote local, Francisco Zato, se encargó de magnificar los hechos achacándoles milagros como hacer llover durante una sequía. Con tales antecedentes, ¿cómo no iba a creerse que estos pastores eran de lo más milagroso?

El papa Inocencio XI también tuvo su papel en la historia al conceder la creación de una cofradía para proteger las reliquias de estos pastores en 1677.

¿Qué contiene en realidad dicha arca? En un libro de cuentas de la iglesia del año 1786 aparece un escrito referente a la visita pastoral del obispo de la diócesis a dicho templo y detalla el inventario de todos los restos óseos que había por entonces. Tras una ojeada visual, se comprobó que habían menguado. Algunos fieles se habían apropiado de ciertos huesos a modo de reliquias. En el recuento del arcón observaron una calavera entera, tres cascos, cuatro huesos grandes de costillas, diez pedazos de calavera, veinticuatro costillas, una mandíbula, catorce huesos medianos, quince de espinazo, tres pedazos de cuero pequeños (supuestamente de los zurrones), tres pedacitos de lienzo, una cuchara de palo quebrada y unas tijeras grandes. Y la inscripción famosa.

El traslado de los restos de los pastores de la primitiva iglesia de San Pedro a la actual tuvo lugar en 1864. Desde entonces y hasta 1965, el arca permaneció oculta, hasta que surgieron los restos de tres de los actores secundarios del nacimiento de Jesús.

De lo que no cabe duda es que se trata de una reliquia única y de las más originales que existen. Hay que verlo para creerlo, y luego que cada cual saque sus conclusiones sobre la antigüedad y veracidad de los restos de esos pastorcitos (algo que, con las nuevas técnicas de datación radiocarbónica de huesos, sería rápido y barato).

Al menos sabemos sus nombres y tenemos unas tijeras de esquilar, aunque algo oxidadas.

58.
UNA DE LAS FALSAS MONEDAS DE JUDAS

Ubicación: catedral de Valencia.

Los malos malotes de las historias y las leyendas suelen inspirar más relatos que los bonachones. Uno de los más célebres villanos es Judas Iscariote, al que se asocia con dos objetos: el cáliz del que bebió en la última cena (hay una película infumable que se titula *La maldición del cáliz de Judas*) y las treinta monedas de plata como pago de su traición.

Dicen que eran 30 monedas. Una al menos dicen que está en Valencia. (Foto Josep Gomar).

Resulta que si seguimos la pista de estos denarios (o siclos), no hubo treinta sino más de doscientos repartidos en iglesias, catedrales y monasterios de medio mundo. Lo que no deja de ser paradójico es que algo así se haya convertido en una reliquia. Siete han ido a parar a la catedral de Zacatecas (México), otras cuantas en países de Latinoamérica (Brasil, Perú, Colombia y Venezuela) y algunas más por Europa (tres, por ejemplo, en Génova, y una en la basílica de la Santa Cruz de Jerusalén, en Roma). Otra cosa es que las puedas ver. Están tan escondidas que se podrían llamar «reliquias de evasión fiscal».

Solo el Evangelio de san Mateo recoge la cuantía de dicho pago:

> Uno de los doce, llamado Judas Iscariote, fue a los sumos sacerdotes y les propuso: ¿qué estáis dispuestos a darme si os lo entrego? Ellos se ajustaron con él en treinta monedas de plata.

¿Están todas en circulación, a la venta en algún mercado de segunda mano de reliquias? ¡Ni de broma! La mayoría se ha quedado en el baúl de los recuerdos, aunque alguna que otra sigue siendo parte del mobiliario religioso.

Si ponemos el punto de mira en España, nos encontramos con un par de monedas guardadas en la catedral de Valencia, otra en el monasterio de Monserrat (desacreditada en el siglo XIX), otra en el monasterio de Santes Creus (Tarragona), otra en la Puebla de Montalbán (que luego pasó a la catedral de Toledo y hoy está desaparecida) y otra en Velilla de Ebro, en la provincia de Zaragoza, fundida para fabricar una de las campanas de bronce de la ermita de San Nicolás, que alcanzaría fama por tocar sola y augurar con su repiqueteo la muerte de reyes como Fernando el Católico, Carlos V, Sebastián de Portugal o el inquisidor Pedro Arbués.

Todas ellas, si hacemos caso al dicho popular, «más falsas que Judas».

Giacomo Casanova menciona en sus memorias las monedas que le dijeron estaban guardadas en la catedral de Toledo:

> El arzobispo de esa ciudad tiene trescientos mil ducados de renta, y su clero cuatrocientos mil. Mientras me enseñaba los vasos que contenían reliquias, un canónigo me dijo que en uno estaban las treinta monedas que Judas había recibido como precio de la venta de Nuestro Señor; le rogué que me las mostrara, y, mirándome de una

> manera feroz, me dijo que ni el rey mismo se atrevería a manifestarle semejante curiosidad.

Vale, nosotros sí que somo curiosos y me pregunto ¿hoy en día se puede ver físicamente alguna de todas esas monedas que han recalado en España? Pues sí. Solo una. Y está en la catedral de Valencia, que conserva dos «auténticas».

La mayoría de las personas que visitan la catedral del Turia se conforman con ver el santo grial y el brazo incorrupto de san Vicente mártir. Los más perspicaces suben a la segunda planta para ver, al fondo del aula capitular, tras un dintel neoclásico, la capilla de las reliquias, que tiene forma circular. Algunas de ellas versan sobre la pasión y muerte de Cristo, y las hay para todos los gustos, incluido un *lignum crucis*, espinas de la corona, un trozo de la túnica de Jesús y hasta la camisa del Niño Jesús hecha un gurruño metido en un frasco de cristal.

Lo malo es que no hay apenas descripción de todas las reliquias expuestas. Tan solo un cartel en el lateral de cada vitrina enumerándolas de manera muy somera, restando importancia a su presumible valor espiritual y taumatúrgico.

La solitaria moneda de Judas, colocada dentro de una caja de plata con un cojín negro, no destilaba mucho encanto, la verdad. El cartel ponía: «Exposición temporal, moneda de Judas, siglo XVI». Y me dije para mis adentros: «Ya sabemos que es falsa, pero tampoco era necesario decirlo tan a las claras». Está visto que a la moneda le acompaña incluso el gafe de los errores tipográficos.

Solicité la ayuda de Josep Gomar, historiador del arte y vigilante de la sala ese día, y se quedó sorprendido por el texto. Me dijo que, evidentemente, no es una moneda de ese siglo sino bastante anterior, y que se lo mencionaría al conservador del museo para que rectificara el cartel. Como curiosidad, me contó que el rey Alfonso V el Magnánimo donó tres monedas a la catedral allá por el siglo XV, de las cuales dos eran como esta; es decir, un tetradracma de Rhodas (del siglo III o II a. n. e.) con la cara del dios Helio, que era la personificación del Sol, y la rosa de tres pétalos que representa a la ninfa Rodo y a la isla. Después me explicó que solo les ha llegado esta. Me envió a mi correo electrónico una foto con el anverso y reverso de la misma, para comprobar con más detalle esas efigies. De momento, la moneda sigue expuesta, y espero que por mucho tiempo.

En la visita me acompañan mis amigos Noelia Centelles y Óscar Fábrega, quien, no por casualidad, estaba escribiendo en ese momento un libro sobre la biografía (real y apócrifa) de Judas. Recordemos que, según el Evangelio de san Mateo, Judas usó las monedas para comprar un terreno llamado el «campo de la sangre» y no se ahorcó de una higuera. Los Hechos de los Apóstoles confirman que fue el sanedrín quién compró el terreno, y que fue allí donde se despeñó Judas, destripándose y dándole ese nombre de campo de la sangre o Aceldama.

Aparte de Valencia, en La Puebla de Montalbán (Toledo) se veneró durante 164 años otra supuesta moneda de la traición de Judas. Fue en 1623 cuando el obispo de Segovia y Cuenca, Andrés Pacheco, entregó en depósito al cura de la iglesia de Nuestra Señora de la Paz «una de las monedas o denarios en que fue vendida la preciosa sangre de nuestro redentor Jesucristo». Esto llegó a oídos del cardenal Lorenzana, que en 1786 puso en marcha una investigación para determinar la veracidad de la moneda y comprobó que se trataba de un denario que representaba al dios Baco coronado con hojas de hiedra, declarándola reliquia apócrifa al año siguiente. Ahí se perdió el rastro. Queda, como único recuerdo, un vaciado en plomo realizado en 1803 que conservó un noble de la época dentro de su colección de curiosidades.

En el museo Hunt de Limerick (Irlanda) se conserva un pendiente realizado con otra de las supuestas monedas de Judas (un decadracma de Siracusa). En su montura de oro tiene una inscripción que reza «este es el precio de la sangre».

Según los cálculos llevados a cabo por el numismático Adolfo Ruiz Calleja, partiendo de los distintos valores de monedas de la época (locales o imperiales) y suponiendo que las treinta monedas con las que pagaron a Judas fueran treinta denarios de Tiberio, además de tener en cuenta la equivalencia entre el precio de la plata en aquel entonces en base al precio del trabajo, podrían compararse hoy en día a 9000 euros. Otra posibilidad es que fueran treinta denarios republicanos o treinta tetradracmas de Antioquía (también llamados siclos de plata, acuñados en Tiro). En todos esos casos, el valor numismático equivaldría entre los 9000 y los 12000 euros.[27]

27 Más información: https://blognumismatico.com/2020/04/09/cuanto-costarian-hoy-las-30-monedas-plata-las-se-pago-judas/

Por cierto, en la serie de televisión titulada *30 monedas,* dirigida por Álex de la Iglesia, las monedas están inspiradas en el diseño de los siclos de Tiro.

59.
LAS HERRADURAS DEL CABALLO DE SANTIAGO (RELIQUIA A GALOPE)

Ubicación: Monasterio de Santa María del Salvador, también conocido como el Monasterio de la Luz, en Cañas, La Rioja.

Es en La Rioja donde empieza el tinglado de las incursiones del apóstol Santiago en batallas en las que aparece de la nada montado en su caballo blanco y dando mandobles a todo moro que se pusiera por delante. Hay varios lugares donde, supuestamente, su caballo dejó la huella de sus pezuñas, como si fueran las marcas de unas llantas de coche recién lavadas.

Las herraduras del caballo de Santiago (reliquia a galope).

La batalla fue presuntamente librada en el año 844. Ramiro I se habría enfrentado a los sarracenos para acabar de una vez por todas con el vergonzoso pago anual del tributo de las cien doncellas. El combate habría resultado inicialmente desfavorable a los cristianos, hasta que la intervención *in extremis* del apóstol, que sembró el pánico espada en mano. Hoy sabemos que fue un invento de los reyes cristianos para subir el ánimo de sus tropas ante el empuje musulmán de Abderramán II. Y funcionó.

No es para menos. Se dice que, entre ida y vuelta de la famosa batalla de Clavijo, el caballo de Santiago dejó su rastro en unas piedras, ¡como si fuera su firma personal! Eso sí, lo que algunos ven como marcas de herraduras, otros las interpretan como saltos épicos de caballo, que van de un valle a otro como si estuvieran protagonizando una película china de acción. Lo que está claro es que esas huellas son la fuente de mucha imaginación popular, desde Merli hasta Sotillo, pasando por Pazuengos.

En algunos sitios, esas huellas de piedra son tan sagradas que hasta las vinculan con santos y vírgenes. Pero ¿y si en vez de huellas de caballo, en algún lugar se pudieran ver nada menos que las herraduras del mismísimo caballo de Santiago?

La respuesta está en el Monasterio de Cañas, donde, en una vitrina bien ordenada, se exhiben algunas reliquias peculiares. Entre ellas, están las famosas calaveras de las once mil vírgenes de santa Úrsula (y si no las conocías, no te preocupes: nadie las conoce bien, porque parece que nunca existieron). Pero lo que de verdad llama la atención son dos herraduras, incrustadas en una madera, las cuales, según el cartel de la vitrina, pertenecen al caballo blanco de Santiago. Y, para rematarlo, se nos cuenta que fueron traídas por Diego López de Haro, hermano de la abadesa Urraca, después de la Batalla de las Navas de Tolosa de 1212. En los relatos históricos no se menciona en ningún momento al caballo celestial del apóstol, qué más da, no importa, ¡las herraduras están ahí!

¿No os parece una reliquia bestial? Y lo mejor de todo: no hace falta someterla a una prueba de carbono 14 para saber que es más falsa que un billete de 13 euros.

En España, e incluso fuera de ella, los más conocidos jinetes sobrenaturales tomando partido por las huestes cristianas, dejando aparte a nuestro Santiago Matamoros, serían san Jorge, san Millán de la Cogolla (invocado por el conde Fernán González en la batalla de Hacinas y en la de Simancas, siglo x), san Magin, san Pablo y, ya elevando la categoría, el arcángel san Miguel.

Ya el humanista Alfonso de Valdés, en el *Diálogo de las cosas acaecidas en Roma* (1527), nos ofrecía un amplio catálogo de objetos sagrados, a cual más digno de asombro, admiración e insensatez, algunos citados en este capítulo:

> Dientes que mudaba Nuestro Señor cuando era niño pasan de quinientos los que hoy se muestran solamente en Francia. Pues leche de Nuestra Señora, cabellos de la Madalena, muelas de Sant Cristóbal, no tienen cuento. Y allende de la incertinidad que en esto hay, es una vergüenza muy grande ver lo que en algunas partes dan a entender a la gente. El otro día, en un monasterio muy antiguo me mostraron la tabla de las reliquias que tenían, y vi entre otras cosas que decía: «Un pedazo del torrente de Cedrón». Pregunté si era del agua o de las piedras de aquel arroyo lo que tenían; dijéronme que no me burlase de sus reliquias. Había otro capítulo que decía: «De la tierra donde apareció el ángel a los pastores», y no les osé preguntar qué entendían por aquello. Si os quisiese decir otras cosas más ridículas e impías que suelen decir que tienen, como del ala del ángel Sanct Gabriel, como de la penitencia de la Madalena, huelgo de la mula y del buey, de la sombra del bordón de[l] señor Santiago, de las plumas del Espíritu Sancto, del jubón de la Trinidad y otras infinitas cosas a estas semejantes, sería para haceros morir de risa.

V.
Piezas que huelen a rancio (y algunas disecadas)

Había en la feria de Mairena un cobertizo formado con esteras viejas de esparto; la puerta tapada con no muy limpia cortina, y sobre la puerta un rótulo que decía con letras muy gordas: LA KARABA SE VE POR CUATRO CUARTOS.

Atraídos por la curiosidad, y pensando que iban a ver un animal rarísimo, traído del centro del África o de regiones o climas más remotos, hombres, mujeres y niños acudían a la tienda, pagaban la entrada a un gitano y entraban a ver la Karaba.

—¿Qué diantre de Karaba es esta? —dijo enojado un campesino—. Esta es una mula muy estropeada y muy vieja.

—Pues por eso es la Karaba —dijo el gitano—, porque araba y ya no ara.

Juan Valera: «Cuentos y chascarrillos andaluces».

60.
LA MANO DE GLORIA
(MÁS MACABRA QUE «GLORIOSA»)

Ubicación: Museo de la España Mágica, Toledo.

Cuando decimos que algo es «mano de santo», solemos hablar de remedios casi milagrosos. Pero si nos ponemos medievales, ¡ojo!, hay otra mano que buscaba «milagros», tirando a escalofriante: la mano de gloria, nombre eufemístico, pues no produce mucha gloria que digamos.

Se trataba de la mano izquierda (porque la derecha, al parecer, no daba el mismo mal rollo) de un ahorcado, cuidadosamente disecada y «marinada» con sal y pimienta. ¿Y para qué? Pues para que quien la poseyera pudiera hacerse invisible, paralizar al prójimo o, básicamente, presumir de tener el accesorio más tétrico del barrio. Ah, y si le ponías una vela encima, ya era el colmo del estilismo.

Según la leyenda, esta joyita de la artesanía oscura nació en las cruzadas, ideada por una hechicera con tiempo libre y pocos escrúpulos. Se puso de moda (ajusticiados había bastantes), y, desde entonces, la mano de gloria hizo apariciones estelares en grimorios medievales y hasta se coló en el mundo de Harry Potter, aunque la versión mágica parece más útil (ver en la oscuridad tiene su encanto).

Pero volvamos al pasado. Por entonces, si alguien cometía un delito con una parte de su cuerpo, la amputaban y la ponían en la puerta de su casa para dar ejemplo. Algunos brujos avispados recogían esas partes para convertirlas en «amuletos». Y aquí surge la mano de gloria. El criterio de selección era que, cuanto más malote fuera el ahorcado, mejor. Vamos, que la mano de un atracador famoso o un asesino en serie debía valer un potosí.

La preparación de esta joya daba más miedo que el producto final. Según el escritor Collin de Plancy, primero se exprimía la sangre de la mano con un trozo de ropa del muerto (apetecible, ¿verdad?). Luego, se colocaba en una vasija de barro con sal y pimienta pulverizada. Después, se la tapaba y dejaba en la mezcla durante quince días hasta que estuviera bien seca. Una vez pasado este tiempo, se la debía exponer al sol en horas del mediodía hasta que la mano se secara por completo. Cuando el usuario consideraba que el miembro estaba prácticamente momificado, debía proceder con las velas. Para ello, se debía mezclar la grasa del cuerpo del ahorcado o del dedo de un niño muerto, cera virgen y sésamo de Laponia (aquí ya estaréis desanimados de hacerlo si es que se os había pasado por la imaginación).[28]

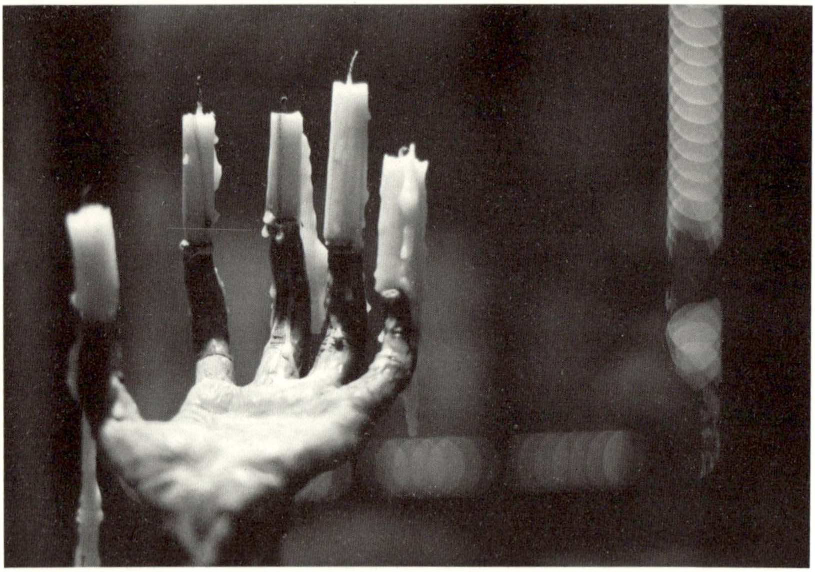

La siniestra «mano de gloria» es una de las piezas más destacadas del Museo de la España Mágica, ubicado en Toledo.

28 Collin de Plancy: *Diccionario infernal* (1818).

Se conservan algunas manos originales, como una en el Museo Whitby, Inglaterra, descubierta en los años 30 mientras desmontaban una casa. Eso sí, si no quieres ir tan lejos, en el Museo de la España Mágica, de Toledo, al ladito de la catedral primada, puedes ver una fiel reproducción, cortesía del arqueólogo David Hernández. Y de paso no te pierdas el alicornio, el espantabrujas, la mandrágora, la medalla de san Benito o la pezuña de la gran bestia. De todo hay en esta cueva islámica del siglo x.

En fin, la próxima vez que alguien te hable de «mano de santo», asegúrate de que no esté pensando en la versión macabra. Por si acaso.

61.
EL JAMÓN INDULTADO (UN AMOR CON SABOR A GRASA)

Ubicación: taberna El Gorrión, Jaén.

Paseando por el casco histórico de Jaén, mis amigos, conocedores de mi debilidad por las tascas con solera y un toque de mugre respetable, me llevaron hasta la mítica taberna El Gorrión. Fundada en 1888, según un cartel que parece tan viejo como el jamón protagonista de esta historia. ¿Un jamón indultado? Sí, como si fuera un cerdito político, allí estaba: momificado, venerado y metido en una urna de cristal como un brazo santo, pero más salado.

La leyenda del jamón tiene más de un siglo. Resulta que todo comenzó en 1918, cuando Jaén recibió a una visitante especial: una princesa rusa. ¿Qué hacía en Jaén? Misterio. Llegó a la taberna en pleno viaje hacia Cádiz, acompañada por su séquito, y pidió un rincón discreto donde comer y descansar. El dueño, muy servicial, la envió al sótano, que además de ser privado, estaba decorado al estilo «charcutería colgante», con jamones por todas partes.

Todo iba bien hasta que, bajo uno de esos jamones, una gota de grasa decidió lanzarse en caída libre y aterrizó justo en el escote de la princesa. El dueño, José María López Cruz, se ofreció galantemente a limpiarle la mancha, y entre pañuelo, grasa y un frotar poco protocolario, surgió el flechazo más surrealista de la Primera Guerra

Mundial. Eso sí, el romance no pasó de ahí; la princesa partió a Cádiz y luego a los Estados Unidos, dejando al pobre mesonero con el corazón roto y una deuda eterna con aquel jamón chivato.

Desde ese día, el jamón fue indultado como si hubiera salvado a toda la humanidad. Nada de bocadillos ni platos combinados para él. Ahora luce en la taberna como si fuera el santo grial de los embutidos, con sus telarañas incluidas, como en un museo de cerdos ilustres.

¿Qué relación hay entre una princesa rusa y un jamón?

Por si la historia no fuera suficiente, la taberna tiene hasta unos versos que describen la ilustre reliquia. Porque sí, ¿qué es más poético que un jamón viejo y colgado? Francisco Olivares Barragán lo explicó en rima:

> Qué es eso petrificado / en esta cueva escondido, / además de acartonado, / viejo, rancio y consumido?
>
> ¿Es una momia recién / sacada de un viejo arcón? / ¿Es quizás Matusalén? / ¿Qué este caparazón? / ¿Será un fósil del Mioceno / cubierto de telarañas? / ¿Será un caduco agareno / primo de Maricastaña?

> Todo esto me preguntaba / haciendo suposiciones / cuando en la bodega estaba / con el par de «Gorriones». / ¡Basta ya de preguntar! / fue y me dijo un «Gorrión». / Lo que cuelga del ramal / es simplemente... un jamón. / Y el otro hermano ha explicado / ante el jamón viejo y pocho: / —Aquí continúa colgado / desde el año dieciocho.

La respuesta: un jamón del año 1918, momificado pero inmortal, que ahí sigue colgado en El Gorrión, sin decir ni pío.

No tardes en visitar esta taberna decimonónica llena de encanto, tómate un vino y rinde homenaje al jamón que conquistó corazones... y dejó un reguero de grasa en su camino.

62.
EL CORAZÓN *PARTÍO* DEL TENOR ANSELMI

Ubicación: Museo Nacional del Teatro, Almagro, Ciudad Real.

Una tarde lluviosa, en un arrebato de morbo histórico, me puse a hacer una lista de corazones disecados que andan repartidos por el mundo. Encontré el de Chopin, Copérnico y Percy Shelley y pensé: «¿Y en España qué? ¿No tenemos ni un corazoncito en formol?». Pues sí, tenemos algunos, pero me voy a referir a uno en concreto: el del tenor italiano Giuseppe Anselmi, más conocido por Peppino, que tiene menos glamur. Además de dejarnos su voz, decidió legarnos, literalmente, su corazón.

Anselmi, conocido como «Il Tenore di Donne», era un galán de ópera que rompía corazones a golpe de arias. Nacido en 1876 en Nicolosi, Sicilia, debutó en el Teatro Real de Madrid en 1907 con la ópera *Manon*, y allí dejó al público boquiabierto y, seguramente, a más de uno suspirando. Por aquellos años, los tenores de mayor prestigio cobraban 2000 francos franceses por sesión; en el caso de Anselmi, el caché era de 3000 francos. Solía comentar a sus amigos: «Nací en Sicilia; he viajado por medio mundo y me siento madrileño». Amaba tanto a España que en cada brindis lo demostraba con frases llenas de pasión y algo de dramatismo operístico.

Entre los años 1907 y 1910 grabó sesenta y ocho discos. Pero la Primera Guerra Mundial le cambió la vida, como a tantos. Llamado a filas en Italia, su carrera nunca volvió a ser igual. En

1918 se instaló cerca de Génova y se dedicó a la enseñanza, a tocar el violín y a componer, y también fundó una escuela de canto en Zoagli, ciudad donde falleció. Nunca se olvidó de su querida España, y en 1925, cuando el Teatro Real comenzaba a recopilar recuerdos de artistas, recibió una carta de su director invitándole a participar. Su respuesta fue toda una obra de arte sentimental, anunciando que donaría su corazón al museo. Una parte de la cual decía:

> Amigo queridísimo: He recibido con mucho placer tu afectuosa y me felicito por la institución del Museo Archivo Teatral. Por lo que se refiere a tu gentil invitación para que envíe algún recuerdo de mi modesta persona al museo del Real, habré de contestarte con suma sencillez: aún vivo. Mi pecho alberga todavía esa dinamo muscular e impulsiva que llamamos corazón; en él están grabadas con indelebles caracteres las palabras: «España, Fe, Gratitud, Amor» que compendian sus cuatro puntos cardinales. Pues bien: dicto disposiciones testamentarias para que tú lo depositeś junto al busto del divino Gayarre... Creo que eso pueda bastarte y te abrazo estrechamente, y contigo a todos los madrileños, y con el pensamiento a vuestros augustos soberanos. Tuyo, Anselmi.

Anselmi murió de una pulmonía cuatro años después, el 27 de mayo de 1929, a los 52 años, dejando precisas instrucciones para que su corazón viajara a Madrid:

> Ordeno que mi cuerpo sea incinerado. Antes de la cremación será extirpado de mi pecho mi corazón y llevado al Teatro Real de Madrid para que se conserve (tal y como he prometido) en una urna al lado del busto del gran tenor Julián Gayarre.

Estas fueron las palabras que el tenor siciliano dejó escritas en su testamento ológrafo antes de morir. Y vaya viaje. Llegó en un frasco de cristal con formol, dentro de una caja de madera. En la frontera, los funcionarios debieron quedarse a cuadros: «¿Un corazón? ¿Para qué?». Pero al final la preciada víscera llegó a manos del doctor Cortezo, el mismo que había disecado la laringe del tenor Julián Gayarre. Porque si alguien sabe de preservar trozos de cantantes, ese es el doctor Cortezo.

Una donación macabra que Anselmi hizo al Teatro Real de Madrid.

Tras la Guerra Civil, el Teatro Real quedó hecho trizas, y el corazón de Anselmi desapareció. Pasó mucho tiempo en paradero desconocido, hasta que finalmente alguien encontró el frasco que lo contenía roto y en un sumidero, rodeado de escombros y no pocas «aportaciones» orgánicas. Lo que quedaba del corazón era ahora una masa marrón, seca y diminuta, como si se hubiera convertido en un *snack* de baja calidad.

Hoy, el corazón de Anselmi descansa dignamente en la planta superior del Museo Nacional del Teatro de Almagro, protegido en un cofre barroco, mucho más digno que su triste episodio de las alcantarillas. Así, este «corazón *partío*» pasó de ser una reliquia operística a un testimonio de amor eterno con una pizca de tragicomedia negra. Ni Alejandro Sanz hubiera encontrado un argumento mejor.

Además, ya que estamos en el museo, no dejemos de contemplar el busto de nuestro tenor Anselmi para ver, cara a cara, su efigie dionisiaca; o la maqueta que Mariano Benlliure hizo para el Mausoleo del tenor Julián Gayarre en Roncal. Los retratos de *La Malibrán* y *La Gloria de la Grange y Stagno* son otras piezas a destacar y observar.

63.
LA LARINGE DEL DIVINO GAYARRE

Ubicación: Casa-Museo de Julián Gayarre. Roncal, Navarra.

Cuando hablamos de reliquias paganas y profanas, la imaginación vuela: el cerebro de Einstein, los dedos de Galileo... e incluso el pene de Rasputín. Pero faltaba algo más exótico: una laringe. ¡Y la tenemos! Es nada menos que la del tenor Julián Gayarre, el Freddie Mercury del siglo XIX, cuyas cuerdas vocales todavía despiertan suspiros... Ahora en su urna de cristal.

Gayarre murió joven, con 46 años, tras agarrar la temida gripe rusa (mala elección para alguien con un tumor en la tráquea). Su entierro en Madrid fue un acontecimiento: seis mil personas, ocho caballos, y un ambiente más frío que una noche sin calefacción. De ahí, el féretro fue en tren a Roncal, Navarra, donde descansa su cuerpo. Bueno, casi todo él.

La prodigiosa laringe de Gayarre hoy se conserva en su Casa-Museo de Roncal.

La laringe fue retirada con permiso familiar durante el embalsamamiento por el doctor Cortezo, el mismo que tenía por afición disecar cantantes. Luego se la pasaron al doctor Amalio Gimeno, que describió el instrumento con un lirismo que haría llorar al propio Gayarre:

> Artísticamente conmovedor guardar aquel instrumento humano, pobre cajita de cartílagos, cubiertos de rojiza mucosa, atados por las fuertes cintas de los ligamentos… Cuando tuvimos entre las manos el delicado instrumento, esa cajita de música, que con tanta pasión había vibrado en vida, nos pareció un sueño.

El mito de su prodigiosa voz era tal que las teorías sobre su garganta rozaban la ciencia ficción: que si tenía dos laringes, que si las cuerdas eran más largas, que si poseía un cartílago extra… En fin, pura anatomía de cantante estrella. Al analizarla, confirmaron lo que sospechaban: Gayarre era único hasta en los cartílagos.

La laringe pasó un tiempo en el Teatro Real de Madrid, hasta que Navarra reclamó su reliquia y la salvó de acabar en algún sumidero durante la Guerra Civil (sí, hablamos de ti, corazón de Anselmi). Ahora descansa en la Casa-Museo de Julián Gayarre en Roncal, gloriosamente exhibida en su urna, como el «trofeo vocal» que es.

Mientras tanto, el cuerpo del tenor yace en un sepulcro épico diseñado por su amigo, el escultor Mariano Benlliure. Tan monumental es el mausoleo que hubo que ampliar el cementerio del pueblo (menos de 200 habitantes). En palabras de Marta Sanmamed:

> Una descomunal obra de arte en un pueblito de Navarra de menos de doscientos habitantes. Es un cementerio tan pequeño que Mariano Benlliure llevaba un cabreo monumental por tener que dejar una de sus mejores piezas allí. Pero una promesa es una promesa y más si se la haces a tu amigo del alma.[29]

Y allí está, una obra de arte tan grande que parece pedir disculpas por eclipsar el resto del pueblo.

El museo recoge una amplia colección de los trajes utilizados por el roncalés en diversas representaciones de óperas como *Lucrecia de Borgia*, *La Favorita*, *El Trovador* y *Rigoletto*, así como pelucas,

---

29 Marta Sanmamed: *De tumba en tumba. Ruta misteriosa por los cementerios de España*. Almuzara, 2024.

postizos, calzado, guantes, espadas, complementos o adornos metálicos. En el interior de la vivienda residen objetos curiosos que Gayarre trajo consigo en sus numerosos viajes. Entre ellos, una bicicleta, una carroza de la época y una mesa de billar, además de premios, condecoraciones, obsequios y hasta coronas funerarias (hubo más de trescientos en su entierro).[30]

Y, por supuesto, la laringe, incorrupta e inmortal, testigo silenciosa de una carrera que sigue resonando siglos después. Gayarre: un tenor cuya voz de ángel no se apagó ni después de... bueno, ya sabes, perder la laringe.

64. UN HUEVO CATEDRALICIO DEL JURÁSICO

Ubicación: catedral de Burgos.

Cuando piensas en reliquias dentro de una catedral, imaginas cruces doradas y cálices sagrados, pero ¿un huevo de dinosaurio? Pues bienvenidos a la catedral de Burgos, donde entre cirios y plegarias descansa un huevo de tiranosaurio a los pies del Santo Cristo de Burgos. Sí, lo que leéis. De exvoto a estrella paleontológica.

Resulta que este Cristo no solo tiene fama por su inquietante aspecto (con pelo auténtico y pestañas, lo llaman el «Cristo de la piel de búfalo»), sino también por los tres huevos gigantes que adornan su base desde el siglo XVII. Hasta hace poco, se pensaba que eran huevos de avestruz, probablemente traídos por algún comerciante burgalés exótico.

Tenemos la valiosa descripción que hizo de él el escritor francés Teófilo Gautier cuando estuvo viajando por estas tierras en 1840:

> El Cristo de Burgos, tan famoso y venerado —y que no se puede ver sino a la luz de los cirios—, no es de piedra ni de madera policromada; es según dicen, de piel humana. Parece que, esta piel se ha rellenado con exquisito cuidado y verdadera habilidad. Los cabellos son auténticos, la corona de espinas es perfecta y los ojos tienen pestañas. Este fantasma crucificado, con su aspecto extraño de vida y su

30 Mas datos en la biografía que escribió el escritor F. Hernández Girbal: *Julián Gayarre*.

inmovilidad de muerte, produce un efecto terrible y funerario. La piel ha adquirido un color antiguo y humoso y presenta unos hilos de sangre, tan bien imitados, que parecen líquidos efectivamente. Se dice que este Crucifijo milagroso sangra todos los días. No es difícil creerlo. Lleva unas enagüillas blancas con bordes de oro, que le llegan hasta las rodillas; vestido que produce una impresión rara, especialmente en nosotros, que jamás habíamos visto a un Cristo con semejante vestido. Al pie de la cruz se ve en el relieve tres huevos de avestruz, cuya significación, que no entiendo del todo, parece aludir a la Santísima Trinidad, origen y principio de todo lo creado.

Quien iba a pensar que uno de los tres huevos era de un tiranosaurio.

Sin embargo, la ciencia tenía una sorpresa guardada. En 2021, mientras instalaban el nuevo sistema de iluminación nocturna en la catedral, un rayo láser rebotó en uno de esos huevos y reveló algo inesperado: un embrión fosilizado de T-Rex. Los instaladores, probablemente pensando en qué tipo de broma les estaba jugando el sistema, avisaron a los expertos, y la noticia explotó como un meteorito (pero sin extinguir nada, tranquilos).

¿El veredicto? Uno de los huevos no es de avestruz. Es un fósil de tiranosaurio perfectamente conservado, de los más antiguos y raros hallados en Europa. Vamos, que lo teníamos ahí a la vista de todos, colgando al lado de un cristo milagroso, y nadie se había dado cuenta en siglos.

Por supuesto, el fósil ya tiene nombre propio: Inrique. Sí, así con ene. Un homenaje al descubrimiento en el templo y un toque de humor que seguro habría hecho sonreír a cualquier fan de los dinosaurios. Ahora, además de ser una joya científica, este huevo plantea todo tipo de preguntas. ¿De dónde salió? ¿Vino desde Salas de los Infantes, una zona rica en fósiles, o quizás cruzó el Atlántico como recuerdo de ultramar?

El Santo Cristo de Burgos, ya célebre por sus articulaciones móviles (muy útiles para los dramas medievales del Viernes Santo), ahora añade esta bomba jurásica a su currículum legendario.

Si su origen ya era digno de película (supuestamente lo talló Nicodemo, amigo de Jesús, y fue encontrado flotando en el mar en el siglo XIV), el añadido de un embrión de T-Rex lo convierte en una parada obligatoria para paleontólogos, turistas y cualquier amante de lo inesperado.

Por cierto, no sería el único huevo de estos animales prehistóricos. Los huevos fosilizados encontrados en Portilla (Cuenca) son de titanosaurio; ahora, la localidad ya se incluye en la Ruta de los Dinosaurios y de las icnitas.

Así que la próxima vez que visitéis la catedral de Burgos, no solo miréis el cristo. Echad un ojo a sus huevos…

65.
¿QUÉ HACE UNA ANACONDA DEL AMAZONAS EN UNA IGLESIA SEGOVIANA?

Ubicación: Iglesia de Santa María la Real de Nieva, Segovia.

¿Sabías que en la Edad Media y en el Renacimiento las iglesias no solo estaban decoradas con santos, vírgenes y escenas bíblicas, sino también con reptiles? Y cuanto más gigantescos, mejor impresión y más asombroso. Así es, además de rezar, los fieles podían admirar un cocodrilo disecado colgado del techo cual lámpara gótica. ¿Y qué me dices de un caimán en la vitrina, como ocurre en la ermita abulense de Sonsoles? Ideal para dar un toque de terror a las misas.

En España, Francia e Italia esto era bastante común. Uno entraba al templo y, además de buscar la salvación, se encontraba con una lección de historia natural o se llevaba un buen susto al ver un bicho colgando cerca del altar. Pero ¿de dónde salieron estas mascotas sagradas? ¿Y por qué alguien pensó que era buena idea decorar iglesias con ellas?

Pues resulta que, en la simbología cristiana, los reptiles —ya fueran cocodrilos, serpientes o dragones mitológicos— representaban al demonio. Desde los días del Génesis, donde una serpiente tuvo un papel estelar (espóiler: no terminó bien para Eva y Adán), estos animales fueron considerados el equivalente bíblico de un villano reptiliano. Así que, ¿qué mejor forma de decir «¡triunfamos sobre el mal!» que colgar un cocodrilo disecado en tu iglesia?

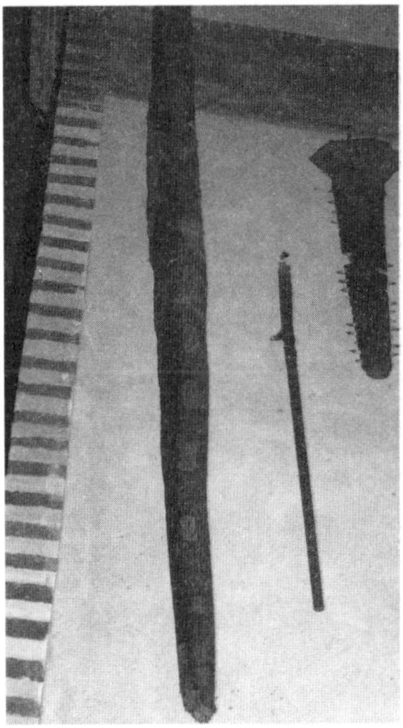

Exvotos de indianos que decoran algunas iglesias españolas.

Por otro lado, los cocodrilos y caimanes eran animales exóticos y misteriosos, venidos de África, América o Asia, y su captura y entrega a un templo sagrado se convertía en un exvoto de primera envergadura con toque de drama. Además, la leyenda de san Jorge y el dragón, que simbolizaba la victoria del bien sobre el mal, también ayudó a popularizar la idea de colgar lagartos como trofeos.

Y aquí viene la parte más interesante: en el siglo XVI, cuando las expediciones al Nuevo Mundo estaban en auge, algunos valientes europeos trajeron caimanes de América como *souvenir* después de enfrentarse a ellos y sobrevivir. «¡Mira lo que traje del viaje!», decían, y ahí iban un caimán, una boa constrictor o una anaconda directos a decorar el altar como exvoto de agradecimiento.

Un cocodrilo por aquí, una serpiente por allá… Y tú que pensabas que lo de las gárgolas en las fachadas era lo más extravagante que podrías contemplar. Pues no.

En este caso vamos a visitar esta hermosa iglesia segoviana y aquí, en lugar de relicarios, te encuentras con la piel disecada de una anaconda amazónica, que cuelga orgullosa cerca de la puerta principal, y hasta el fusil que sirvió para darle fin al pobre reptil (cortesía, probablemente, de algún monje dominico con espíritu de Indiana Jones). Eso sí, rellena de paja, porque la pobre ya no se pasea como antes. Según Vicente Merinero, nuestro docto guía del lugar en 2012, la identidad del reptil está más que confirmada por nada menos que Miguel de la Quadra-Salcedo, quien habría certificado su amazonismo nada más verla. Si lo dice él, toca creer.

Ningún exvoto está completo sin su historia exagerada. La versión popular dice que un pastor habría domesticado a la serpiente alimentándola con leche (como si fuera un gatito gordo). El problema vino cuando el pastor se fue al ejército por dos años, y al volver, la serpiente siguió alimentándose con lo que pudo y ya no lo reconoció, ni mucho menos apreció las caricias. Así que, tras el ataque, el pastor decidió contratar a un cazador, el cual, al ver el tamaño del bicho, se encomendó a la Virgen de la Soterraña, disparó su rifle, y fin de la historia.

La versión realista, por supuesto, es menos emocionante: lo más probable es que la anaconda llegara como un *souvenir* de las misiones dominicas en América del Sur, por donde transcurre el río Amazonas. ¿Que cómo llegó hasta aquí? Pues en valija diplomática, como quien manda un jamón, pero con más escamas y menos sabor.

Por si la anaconda no fuera suficiente, también encontramos colgado de la pared el fusil (supuestamente, el arma del valiente cazador) y una mandíbula correspondiente a un pez sierra, sacada de los mares del Caribe o del Golfo de México. Bonito *collage*.

Y todo esto en honor a la Virgen de la Soterraña, famosa por una lista de milagros que haría palidecer a cualquier superhéroe, desde curar a enfermos desahuciados (fueran cojos, mancos y tullidos), resucitar muertos, detener incendios o, ya puestos, hasta detener al mismísimo sol.

En esta iglesia vi otro tipo de exvotos, más pictóricos, y el sepulcro de doña Blanca de Navarra, fallecida en 1441. A pesar de la inscripción de que allí yacen sus restos, se ha demostrado que los huesos allí encontrados no corresponden con los de la reina y los de su hijo, el príncipe de Viana; tampoco están en donde deberían estar, en el monasterio de Poblet (Tarragona). Todo un mazazo para algunos historiadores por culpa de un estudio antropológico y genético llevado a cabo por las universidades autónomas de Barcelona y de Granada bajo la dirección de la historiadora Mariona Ibars y realizado en 2008.

Santa María la Real no es la única iglesia castellana con una serpiente como trofeo en su haber. En Zamora, la ermita de la Virgen del Camino presume de una boa cuya muerte también tiene su propia leyenda: un pastor le colocó un espejo, la serpiente vio su propio reflejo y, pensando que era otro reptil que le quería robar la cena, luchó contra su «rival» hasta agotarse. Muy lista no era.

En definitiva, la iglesia de Santa María la Real es un ejemplo perfecto de cómo la realidad puede superar a la ficción. Eso sí, la próxima vez que alguien te hable de reliquias exóticas en una iglesia española, le puedes sorprender diciendo: «¿Has visto la anaconda de Segovia? ¿Que no la conoces?»

66.
LA ZARPA DEL OSO
(DECORACIÓN POCO CONVENCIONAL)

Ubicación: Navacepeda de Tormes, Ávila.

En la España de antaño, si querías espantar el mal de ojo, proteger el corral o presumir de un exvoto digno de un cazador legendario, la solución estaba clara: colgar de tu puerta alguna parte de un animal. Y no hablamos de simples patas de conejo, sino de objetos más llamativos, como mandíbulas de tiburón, manos de tejón o, como en el caso de Navacepeda de Tormes (Ávila), una zarpa de oso que da la bienvenida a la iglesia de San Juan Bautista. ¿Por qué colgar una zarpa? Bueno, porque al parecer las garras, además de intimidar al mal, son la versión medieval del «no molesten» para espíritus y malas vibras.

Cuentan que, hace siglos, un segador de la zona tuvo un cara a cara nada amistoso con un oso. Armado solo con una guadaña y más suerte que Favila (ese rey asturiano que no tuvo tanta destreza con los osos), logró acabar con el animal, y luego decidió clavar su zarpa en la puerta de la iglesia como homenaje a su victoria y agradecimiento por seguir entero. La zarpa, que hoy en día descansa protegida tras una placa de metacrilato, tiene más de 500 años según las pruebas de carbono 14. Aunque en 2012 casi termina fuera de la iglesia, porque a un feligrés moderno le pareció un tanto paganilla para estar en un templo. Por suerte, prevaleció la tradición.

En el palacio del marqués de la Valdavia de Saldaña
se puede ver una de esas zarpas de oso.

Ahora viene lo bueno: Ernest Hemingway, el famoso escritor y amante de España, inmortalizó esta zarpa en su novela *Por quién doblan las campanas* (1940). Según relata, uno de los personajes, Anselmo, presume de haber cazado un oso y de haber clavado su pata en la iglesia de su pueblo. ¿Coincidencia? Parece que no.

En su novela pone en boca de uno de dos de sus personajes, Anselmo, natural del Barco de Ávila, y Robert Jordan, un profesor de español oriundo de Montana, el siguiente diálogo:

> —En la puerta de la iglesia de mi pueblo había una pata de oso que maté yo en primavera —prosiguió Anselmo—. Le encontré en un monte, entre la nieve, dando vueltas a un leño con esa misma pata.
>
> —¿Cuándo fue eso?
>
> —Hace seis años. Y cada vez que yo veía la pata, que era como la mano de un hombre, aunque con aquellas uñas largas, disecada y clavada en la puerta de la iglesia, me gustaba mucho verla.
>
> —Te sentías orgulloso.
>
> —Me sentía orgulloso acordándome del encuentro con el oso en aquel monte a comienzos de la primavera. Pero cuando se mata a un hombre, a un hombre que es como nosotros, no queda nada bueno.
>
> —No puedes clavar su pata en la puerta de la iglesia —dijo Jordan.
>
> —No, sería una barbaridad. Y, sin embargo, la mano de un hombre es muy parecida a la pata de un oso.
>
> —Y el tórax de un hombre se parece mucho al tórax de un oso —comentó Jordan—. Debajo de la piel, el oso se parece mucho al hombre.
>
> —Sí —agregó Anselmo—. Los gitanos creen que el oso es hermano del hombre.
>
> —Los indios de América también lo creen. Y cuando matan a un oso le explican por qué lo han hecho y le piden perdón. Luego ponen su cabeza en un árbol y le ruegan que los perdone antes de marcharse.
>
> —Los gitanos piensan que el oso es hermano del hombre porque tiene el mismo cuerpo debajo de su piel, porque le gusta beber cerveza, porque le gusta la música y porque le gusta el baile.

Hemingway visitó El Barco de Ávila en 1931 y conoció la historia de la zarpa, que debió de inspirarlo para incluirla en su obra. Años después incluso quiso enseñar la famosa garra a su última esposa, Mary Welsh, pero se confundió de pueblo. A pesar del desliz geográfico, ahí sigue la zarpa, soportando el paso del tiempo y a los turistas curiosos.

Navacepeda no tiene el monopolio de las garras de oso. En Saldaña (Palencia), otra zarpa cuelga del alero de la casa solariega del marqués de La Valdavia. La leyenda aquí también tiene su toque épico: el tercer marqués mató a un oso que destrozaba sus colmenas y dejó la zarpa como trofeo. Aunque el cartel turístico más prosaico señala que probablemente el oso fue cazado en las montañas cercanas de Liébana o León. ¿Romántico o práctico? En cualquier caso, localizar la zarpa es un reto, porque está tan alta y camuflada que necesitas vista de águila para distinguirla.

Si algo nos enseñan estas zarpas es que, ya sea como exvoto, amuleto o inspiración literaria, los osos no solo rugieron en los bosques de la península, sino que incluso dejaron huella en la arquitectura.

67.
EL MAPA DE JUAN DE LA COSA (UN ENIGMA CARTOGRÁFICO LLENO DE COSAS)

Ubicación: Museo Naval de Madrid.

El mapamundi elaborado por el navegante cántabro Juan de la Cosa en el año 1500 es el primero que cartografía el nuevo continente descubierto: América. Por tanto, estamos en presencia de una de las joyas más destacadas de la cartografía universal. Tal cual. Fue hecho sobre pergamino de piel de ternera, tratado y pulido para que no oliera. Su importancia histórica y los detalles que contiene lo convierten en una obra única con algunos misterios.

Encargado por un alto miembro de la corte de los Reyes Católicos, probablemente el obispo Juan Rodríguez de Fonseca, el mapa permaneció en la Casa de Contratación de Sevilla hasta su desaparición en 1511. No se volvió a tener noticias de él hasta 1832, cuando apareció de forma casual en París. Afortunadamente, fue adquirido en 1853 por España por 4321 francos.

El mapa, de un metro de alto, destaca no solo por representar América por primera vez solo ocho años después de la llegada de Colón, sino por hacerlo con una precisión asombrosa para su época. Incluye las líneas del ecuador, el trópico de Cáncer y el meridiano de las Azores, clave para delimitar los territorios españoles y portugueses tras el Tratado de Tordesillas. Además, América se representa con un llamativo color verde que contrasta con el ocre del resto del mundo, simbolizando la exuberancia de su naturaleza.

Un detalle curioso es la figura de la Virgen con el Niño y dos ángeles, ubicada sobre la línea del trópico de Cáncer. Esta imagen no forma parte del dibujo original. Lo raro es que fue recortada y pegada posteriormente sobre el pergamino. La razón de este añadido sigue siendo un misterio. ¿Qué hay debajo?

Juan de la Cosa rinde homenaje a Cristóbal Colón, representando a san Cristóbal con el Niño Jesús sobre sus hombros, y lo pone en el lugar de Centroamérica, donde ya se intuía que había un istmo que comunicaba los dos océanos. Debajo de esa figura aparece la famosa inscripción que nos dice lugar y fecha: «Juan de la Cosa lo fizo en el Puerto de S. Mª en año de 1500».

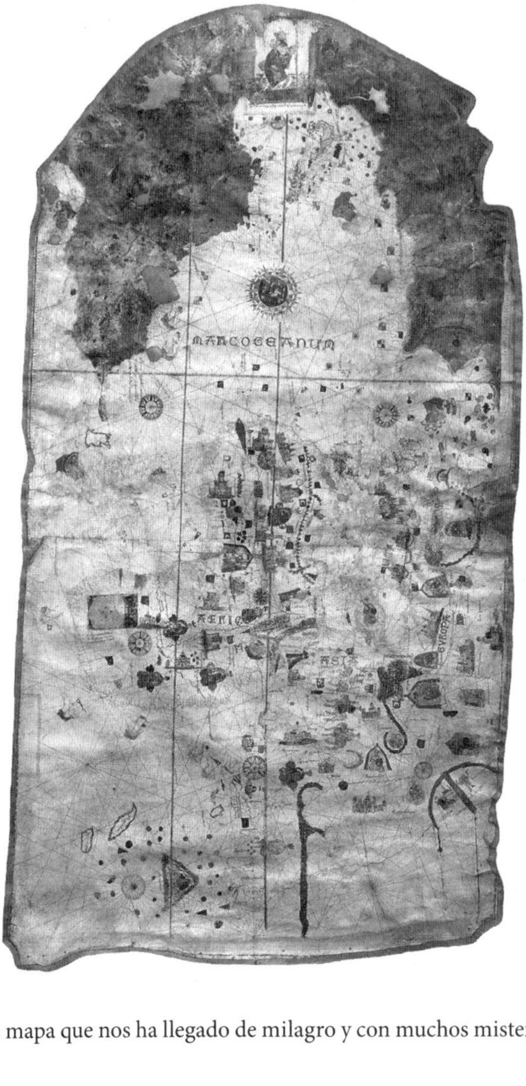

Un mapa que nos ha llegado de milagro y con muchos misterios.

Asimismo, añade inscripciones y dibujos de figuras míticas y bíblicas, haciendo una mezcolanza entre ciencia y religión. Por ejemplo:

- En Asia aparecen los Reyes Magos, la reina de Saba, la Torre de Babel y el encierro de Gog y Magog, personajes del Libro de Ezequiel.
- También en este continente está representado el «ídolo de los idólatras», haciendo mención a un fantástico ídolo de metal adorado en la ciudad de Castrema, provisto de nueve cabezas y nueve manos.
- En África, se muestra al legendario Preste Juan, rey cristiano repleto de riquezas y asociado con Etiopía.
- En Europa, detalla ciudades y puertos, siguiendo la tradición de los mapas mallorquines y portugueses.

El mapa utiliza dos escalas diferentes, conocidas como «troncos de leguas»: una para el Viejo Mundo y otra, más grande, para América. Este detalle refleja la necesidad de destacar el recién descubierto continente.

Además, a pesar de las creencias de Colón, Cuba aparece claramente representada como una isla (en 1500 no se sabía). La representación de las Antillas es bastante precisa, y la costa de América del Sur se extiende desde el cabo de la Vela hasta el cabo de San Agustín, mostrando también una parte del Brasil. Todo hace indicar que el mapa de Juan de la Cosa está elaborado con descubrimientos anteriores a Colón, con lo que se suma a otras obras cartográficas enigmáticas, como los mapas de Piri Reis, Pizzigano, Cantino o Martín Waldseemüller, que sugieren la existencia de exploraciones previas a las oficialmente registradas, mantenidas en secreto bajo estrictas penas.

Por cierto, Juan de la Cosa no tuvo un final feliz. Murió en un enfrentamiento armado con indígenas. Algunas crónicas afirman que, cuando hallaron el cadáver de La Cosa, amarrado en un árbol en el poblado de Turbaco, parecía un erizo lleno de flechas envenenadas, y otras dicen que el cuerpo había sido devorado por los indios. Al menos la viuda recibió 45000 maravedís para casar a su hija, así como todos los indígenas que tenía en posesión el navegante como premio póstumo por los servicios prestados. Qué cosas…

En definitiva, el mapa no es solo un documento cartográfico, sino un fascinante testimonio de la exploración y expansión del mundo conocido y de los misterios que aún rodean esas primeras incursiones en territorios desconocidos.

68.
EL CAYADO QUE SE TRANSFORMÓ EN TRABUCO (Y MATÓ AL ANIMALUCO)

Ubicación: Calzadilla de Coria, Cáceres.

En el tranquilo pueblo de Calzadilla de Coria, sus habitantes llevan con orgullo el apodo de «lagartos». La razón es una peculiar leyenda que mezcla milagros, valentía y un toque de dramatismo. En el corazón de esta historia se encuentra un pastor llamado Colás, un caimán (aunque aquí lo llamaron «lagarto») y un milagro digno de una estatua.

Un día, un aterrador reptil apareció cerca de la laguna, diezmando rebaños de ovejas. Colás, fiel a sus raíces y a su patrón, el Cristo de la Agonía, levantó su cayado al cielo y, con todo el desparpajo del mundo, exclamó: «¡Señor, que mi cayá se jaga escopeta y el coscurro de pan me se jaga munición!».

El resultado fue un trabuco improvisado que no falló. Colás disparó y dejó al temido lagarto seco como un espantapájaros. Su hazaña no quedó solo en palabras. Surgieron romances populares para contar su proeza, aunque no siempre en los mejores versos. He aquí unos pocos ripios:

> La memoria de este pueblo, desde siempre Calzadilla, refiere con maravilla, un prodigioso suceso. Escuche la tradición, no existe otro documento, juzgue luego el portento, y aprenda su gran lección.

Y unos versos más adelante dice:

> De entre zarza y matorrales,
> de humedales y peñascos,
> surgía una figura horrible,
> la de un inmenso lagarto
> que con las fauces abiertas
> atacaba a su ganado.

¿Qué era aquello, aquél diablo?
¿un cocodrilo, un caimán?
¿una fiera de otros lados?
¿qué hacía el dragón rabioso
devorando a su rebaño?

Una vez muerto el reptil, el arma se hizo añicos mientras Colás escuchaba una voz celestial que le decía: «¡Rota quedarás para que a nadie mates más!».

La tradición pone unas palabras versificadas en boca de Colás antes de abatir al reptil:

Que si el Cristo me ayudara
y mi cayado arma fuera
a mi rebaño salvara,
a este lagarto venciera,
y sus restos ofrendara
cuando a la ermita volviera.

El cayado que se transformó en trabuco (y mató al animaluco).

En agradecimiento, el pastor ofreció los restos del lagarto como exvoto en la ermita del Santo Cristo de la Agonía, junto con las piezas maltrechas del arma milagrosa. Todo se guarda hoy en una urna acristalada, incluido el pellejo del reptil, que aún resiste el paso de los siglos, aunque con evidentes signos de desgaste.

El pueblo honra esta hazaña con un monumento de bronce inaugurado en 1994, donde se representa al lagarto y al valiente pastor. Sin embargo, ¿de dónde salió este reptil? Las sospechas apuntan a que un viajero del siglo XVI, probablemente el dominico fray Tomás Ortiz, trajo una cría de América. Al crecer, la criatura decidió que las ovejas locales eran su bufé personal.

El lagarto de Calzadilla no es el único reptil legendario en la región. Israel J. Espino lo cuenta en su blog «Extremadura Secreta» y en el libro que publicó sobre lugares insólitos de su tierra. Fue ella la que me puso en antecedentes de otro reptil, otra fiera malvada, cuya existencia desconocía. En la iglesia de Casar de Cáceres hay colgada una piel de lagarto rellena de paja, con una longitud de más de dos metros y medio. Según una tradición del siglo XVIII, este reptil también fue abatido con ayuda divina y su piel colgada como trofeo en agradecimiento. Por si fuera poco, a esta piel se le atribuían poderes casi mágicos: las jóvenes locales la miraban fijamente para garantizar un novio seguro, un matrimonio feliz y, de paso, asegurarse un hijo por cada mirada. ¡Lagarto, lagarto![31]

Lo que está claro es que, entre cayados que disparan y lagartos milagrosos, en Calzadilla de Coria sobra material para una buena historia épica.

69.
LA CRUZ DE CARNE
(EL REGALO DE UN ÁNGEL)

Ubicación: catedral de Zamora, Capilla de Santa Inés.

En 1348, Europa sufrió el flagelo de la peste negra, que se llevó por delante a un tercio de la población del continente. La muerte hacía su fiesta por todas partes y, para colmo, el rey Alfonso XI tampoco se libró de su abrazo mortal, siendo el único monarca europeo que sucumbió a la plaga. Y es que ser rey no te exime de morir con cualquier hijo de vecino ni de una mala racha de salud.

31 Israel Espino: *50 lugares mágicos de Extremadura.*

Pero mientras tanto, en Zamora, algo extraordinario sucedió. Se cuenta que, en medio del caos, un monje benedictino llamado fray Ruperto oraba sin cesar junto a un olivo pidiendo el fin de la peste. Y como a veces las oraciones son más efectivas de lo que parecen, un ángel decidió intervenir. Apareció de repente y, sin darle muchas vueltas, entregó a Ruperto una cruz de carne. «Del tamaño de una hostia pequeña», tal como la describe el historiador Rojas Villalpando. ¿Qué era esa cruz? Pues según la leyenda, un milagro directo del cielo.

Una reliquia que se saca de la catedral cuando hay epidemias.

El arcángel san Miguel, al ver al monje tan contrito, decidió regalarle esta cruz, con la única condición de que la usara como talismán para proteger a la ciudad de la peste. Y el monje no lo dudó. La cruz se sacó en procesión y la epidemia se fue tan rápido como vino. Era como un código de barras divino: mientras la cruz avanzaba, la peste retrocedía. ¡Una promoción de milagro gratis!

En el cuadro del siglo XVIII que está en la catedral se representa el milagro con un texto novelado que describe de este modo el suceso:

> En el principio del siglo XIV padeció la nobilísima ciudad de Zamora con toda la tierra de Castilla la Vieja, una peste general que acabó con la mayor parte de sus moradores. A las súplicas y lágrimas del venerable Fr. Ruperto, monje benedictino de San Miguel, mitigó el Señor su enojo. En prueba de haber sido oída su oración, vino un ángel y entregó a este caritativo monje una cruz de carne, diciendo: *Accipe signum salute.* Esta dádiva del cielo aseguró al venerable que, mientras se conservase la cruz y la devoción de sus adoradores, no volverían a padecer semejante peste el pueblo y comarca por quien había suplicado.

Con la Cruz de Carne en su poder, la peste jamás volvería a atacar Zamora, y san Miguel se ganó un agradecimiento eterno. Al menos hasta el siglo XIX, cuando el pueblo de Zamora decidió que la cruz debía mudarse a la catedral, donde se guarda bajo llave, en un sagrario adornado con perlas, y con una manta de lino que parece haber tenido más de una «manchita de la vida».

Ahora, la pregunta que todo el mundo se hace: ¿qué carne es esa? Pues bien, en 1608, durante una procesión, un monje algo escéptico se acercó a la cruz con un alfiler, la pinchó y… ¡brotó sangre! Lo cual, por supuesto, no le cayó muy bien al monje, quien perdió la vista en el acto. Pero al margen de los detalles carniceros, la Cruz de Carne ha sido objeto de milagros eucarísticos y se ha utilizado como una herramienta de poder durante siglos. En un artículo de Elena Muñoz Gómez, de la Universidad de Oporto, va más allá de su culto y da otros usos a esta reliquia diciendo que se ha utilizado en diferentes situaciones sociales, hasta el siglo XX, como herramienta institucional de control para reclamar la religiosidad de los fieles en tiempos de desesperación y necesidad, como hizo el obispo Valera cuando sacó la Cruz de Carne el Miércoles de Ceniza de 2021 e impartió la bendición sobre los cuatro puntos cardinales de la Diócesis desde la puerta norte de la catedral, «por el fin de la pandemia de coronavirus desatada en 2020».[32]

32 Mas datos en el artículo: «La Cruz de Carne. Culto, epidemias y control social» (2022), de Elena Muñoz Gómez. *Salmanticensis. Revista de Investigación Teológica.* Vol. 69 Núm. 3.

De la peste negra a la pandemia moderna, la Cruz de Carne se ha mantenido como un símbolo de protección y un recordatorio de que, a veces, un buen talismán es lo que necesitas para salir de la oscuridad… Y quizás también una pequeña dosis de carne celestial.

70.
LA MÁQUINA QUE RESUCITABA CANARIOS

Ubicación: Museo de la Siderurgia y la Minería de Castilla y León. Sabero, León.

En el fascinante mundo de las minas del siglo XIX, no todo eran palas, barrenos, martillos, cinceles, carbón y sustos. Había también un héroe inesperado: el canario.

Estos pequeños pájaros, más sensibles que un detector de humos, y mucho más simpáticos, eran los guardianes del aire en las minas. Y aunque su labor era más peligrosa que trabajar sin casco, alguien se las ingenió para que no se quedaran en el camino tan fácilmente. Así nació la máquina resucitadora de canarios, un invento que mezcla ciencia, amor por los animales y un toque de surrealismo.

Los mineros ya sabían que las minas no solo guardaban mineral, sino también peligros en forma de gases invisibles y letales, como el temido monóxido de carbono o el explosivo grisú. Como los humanos no tienen un radar para estas cosas, los canarios se convirtieron en los primeros sensores vivos. Metías a tu pajarito en una jaula y, si se ponía nervioso o se desmayaba, sabías que era hora de salir corriendo. Una técnica cruel, pero efectiva.

Los canarios, además de útiles, eran adorables, y perderlos resultaba doloroso para los mineros, que se encariñaban con sus compañeros con plumas. Por eso, algún ingeniero avispado pensó: ¿y si los resucitamos? Así nació este aparato que parece sacado de un episodio victoriano de *Black Mirror*: una caja de metal y vidrio con una puerta circular, un tanque de oxígeno y una misión noble. Cuando el canario se desmayaba, se cerraba la puerta, se abría la válvula de oxígeno y el pájaro volvía a la vida como por arte de magia. Así tenía una segunda o tercera oportunidad para seguir ejerciendo su profesión.

El resucitador no solo era funcional, sino un gesto hermoso. En Sabero, los trabajadores presionaron para que se incluyera este invento en su equipo. El patrón, viendo que la petición tenía sentido y no queriendo líos con la plantilla, accedió sin rechistar. No dijo ni pio. Al fin y al cabo, estos pajaritos habían salvado la vida de muchos.

Los canarios siguieron trabajando en las minas hasta 1986, cuando los detectores electrónicos de gases les dieron un merecido descanso. Ahora, estos pequeños héroes de alas amarillas son un símbolo del vínculo entre el hombre y la naturaleza, y esta máquina resucitadora es una prueba de que hasta en los trabajos más duros hay espacio para la humanidad.

Cuando estuve en el museo de la siderurgia de Sabero, acompañado de Ana Caballero, nuestro cicerone, José María Escapa García, divulgador de la minería y miembro de la Sociedad Micológica Leonesa, nos destacó esta pieza como la más genuina y original de todas las expuestas, puesto que solo se conservan dos: la de Manchester y esta. Nos comentó que para los mineros leoneses los canarios eran parte esencial de su equipo, así que exigieron a sus patrones el desarrollo de una cámara hiperbárica de oxígeno para salvar a estos pequeños compañeros cantores.

El resucitador de canarios es hoy un hermoso detalle del hermanamiento entre el hombre y los animales. Que cunda el ejemplo.

Un invento perfecto para que estos pajaritos hicieran su labor sin morir (foto de Ana Caballero).

VI. Objetos que besas, sobas, tocas o frotas (y la suerte brota)

¿Quién no ha oído eso de que tocar tal cosa o frotar cierto objeto da suerte? Tranquilos, no es que el universo tenga un botón secreto para repartir bendiciones. Aquí no hay magia ni parapsicología, sino un buen toque (ejem) de psicología. Casi todo está en la mente y en el arte de creernos nuestras propias historias.

El mago mentalista Darren Brown lo demostró en un pueblecito de Gales. Lo cuenta en un documental que se titulaba *El secreto de la suerte*. Allí, escogió una estatua de perro que no tenía más gracia que estar plantada en el parque. A base de rumorología, convenció a los habitantes de que acariciar la cabeza del perrito traía suerte. Hubo mucho entusiasmo, alguna que otra lotería ganada, y un aumento considerable en la autoestima colectiva. Porque si te dicen que vas a tener suerte, te lo crees. Y funciona. Al final, el pobre perro pasó de ser una simple estatua a convertirse en un gurú canino que activó el poder de la mente de muchos de sus vecinos. Y es que, como decía el Kybalión, «todo es mente».

Lo divertido es que este toque supersticioso no se queda en perros. Si hay algo en este mundo que nos encanta hacer es sobar cosas. Estatuas, campanas, piedras, reliquias, lo que sea que parezca mágico o un poquito prohibido.

Como no podía ser menos, tocar el bronce bruñido de una estatua o de un relieve que tenga ciertos atributos sexuales (penes, testículos o pechos), actuaría como el perro de la suerte: testículos (del caballo de Andras Hadik en Budapest o de Víctor Noir en el cementerio de

Pere Lachaise), pechos (los de Julieta en Verona), el conejo (en la catedral nueva de Salamanca), narices (las de san Froilán en León), etc. Todas ellas, supersticiones muy modernas que han calado pronto en el inconsciente colectivo.

¿Quieres pareja? Fácil: vete a dar vueltas alrededor de una iglesia o recoge alfileres como si te fuera la vida en ello. ¿Te hace falta un poco de fertilidad? Pues no te cortes: frota el ídolo-falo prehistórico de Almargen (Málaga) o pásate por Castrohinojo (León) a restregar el vientre contra la piedra de la fecundación. Y si, después de todo, la cosa no cuaja, no te preocupes: también hay rituales para desajuntarte en caso de necesidad. ¿Qué tal un beso a la piedra negra del Sacromonte (Granada) para atarte o a la blanca para soltarte? Aquí hay para todos los gustos. Eso sí, ojo con el número de vueltas o campanadas: siempre impar. Nada de pares, que luego el universo se confunde. Ya sabes, tres, cinco, siete... ¡Y que sea lo que el destino quiera!

Toca aquí, soba allá, y si no te sale pareja, dinero, salud o fertilidad, al menos te llevarás una buena anécdota que contar.

71.
EL CERROJO FÉRTIL DE SAN MEDARDO (TOCA QUE ALGO PASA)

Ubicación: la ermita de San Medardo
a las afueras de Benabarre, Huesca.

Os propongo un plan idílico en un rincón encantador aragonés rodeado de floresta y presidido por un enorme nogal, todo acondicionado para que te comas un buen bocadillo de chorizo rodeado de una atmósfera de tranquilidad absoluta y de cierta espiritualidad, salvo que haya niños revoltosos por medio o que alguien empiece a toquetear el famoso cerrojo. Pero espera, que te cuento la historia.

San Medardo, ¿quién era este señor? Pues un francés del siglo VI que llegó a obispo de Noyón y, sorprendentemente, no murió martirizado. Un santo sin dramas, qué raro. Sus reliquias terminaron escondidas por Carlomagno en el valle de Linares allá por el siglo VIII, para que los bárbaros, infieles y demás fauna de la época no las profanaran. Pero se olvidaron de dónde estaban, y con los años tuvo que venir un buey con instinto arqueológico a resolver el misterio.

El bovino, cada vez que lo soltaban, iba a escarbar al mismo sitio con una obsesión digna de un detective. Hasta que los dueños, intrigados, decidieron terminar la obra maestra del buey y ¡tachán! Hallaron una arqueta con los restos del santo. Según la leyenda, las campanas del pueblo empezaron a sonar solas (campanas con wifi celestial, parece ser) para avisar a los monjes benedictinos. Estos se llevaron las reliquias al santuario de Santa María de Linares, y en el lugar del hallazgo surgió de improviso un manantial milagroso, perfecto para renacuajos y leyendas a partes iguales.

Hay ritos de fertilidad tan curiosos como este.

Vamos al salseo: la ermita de planta hexagonal alberga en su interior un manantial vinculado con la leyenda del hallazgo de las reliquias del santo y fue construida justo en el lugar donde se encontró la arqueta. Cuando fui estaba cerrada, pero se vislumbraba un altar con una hornacina donde estaba la imagen del santo y, en medio, un pozo octogonal de agua milagrosa que brota por dos cabezas de buey de bronce; todo ello rodeado con una artística reja de forja.

Hasta aquí, todo bonito y hasta místico. Ahora bien, lo realmente curioso es el cerrojo de la puerta. Este pedazo de hierro forjado, conocido como *forrellat*, es famoso porque las mujeres que buscaban hijos sin éxito iban a sobarlo con devoción. Bueno, y un poco de sensualidad también. Al parecer, la mezcla de fe, convicción y toque mágico surtía efecto.

Por si fuera poco, san Medardo tiene un currículum variopinto: es patrón de leñadores, agricultores, titiriteros y, cómo no, de los que sufren dolor de muelas. Además, hay una leyenda climática asociada a su festividad, el 8 de junio: si llueve ese día, prepárate, porque habrá cuarenta días y noches de agua. Por suerte, en Benabarre no ha pasado… Aún.

A pocos metros de la ermita antigua hay una segunda ermita, también con la advocación de san Medardo, mucho más sencilla, de construcción reciente y sin el pedigrí milagroso y fecundador.

Si buscas un poco de fertilidad imaginativa o simplemente un plan original para pasar una tarde de primavera, pásate por la ermita, toca el cerrojo (con respeto, claro) y no olvides echar un vistazo a los renacuajos que parecen estar viviendo la vida loca.

72.
EL FALSO PERO VIRTUOSO METEORITO (AL QUE HAY QUE DARLE VUELTAS)

Ubicación: Santuario de los Santos Antonio Abad y de Padua. Urkiola, Vizcaya.

Este lugar, dedicado a los dos Antonios, tiene un poco de todo: mosaicos enormes, elementos que simbolizan la vida vizcaína, ritos ancestrales, balanzas y alfileres apotropaicos y una piedra redonda en el jardín que se ha convertido en toda una celebridad. ¿Por qué? Pues porque dicen que trae amor y cariño si le das unas cuantas vueltas. Aunque cuidado, que esto es más mito que ciencia. Pero oye, ¿quién no ha hecho cosas más raras por conseguir un deseo?

La historia de esta piedra esférica, supuestamente un siderito caído del cielo, es que lleva casi un siglo siendo el Cupido de la plazuela. Según cuenta la leyenda, si un/una soltero/a da tres vueltas alrededor de la roca, encontrará pareja y, como bonus extra, conseguirá altas dosis de fertilidad y prodigalidad.

El etnógrafo Antón Erkoreca, actual director del Museo Vasco de Historia de la Medicina y de las Ciencias, en un artículo publicado en la revista Kobie de 1991, nos dice:

> Algunos ritos de fertilidad con animales también se relacionan con ermitas. Un informante de Treviño nos contó recientemente que «su padre tenía una yegua que nunca se quedaba preñada. Se la ofreció a San Antonio (Abad) de Urkiola y a partir de entonces tuvo catorce crías, una cada año, que nacían siempre entre San Antonio y San Vítor».
>
> Al santuario de los Santos Antonio de Urkiola en Bizkaia acudían a solicitar pareja para lo que según nos refiere Arregi «era costumbre bien extendida, que las jóvenes materializaran su deseo clavando un

alfiler en un panel que para este menester había en la capilla de exvotos en el interior del santuario. Algunas precisaban más su deseo, clavando un alfiler de cabeza blanca si sus preferencias iban por un joven rubio o de cabeza negra si preferían un novio moreno». A esta costumbre se añadía la de dar varias vueltas alrededor del pedrusco situado frente al templo que, según algunos, es un meteorito que posee virtudes especiales.[33]

Y aquí viene el giro argumental.

Resulta que no es un meteorito ni nada que se le parezca. Lástima, ya no es una piedra extraterrestre. Lo descubrió el investigador Jon Irazabal, que se puso a indagar en hemerotecas y dio con la cruda verdad. Encontró el origen de esta historia en *La Gaceta del Norte*, en la que se da a conocer quién colocó el pedrusco. El responsable fue el rector del Santuario de Urkiola, Benito Vizcarra Arana, hermano del histórico sacerdote franquista que consiguió que el denominado «Día de la raza» pasara a llamarse Día de la Hispanidad. Y tenemos la fecha de su colocación: el 29 de noviembre de 1929. El periodista de la época explicó las características de la roca, nada sobrenaturales, que se instaló a modo de monumento:

> Se trata de un conglomerado de piedras y piedrecitas y cantos y fósiles de innumerables clases que en forma tan particular se han mezclado y juntado con cemento no artificial.

Don Benito halló dicho conglomerado en un monte próximo, y le pareció una rareza geológica de tal calibre que la trasladó a la plazuela con el objeto de que «lo examinen tanto geólogos, ingenieros y estudiantes que durante el año acuden al Santuario». El rector la puso allí pensando que fliparían con su rareza. Lo que no se imaginaba es que alguien empezaría a llamarla meteorito y el rumor acabaría con gente dando vueltas como si la roca fuera una brújula señalando al amor eterno. En euskera la llamaron *tximistarri* («piedra de rayo»), pero ni rayo ni estrella ni galaxia. Solo un pedrusco con buen *marketing*.

---

33 Anton Erkoreka: «Ritos de fertilidad». *Revista Kobie, antropología cultural. Diputación Fotal de Bizcaia.* BILBAO, 1991.

Esta piedra mágica, a la que hay que dar vueltas, concede deseos estelares sin proceder del espacio.

Ahora, lo de dar vueltas tiene su gracia. Unos dicen que si tres, otros que si cinco, que si siete, que si en el sentido de las agujas del reloj... Todo inventado. Al final, si funciona, es por puro placebo. Pero ¿y lo que te ríes girando?

Además, en Urkiola hay otras tradiciones que también son para enmarcar. Erkoreca ya señalaba que a principios del siglo XX las chicas solteras acudían a los Santos Antonios a pinchar agujas en un lienzo de la sacristía para pedir novio: cabeza blanca para novios de pelo rubio y cabeza negra para morenos. Tinder medieval, básicamente.

Por cierto, hay un ritual que se llama «la bendición de los niños» en el que las madres ofrecen a san Antonio sus hijos menores de un año después de pasar la noche en el santuario. Para ello el infante era pesado en la balanza denominada «peso leal» y se realiza una ofrenda igual al peso del chaval. La ofenda suele ser trigo, aceite o cera. Más vale que el chiquillo no sea de buen diente, porque, como salga regordete, el donativo sale caro.

En resumidas cuentas, al final nuestro meteorito resultó ser una piedra cualquiera un poco rara. ¿A quién le importa? Entre vueltas para el amor, agujas para el novio perfecto y bebés pasando por la báscula celestial, Urkiola tiene su indudable magia, aunque sea más terrenal que galáctica.

73.
PONER LA CABEZA EN LA OLLA (Y QUE SUENE LA CAMPANA)

Ubicación: Santuario de la Virgen de Nuria. Queralbs, Girona.

Si te gusta el turismo de altura, este lugar te encantará: está a solo 2000 metros sobre el nivel del mar, con un tren cremallera desde Ribes de Freser que te deja a un paso de la magia. Pero ¿qué se cuece aquí? Literalmente, una olla. Y no una cualquiera, sino la famosa olla de san Gil, que junto a una campana y un menhir forman un combo místico para los desesperados por milagros, especialmente en el terreno de la fertilidad.

Primero, el menhir. Este tótem mágico tiene su propia historia de sobeteos. Antaño, las mujeres que querían quedarse embarazadas le daban buenos refregones con sus partes nobles, algo que el folclorista Joan Amades documentó; aunque los párrocos del santuario no lo llevaban tan bien. De tanto uso, casi lo rompen, y ahora está protegido tras una reja, bajo llave y en zona segura porque…, bueno, la fertilidad tiene sus límites.

Vayamos al plato fuerte: la olla y la campana. Según cuenta la leyenda, allá por el año 704, san Gil, huyendo de un rey godo con mal genio, escondió sus tesoros en una cueva del Pirineo, en concreto en el valle de Nuria, y se hizo ermitaño. Esos tesoros consistían en una cruz, una pequeña campana para llamar a los pastores a los servicios litúrgicos, una olla en la que cocinaba sus guisos más sabrosos y una talla de la Virgen que, por la fecha, debería ser visigoda.

Cuando el santo abandonó la cueva y marchó a un monasterio del que sería abad, enterró sus útiles en la cueva, y allí se quedaron hasta que, tres siglos más tarde, un toro pelirrojo decidió golpear una roca con insistencia, guiando a los pastores a descubrir este lote milagroso escondido tras una piedra. Precisando un poco más, sería

Poner la cabeza en una olla (y que suene la campana).

en el año 1072 cuando un ángel se apareció en sueños a un pastor llamado Amadeo, natural de Damasco, capital de Siria. El ángel le pidió en su sueño que fuera en peregrinaje hasta Nuria y edificara allí una capilla en honor a la Virgen. También le indicó que, en aquel lugar, señalado con una piedra blanca, había escondidos valiosos objetos. Con fe inquebrantable, el pastor preparó su zurrón y allí que fue. Sueño cumplido, aunque no del todo. Habían pasado siete años desde la llegada de Amadeo, ya convertido en anacoreta, y de tesoros, nada de nada. Un buen día, según la versión del doctor Marés, «un toro fogoso con el pelo rojo» empezó a golpear una pared de piedra con su pezuña. «¡Una señal!», pensaron los pastores que estaban en el valle en aquel momento, y, con ayuda de sus herramientas, perforaron la roca. Allí estaba todo el lote: la olla de cobre, la campana, la cruz y la imagen románica de la Virgen, pero ya no del siglo VIII sino del XII (transformaciones cronológicas que tienen estas imágenes tan sagradas).

En aquel mismo lugar, bastante más tarde, a comienzos del siglo XVII, se construyó la ermita dedicada a san Gil, que, transformada y arreglada, se ha conservado hasta la actualidad.

Ahora bien, ¿cómo funciona el ritual de la olla? Fácil: primero metes la cabeza dentro (sí, literalmente). Mientras tanto, tu pareja debe hacer sonar la campanita al lado. ¿Cuántas veces? Pues cuidado, porque según la tradición, tendrás tantos hijos como toques de campana… ¡Esperemos que no tengas una pareja con afición a los conciertos! Para maximizar la eficacia, antes se recomendaba frotarse contra el menhir, pero dado que ahora está fuera de servicio, los resultados pueden variar.

Y, por si fuera poco, la propia Virgen de Nuria se ofrece como remedio para la jaqueca, porque entre meter la cabeza en la olla y el sonido constante de la campana, el dolor puede curarse… o intensificarse, según tu tolerancia a los rituales que sobrepasan los decibelios.

Cerca del santuario hay un hotel, cuatro casas para peregrinos y una capilla dedicada a San Gil, donde dicen que se apareció la Virgen. Si todo esto te parece poco, piensa que la Virgen de Nuria no solo es patrona de pastores y del obispado de Urgell, sino también, desde 1983, de los esquiadores catalanes. Todo un currículum.

Por último, si te quedaste con ganas de campanas, un poco más lejos y cambiando de comunidad, en San Juan de Gaztelugatxe

(Bermeo), ostentan una tradición similar en la ermita costera en la que se conmemora la decapitación de san Juan Bautista (el 29 de agosto). El historiador local Ángel Zabala decía a este respecto: «En el mismo Gastelugach se cura el dolor de cabeza poniendo ésta al par inferior del hueco de la campana y haciéndola sonar, en tal disposición, en tres series». Allí la campana ayuda con los dolores de cabeza y, de paso, puedes dejar como ofrenda una boina, chapela o pañuelo. Eso sí, prepárate para hacer cola los días de gran afluencia: los milagros son populares.

Haciendo un fácil pareado: si buscas una experiencia sonora inolvidable y un poco de ejercicio ritual, recuérdalo, Nuria es tu lugar.[34]

74.
A FROTAR EL CLAVO (Y QUE LA SUERTE NOS NIVELE)

Ubicación: pasaje de Lodares, Albacete.

Si creciste con el famoso anuncio de Wipp Express que prometía que «el frotar se va a acabar», siento decirte que en Albacete ese eslogan no se aplica. Aquí, el frotar no solo sigue siendo tendencia, sino que además es casi una tradición mágica. Y todo gracias a un humilde clavo dorado que tiene más misterios y teorías que un capítulo de *Expediente X*.

En pleno corazón del pasaje de Lodares, una galería comercial abovedada que combina belleza arquitectónica con bullicio moderno, se esconde este peculiar clavo mágico con forma de botón. El pasaje pertenece a la arquitectura de estilo modernista de principios del siglo XX y es, junto al pasaje Gutiérrez de Valladolid y al pasaje del Ciclón de Zaragoza, uno de los tres únicos ejemplos de este tipo de galerías que se conservan en toda España.

El clavo está estratégicamente enclavado. Me refiero a que está colocado entre dos columnas y, aunque parezca un simple clavo dorado, se ha ganado la fama de amuleto de la suerte. Tanto, que su superficie está tan pulida como si pasara horas en un spa, gracias a

34 Carlos Ollés: *50 lugares mágicos de los Pirineos*. Cidonia, 2021.

la cantidad de dedos (y objetos) que lo han frotado con la esperanza de atraer la buena fortuna.

La gente no solo le pasa la mano, sino que frota en él billetes de lotería, apuestas deportivas y quién sabe si algún que otro boleto de rifa de jamón. ¿Por qué? Porque, al parecer, este clavo áureo es capaz de impregnar de buena suerte a todo lo que toque. Vamos, el Yoda de los clavos o el Midas albaceteño.

Aquí es donde la historia se pone interesante. Algunos dicen que su origen está ligado a la masonería, esa organización envuelta en secretos y teorías conspiranoicas. Según esta leyenda, un gran maestre habría clavado este pequeño pero poderoso objeto en la fachada para canalizar y conectar energías telúricas del subsuelo y garantizar que todo saliera a pedir de boca en la construcción del pasaje. Suena esotérico ¿verdad?

Un clavo dorado que algunos han asociado a los masones. (Foto de Fran Izuzquiza).

Como suele pasar, la realidad que hay detrás de un objeto mágico suele ser bastante prosaica. Por cierto, lo que añadió más misterio al asunto es que tiene unas letras grabadas. Y ahí tenemos la clave del clavo, porque se trata de un clavo NAP. ¿Qué significan esas siglas? Nivelación de Alta Precisión. Está datado en el siglo XX, aproximadamente sobre 1930. Es de hierro fundido con cabeza de bronce. Un clavo que sirvió de señal de la Red Nacional de Nivelación, colocado en su tiempo por el Instituto Geográfico Nacional. Al igual que los vértices geodésicos, es un punto de referencia con coordenadas. La cabeza de la señal sobresale unos 4 milímetros, y ello es así para poder apoyar sobre ella una mira que permita realizar las mediciones necesarias. Con el tiempo se perdió ese uso, y también el recuerdo de su origen. Por tanto, clavo mágico, y listo.

Las letras grabadas invitan a inventar teorías y hacer combinaciones de palabras con napias o napolitanos. Ahora que lo sabes, puedes frotarlo con más entusiasmo y con un toque de humor: nivelación de alta precisión para que tu deseo sea mucho más preciso.

75.
METER EL DEDITO EN EL AGUJERITO (DE UN ATAÚD)

Ubicación: monasterio de San Salvador de Villanueva. Lorenzana, Lugo.

Hay tradiciones que, si las explicas rápido, pueden sonar un poco... peculiares. Este es el caso del famoso ritual del monasterio de San Salvador de Villanueva, donde la idea es meter el dedo (o los dedos, si tienes mucha fe y buena puntería) en el agujerito del sarcófago del conde santo, mientras rezas con fervor y pides tus deseos de salud, dinero y amor. Básicamente, es como escribir una carta a los Reyes Magos, pero medieval y con un toque más físico.

El protagonista de esta historia es Osorio Gutiérrez, el conde santo. Aunque oficialmente no tiene el título celestial, su vida tan virtuosa y su manía de hacer cosas impresionantes —como fundar monasterios y resucitar muertos— lo convirtieron en un santo popular. Este buen hombre, después de colgar las botas de soldado, decidió levantar un monasterio en el año 969, hacerse monje y vivir una existencia tranquila. O tan tranquila como puede ser cuando eres venerado por milagros.

Su ataúd es un lujoso sarcófago paleocristiano que, según cuenta la leyenda, compró en Tierra Santa y mandó a casa flotando por el mar. Sí, flotando, como si los sarcófagos fueran ligeros como corchos. Al llegar a Galicia, unos bueyes lo llevaron al monasterio, y ahí quedó como la joya de la casa y lugar de peregrinación para devotos y curiosos de todas partes.

La tradición dice que hay que agacharse, meter el dedo en el agujerito del sarcófago y tocar la urna de madera que guarda los

Meter el dedito en el agujerito (de un ataúd).

huesos del conde. Si lo haces con suficiente fe y sin que te dé la risa, puede que tus deseos se cumplan. ¿Te duele la espalda? ¿Buscas un golpe de suerte? ¿Necesitas amor? Pues nada, dedo al agujero, y a rezar.

Eso sí, el ritual es todo un ejercicio de equilibrio y puntería, porque el agujerito está estratégicamente colocado en la parte baja del sarcófago. Además, hay que tener cuidado con los compañeros de peregrinación que puedan estar observándote con una mezcla de devoción y curiosidad morbosa.

La tumba del conde santo también tiene una lección moral incorporada. Según dos cuadros de estilo naíf que adornan el monasterio, hubo un noble que, junto con su criado, usó el sarcófago como comedero para su caballo. Cuando un monje intentó reprocharles la falta de respeto, respondieron con sendas bofetadas. Acto seguido, un rayo divino los fulminó. Mensaje claro: no conviertas los sepulcros en mesas de picnic.

A lo largo de los siglos, al conde santo se le han atribuido prodigios como curaciones y resurrecciones, además de historias tan sonoras como el tañer espontáneo de campanas en su funeral. Y aunque no ha sido elevado oficialmente a los altares, su tumba sigue siendo un lugar de devoción. Eso sí, no todos los párrocos han sido fanes de esta costumbre. Según cuentan, algunos preferían dejar de lado lo de meter dedos y sacar agua del pozo «mágico» del monasterio, quizá para evitar accidentes, o simplemente para no tener que explicarlo tantas veces.

Por lo que nos comentó el sacerdote Antonio Rúa, párroco de Riotorto y licenciado en Historia del Arte, al investigador Pablo Villarrubia y a mí (cuando grabamos un reportaje para el programa *Cuarto Milenio* donde se ve cómo introduzco mi dedito por el agujerito), el anterior párroco no era muy amigo de esta creencia ni tampoco de la de sacar agua del pozo santo que hay en uno de los claustros del monasterio. Por ese motivo, la costumbre se fue olvidando con el tiempo. Si bien no ha sido elevado a los altares, la tumba del conde certifica de alguna manera el poder taumatúrgico y prestigio del santo popular allí venerado.

Algo similar se hace en la ciudad de Ávila con el sepulcro que está en la ermita de san Segundo. Es un cenotafio preciosista tallado por la mano de Juan de Juni tras un encargo de María de Mendoza. Cada

2 de mayo, en la fiesta del santo, cientos de abulenses se acercan en romería a esta ermita situada a orillas del río Adaja para cumplir con la tradición de introducir un pañuelo en un agujero que hay en el basamento del sepulcro y pedir tres deseos. Uno de ellos, quizá el segundo, se puede cumplir.

76.
A LOS PIES DE MAIMÓNIDES (PARA RETENER SU SABIDURÍA)

Ubicación: Plaza de Tiberíades, barrio judío de Córdoba.

El turismo supersticioso tiene sus rituales propios: lanzamos monedas a la Fontana de Trevi para volver a Roma, palpamos el pecho de Julieta en Verona para mejorar nuestra suerte en el amor y, si estamos en Salamanca, buscamos a una rana microscópica en la universidad para aprobar exámenes sin tener que copiar. ¿Y qué haces cuando llegas a Córdoba? Pues ni más ni menos que acariciar los pies de Maimónides. ¿Para qué? Bueno, para pedir sabiduría, éxito o simplemente para la típica foto de «mira lo que estoy tocando».

En el siglo XII, Córdoba tuvo a uno de los grandes cerebros de la época: Mosén Ben Maimón, o simplemente Maimónides. Este polifacético judío sefardí era filósofo, médico, teólogo y probablemente la persona con la biblioteca más envidiada del vecindario. En 1964, su ciudad natal le dedicó una estatua esculpida por Amadeo Ruiz Olmos, donde aparece sentado, tranquilo, con un libro en la mano y unas babuchas que, con el tiempo, han quedado más brillantes que la mejor cristalería.

¿El motivo del brillo? Todo el mundo que pasa por la Plaza de Tiberíades parece incapaz de resistir la tentación de tocar sus pies. Quizás porque es más cómodo llegar a las babuchas que al turbante, o tal vez porque las leyendas dicen que hacerlo te transfiere una pizca de su infinita sabiduría.

Ya que estáis en Córdoba, y como la mezquita-catedral es visita obligada, que sepáis que entre las curiosidades del templo figura la conocida Estrella de los Deseos que, según la tradición y la superstición popular, concede todo lo que se anhela con solo tocarla. ¿Y dónde se encuentra este talismán? Incrustado en uno de los sillares que forman el muro exterior de la mezquita, junto a la calle Torrijos. No penséis que es una piedra alquímica o que ha sido forjada por los duendes. En realidad, se trata simplemente de un fósil, un caparazón de erizo que se muestra en su parte interior de unos 12 centímetros de diámetro y destaca por su tono níveo.

Si te apetece más un *tour* por Cáceres, allí te espera otro par de pies milagrosos. En la Plaza de Santa María, frente a la Concatedral, se encuentra la estatua de san Pedro de Alcántara, patrón de Extremadura. Los dedos de sus pies son de un dorado reluciente, cortesía de todas las manos (y algún que otro beso) que han pasado por ellos desde 1954, cuando los estudiantes empezaron a implorarle un empujoncito para los exámenes.

No es solo cosa de Maimónides o san Pedro. En Santiago de Compostela, el famoso santo dos Croques ofrecía una versión gallega del ritual, con cabezazos simbólicos para obtener sabiduría del maestro Mateo (y, tal vez, un buen chichón de recuerdo), pero ya lo han prohibido, pues alguno daba un cabezazo de más.

Fuera de nuestras fronteras, en Edimburgo, el dedo gordo del pie de la estatua de David Hume es víctima de la misma tradición: estudiantes de filosofía lo tocan con la esperanza de absorber algo del conocimiento del filósofo empirista.

A los pies de Maimónides (para retener su sabiduría).

El ritual de tocar los pies de una estatua tiene su base en la magia simpática, esa idea de que el contacto con algo sagrado o sabio puede transferir sus cualidades a los mortales. ¿Es real? Bueno, como dice un adagio: «creer es crear». El simple gesto de realizarlo te puede dejar con una sensación de paz y una buena excusa para presumir de fotos tocando la sabiduría de Maimónides o la bondad de san Pedro.

Ya sabes: si estás por Córdoba o Cáceres, ¡a por las babuchas y los pinreles!

77.
LA PIEDRA DE LOS DESEOS (PON LA MANO Y CRUZA LOS DEDOS)

Ubicación: Plaza de Santa María. Arjona, Jaén.

Supersticiones modernas, ese gran invento del siglo XX. Algunas tienen la profundidad de un charco y la lógica de un meme; pero, oye, si promete buena suerte, ¿quién va a decir que no? En este caso, la protagonista es una esfera misteriosa que en Arjona conocen como la «piedra de los deseos» o, para los más incrédulos, la «piedra de las casualidades».

Este betilo —una roca sagrada, para entendernos— tiene un aspecto lunar, lleno de cráteres y agujeritos que hacen pensar que viene directamente del decorado de una película de ciencia ficción. Pero no, su historia es mucho más terrenal. Fue desenterrada durante unas obras en la antigua catedral gótica de Jaén, y estaba a punto de acabar en la basura cuando el escritor arjonero Juan Eslava Galán, con un sexto sentido, decidió salvarla del vertedero. Según su olfato de historiador, estas piedras eran usadas en ceremonias rituales por pueblos agrícolas del neolítico. ¡Casi nada!

Esta esfera llega a Arjona en el año 1995, un año de sequía terrible, en el que los campos de la zona ofrecían un aspecto desolador. La casualidad hace que el mismo día que la piedra llega a esta localidad, se desate una gran tormenta que pone fin a esta terrible sequía que asolaba el municipio desde hacía meses.

La piedra tiene un orificio en la parte superior, lo que sugiere que pudo servir como base para sostener una efigie o una cruz en tiempos cristianos. Sin embargo, su uso actual no tiene nada que ver con la religión, sino con la inagotable creatividad del pueblo arjonero, que le ha conferido poderes mágicos: si colocas los cinco dedos de tu mano en cinco agujeritos diferentes de la roca, puedes pedir un deseo. ¿Se cumple? Bueno, como en los chistes de genios, a veces sí, a veces no.

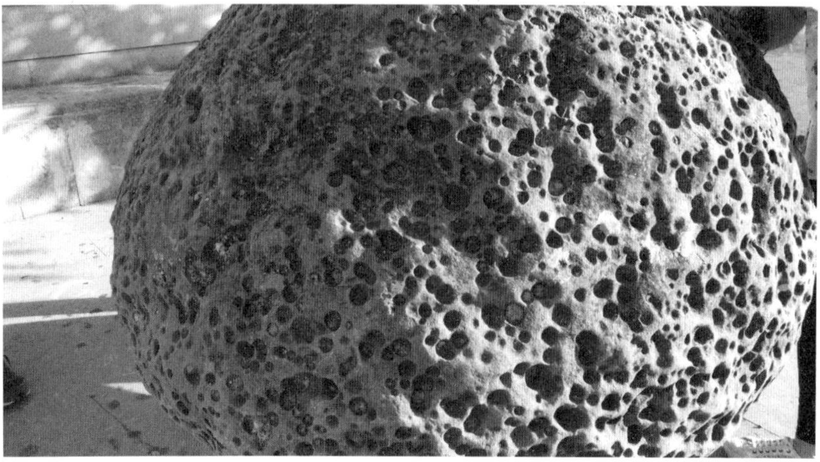

Una roca salvada por Eslava Galán y que da mucho juego.

La piedra de los deseos es una incorporación reciente al mobiliario urbano de Arjona y ocupa un rincón encantador de la Plaza de Santa María, junto a las escaleras cercanas a la Cruz de Porcuna. De ser un simple *pedrolo* a convertirse en un lugar de peregrinaje para soñadores, esta roca demuestra que con un poco de imaginación (y *marketing* supersticioso), cualquier cosa puede ser mágica.

Si pasas por Arjona, no te cortes: pon la mano extendida, pide un deseo y confía en esta piedra «lunar» para que el universo te eche una mano.

78.
«¡SI LOS EXÁMENES QUIERES APROBAR, DE LA COLETA HAS DE TIRAR!»

Ubicación: catedral de Palencia.

En la Bella Desconocida, como se conoce a la catedral de Palencia, hay un sepulcro que ha pasado de ser un monumento solemne a toda una fábrica de favores celestiales (o al menos de supersticiones). La protagonista es Inés de Osorio, una dama de alto linaje que, además de ser muy rica y generosa con la Iglesia, ha sido la excusa perfecta para que muchos estudiantes (y solteros desesperados) le dieran un tirón a una coleta que no es ni suya.

En el año 2021, el historiador palentino Marcial Castro publicó su testamento inédito, el cual demuestra el alto concepto que tenía doña Inés de sí misma. Fallecida en 1492, fue la mecenas que ayudó a financiar gran parte del crucero de la catedral. En su testamento, dejó claro que no era de las que pasaban desapercibidas, pues exigió que el cabildo al completo y todos los clérigos de Palencia asistieran a su funeral. Pero no solo eso: también pidió que cada lunes el cabildo hiciera una pequeña procesión por el interior del templo, se parase ante su tumba (levantada en el mismo lugar donde ella acostumbraba escuchar misa) y entonase una antífona en sufragio de su alma. Asimismo, estableció que todas las festividades de san Gregorio Magno (3 de septiembre), al día siguiente de san Antolín, patrono de Palencia, los canónigos rezasen por ella, vestidos todos con sus mejores indumentarias religiosas. A fin de cuentas, si das dinero, te lo tienen que agradecer a lo grande.

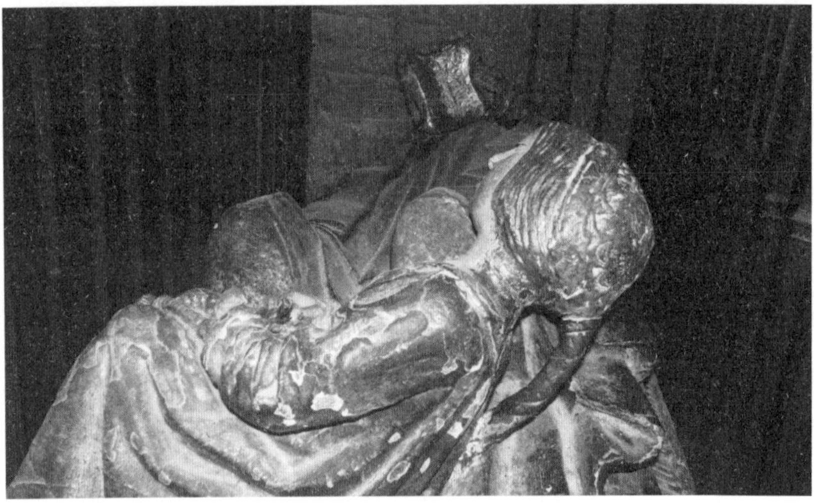

En la catedral de Palencia hay más que rezos.

A los pies de la estatua yacente de Inés de Osorio, se encuentra la figura de su criada, representada como una jovencita de aspecto casi infantil con una trenza que parece salida de un anuncio de champú medieval. Y ahí es donde empieza el lío: durante años, el pueblo confundió la coleta de la criada con un canal directo a los favores del cielo. Primero fueron las jóvenes casaderas las que tiraban de la trenza para ver si el amor llegaba pronto. Luego, los estudiantes se sumaron a la tradición, porque si una coleta puede conseguirte un anillo, ¿por qué no un aprobado?

El éxito del ritual fue tal que, para proteger a la pobre doncella de siglos de tirones, en 2023 se instaló una reproducción de su cabeza en la plaza de la Inmaculada. Ahora, los estudiantes pueden tirar de esa coleta al grito de: «Si los exámenes quieres aprobar, de la coleta tendrás que tirar». La estatua sepulcral original por fin puede descansar en paz (bueno, más o menos).

Como se refleja en su testamento, doña Inés tenía varias criadas, faltaría más, a las que no olvidó de donar ciertos bienes. Destacan una llamada Isabel y otra llamada Catalinilla. En la estatua de su criada vemos que esta tiene aspecto infantil y trenzas, postrada eternamente a sus pies. Si hay que ponerle nombre, prefiero el de Catalinilla, que le vendría al pelo, nunca mejor dicho.

Durante siglos, los palentinos vieron cómo los canónigos tenían un trato de preferencia y reverencia hacia esa tumba, y de ahí hay un paso a que el vulgo pensase que la señora ahí enterrada debía tener algún tipo de conexión especial con el paraíso para la obtención de favores menores. Y, claro, tocar la coleta era muy tentador…

Si doña Inés levantara la cabeza (es un decir), probablemente estaría encantada de seguir siendo el centro de atención, aunque no estamos seguros de que le hiciera tanta gracia que su criada sea al final la estrella.

79.
«¡BENITO, BENITO, NOVIO NECESITO!»

Ubicación: Santuario de la Virgen de Monlora,
a unos 5 kilómetros de la villa de Luna, Zaragoza.

A veces, conseguir pareja parece una misión tan difícil como encontrar una aguja en un pajar. O tal vez como no poder ir al baño durante tres días seguidos después de casarte, como sucede en el pueblo Tidong de Borneo. Allí, los recién casados no pueden hacer sus necesidades porque, según ellos, si lo hacen, su vida de pareja se

«¡Benito, Benito, novio necesito!».

vuelve infértil y podrían morir jóvenes. O sea, un aprieto real. ¡Casi más peligroso que no encontrar un buen compañero de vida!

Pero no te preocupes, en España tenemos nuestros propios rituales para encontrar el amor, y uno de los más populares es el de san Benito. Ahora, atención, no estamos hablando de *ese* san Benito, el de la abadía, sino de Benito de Palermo, un santo siciliano que, además de ser de ascendencia etíope, se especializaba en ayudar a las almas solitarias a encontrar pareja. ¡Todo un santo casamentero!

Este Benito no solo tiene una estatua con cara seria y vestimenta monástica, sino que también lleva colgando de su hábito un cordón del que las mozas (y mozos, no hay discriminación) tiran tres veces para activar el ritual. Mientras hacen esto, no pueden evitar girar sobre sí mismas como peonzas humanas, porque si no, ¿cómo se va a cumplir el milagro del novio o novia?

Nos dice Carlos Ollés:

> Otra tradición popular —en este caso entre las mozas casaderas— consiste en acercarse hasta la capilla en la que está la imagen de san Benito de Palermo, y tirar tres veces del cordón que cuelga de su hábito. Una vez realizado este gesto hay que dar tres vueltas sobre uno mismo, apoyándose en los talones y en equilibrio. Este rito casamentero debe funcionar bastante bien, ya que se sigue realizando año tras año en el día de la fiesta grande del santuario.[35]

Mientras se hace el ritual, sujetando el cíngulo del santo franciscano, hay que recitar: «Benito, Benito, novio necesito». O esta otra jaculatoria un poco más larga:

> San Benito de Palermo, os ruego con devoción,
> encuentres pronto, novio, para este ardiente corazón.

Todo muy directo, sin rodeos. Lo curioso es que este ritual se hace con tanto fervor que el suelo del santuario, justo debajo de la imagen del santo, ha quedado marcado por los tacones de las mozas que giran sin parar. Una hendidura eterna que demuestra que la fe mueve montañas. (Y talones).

---

35 Carlos Ollés: *50 lugares mágicos de Aragón*. Cydonia.

Lo de girar tres veces sobre el talón lo he visto en Milán, alrededor de los «atributos» del toro (que representa Turín) y que está en el suelo de la hermosa Galería Vittorio Emanuele II. Lo debes hacer si quieres regresar de nuevo a esta ciudad italiana. Había cola para realizar tan giróvago ritual.

Aunque la iglesia de Luna está dedicada a la Virgen de Monlora, parece que las visitas a san Benito son más populares. ¿Por qué? Porque la Virgen, aunque tiene su propia historia épica de aparición sobre una carrasca (sí, como un árbol grande), no tiene la misma fama casamentera que Benito. Además, la pobre carrasca original desapareció debido a la devoción de los fieles, que se llevaban ramitas como si fueran *souvenirs* sagrados. Pero no te preocupes: para no dejar todo en manos del pasado, hay una carrasca plantada en 1928 en honor a la original.

Por si te lo preguntas, además de girar y pedir un novio, algunos devotos aún pasan por debajo de la mesa del altar mayor para curarse los dolores de cabeza. No garantizo resultados, pero, si te dejan, podría ser la terapia alternativa que buscabas.

En resumidas cuentas, si quieres una cita, un milagro o un buen giro, ya sabes dónde acudir.

80.
«¡APEDREAD LA ENTREPIERNA DE SAN ANTONIO ABAD!»

Ubicación: Ermita de San Antón.
Barriada de Osunillas, Mijas, Málaga.

En el pintoresco pueblo de Mijas, hay una tradición que pondría nervioso hasta al santo más estoico: el 17 de enero, día de san Antón Abad, patrón de los animales, las solteras (y las que no tanto) se agrupan en la ermita de Osunillas para, después de escuchar la misa y bendecir a los animales, practicar el deporte nacional: lanzar piedrecitas al santo.

No es tan sencillo como parece. ¿Acertar? Claro. ¿Dónde? Pues en el sitio clave: la entrepierna de san Antón. Si lo logras, aseguran que el deseo de encontrar novio será mucho más certero. No sé, pero me da que las piedras no se tiran por tirarlas. En el amor hay que tener buena puntería.

Un ritual muy curioso y pedregoso el de arrojar piedras al santo varón de la ermita malagueña.

Y no, no es un acto de agresión medieval, aunque el pobre santo aguanta estoicamente el bombardeo con su báculo, como todo un experto en martirios. Las mozas, armadas con pequeños guijarros (no vale cualquier piedra, sino las de los alrededores de la ermita, que, según se dice, tienen más magia) se alinean y, como si estuvieran en un torneo de dardos, ¡zas! Le lanzan las piedras con una sonrisa, esperando que de rebote les caiga un novio. O dos. O tres, como han dicho algunas afortunadas. Vamos, que parece que el rito también viene con rebajas.

La tradición tiene su origen en 1490, y, aunque suena muy «romántico», hay algo que no me cuadra: ¿Por qué san Antón y no san Antonio de Padua, patrón de los enamorados? ¡Con lo fácil que sería ir a la fuente directa! Pero bueno, lo que importa es que las mujeres de la zona se han quedado con este santo como su consejero amoroso, aunque tal vez el pobre san Antón no sabía lo que le esperaba cuando aceptó el rol de santo diana.

Y no es broma, porque a lo largo de los siglos, la pobre estatua ha tenido que ser restaurada varias veces por los efectos secundarios del ritual. Pero no pasa nada, la Hermandad de San Antón decidió poner una réplica del santo en la hornacina de la ermita.

Después de tanto lanzamiento de proyectiles y de pedir novio, lo que toca es ponerle un buen callo al cuerpo. De los típicos de la zona, que no solo calientan el estómago, sino que ayudan a calentar el ambiente para bailar «la rueda». Nada como terminar la jornada con ritmo, piedras y una buena comida para acompañar el deseo.

81.
«A TOCAR EL CULO DE LA LEONA EN GIRONA»

Ubicación: Plaza de Sant Feliu, Girona.

En Girona, la estrella de estos rituales de toqueteo es la leona de piedra que preside una columna en la Plaza de Sant Feliu. Aunque ni es una leona ni su trasero es la fuente oficial de la buena suerte. Pero¿a quién le importa la precisión zoológica cuando se trata de una creencia mágica?

La tradición dice que, si quieres asegurarte un regreso a Girona, debes besar el culo de esta famosa «leona». Y como todo lo que rime parece más convincente, la costumbre pegó fuerte. Con el tiempo, lo de tocar evolucionó a besar, porque un poco de cariño extra entre tú y una estatua de piedra estrecha lazos.

El original de esta leona —que en realidad es un león— descansa tranquilamente en el Museu d'Art de Girona. Lo que ves en la plaza es una copia, porque la primera ya tuvo sus sustos. En el siglo XIX, la columna se vino abajo y acabó hecha añicos, así que la donaron al museo. Además, hubo un incidente trágico en 2015 cuando un turista francés intentó subir a las escaleras antiguas para cumplir el ritual y, lamentablemente, tuvo una caída fatal. Desde entonces, se instalaron unas escaleras nuevas con barandilla incluida, porque hasta la magia necesita cumplir con las normas de seguridad.

Por supuesto, tocar o besar estatuas para volver a un lugar o cumplir deseos no es algo exclusivo de Girona. En Madrid, por ejemplo, la tradición dicta tocar al famoso Oso y el Madroño en la Puerta del Sol, aunque técnicamente es una osa y bueno, el madroño tampoco es tan madroño, sino un almez.

En Barcelona, la Fuente de Canaletas te promete un regreso si bebes de su agua (¿y quién no quiere volver a Las Ramblas?). Mientras tanto, en Lloret de Mar, la estatua de la Dona Marinera asegura cumplir tus deseos si te inspiras mirando al horizonte y le tocas el pie derecho. Es como pedirle un favor a una tía lejana que nunca conociste, pero que siempre está ahí.

Si pasas por Girona, sube las escaleras (con cuidado), dale un beso al trasero del león (aunque insistan en llamarla leona) y asegúrate tu vuelta a esta preciosa ciudad.

¿Es un poco absurdo? Quizás, pero ¿qué es la vida sin un toque de humor, un poco de locura y cierta dosis de superstición?

Curiosa tradición si quieres volver a esta ciudad.

VII.
Santoral que desafía lo racional

Dios, concédeme la serenidad para aceptar las cosas que no puedo cambiar, el valor para cambiar las cosas que puedo cambiar y la sabiduría para conocer la diferencia; viviendo un día a la vez, disfrutando un momento a la vez; aceptando las adversidades como un camino hacia la paz; pidiendo, como lo hizo Dios, en este mundo pecador tal y como es, y no como me gustaría que fuera; creyendo que Tú harás que todas las cosas estén bien si yo me entrego a Tu voluntad; de modo que pueda ser razonablemente feliz en esta vida e increíblemente feliz Contigo en la siguiente. Amen.

«Plegaria de la Serenidad». Una oración atribuida al teólogo, filósofo y escritor estadounidense Reinhold Niebuhr.

82.
UNA DIOSA PAGANA INFILTRADA EN EL CORAZÓN DE UNA VIRGEN CRISTIANA

Ubicación: Basílica de la Virgen del Lledó. Castellón.

Resulta que la Virgen del Lledó tiene un as bajo la manga (o más bien, en el pecho). Me refiero a una diosa pagana de incógnito. Dentro de su figura se encuentra una hornacina con una figurilla de alabastro precristiana, que probablemente tenga la friolera de cinco mil años.

Se sospecha que esta miniatura es nada menos que Ishtar, la diva babilónica multitarea del amor, la guerra, la fertilidad y la vida.

¿Y cómo acabó la diosa metida en este lío celestial? Según una leyenda, en el año 1366, un tal Perot de Granyana, labrador de profesión, mientras realizaba labores agrícolas de arado, desenterró la imagen bajo las raíces de un almez. El hombre, como buen vecino, se la llevó al párroco, pero la imagen antropomorfa de 6 centímetros de longitud tenía otros planes: regresó milagrosamente al árbol en tres ocasiones, como diciendo: «Yo aquí estoy más a gusto, gracias, y de aquí no me muevo». El pueblo, ni corto ni perezoso, interpretó que la Señora exigía un templo justo ahí mismo, y se lo construyeron. Así nació la veneración a la Mare de Déu del Lledó, nombre inspirado en el fruto del almez (almeza, que en valenciano es «lledó»).

Lo más fascinante es la estatuilla original: un ídolo con un aspecto que evoca a una figura de museo de arte mesopotámico. Para que nos demos cuenta de su iconografía, el cronista Sánchez Gozalbo, que pudo estudiarla y custodiarla unos días en tiempos de la Guerra Civil, la describe así:

> Imagen de seis centímetros de altura, desnuda, de gran tosquedad, mutilada por el plano que pasa por las caderas. Cabeza con pérdida

Una diosa pagana infiltrada en el corazón de una virgen cristiana.

La espada de San Pablo o cuchillo de Nerón se convirtió en un objeto de culto y codiciado nada menos que por el general Franco. Hoy se puede ver una réplica en un convento de Toledo.

Los rayos son capaces de pulverizar lo que encuentre, ¿pero es capaz de dibujar y hacer una cruz en un árbol como la que se conserva en Alba de Tormes?

Pasear por Cádiz es revivir la historia y en concreto escenas de la guerra de la independencia, donde algunos proyectiles siguen guardando su memoria.

La lecha de la Virgen (catedral de Murcia) no es leche ni es de la Virgen, pero desde siglos ha sido una de las reliquias más cotizadas por sus presumibles virtudes fertilizantes.

Sabiendo que en un pueblo de Salamanca, Ledesma, están unas supuestas reliquias de los pastores que fueron a adorar a Jesús, ya es motivo suficiente para ir a conocerlas.

En el monasterio de Cañas (La Rioja) podremos ver las «auténticas» herraduras del caballo de Santiago, una reliquia un poco vetusta y desgastada de tanto galope.

En la taberna jienense de El Gorrión podemos admirar un jamón amojamado desde 1918 e indultado debido a una princesa rusa con tintes románticos.

En el monasterio de Santa María la Real (Segovia) se muestra la piel de una anaconda del Amazonas, un exvoto de un devoto indiano.

Cada cual es libre de colocar en su puerta lo que quiera, aunque una garra de oso no es algo muy habitual de ver, salvo que vayas a un palacio de Saldaña.

En Sabero hay un resucitador de canarios, un artilugio para preservar la vida de estos pájaros que tanta ayuda prestaron a los mineros a la hora de detectar el grisú. (Foto de Ana Caballero).

Según la tradición, en el siglo XVIII un gran lagarto diezmaba los rebaños en Calzadilla hasta que un pastor le mató con la ayuda de la Virgen. Y resulta que era un caimán.

La ermita de San Medardo posee, entre sus curiosidades, el carácter milagroso de su cerrojo pues se dice que quien lo toca puede recuperar la fertilidad perdida.

La Virgen de la Candelaria, la que está en Adeje (Tenerife), tiene unas letras distribuidas aleatoriamente que nos están indicado un mensaje secreto ¿de qué se trata?

El sarcófago de San Balandrán servía para medir a las futuras casaderas y evitar matrimonios infantiles. Aquí vemos a Begoña Ramos haciendo la prueba sobre sus dimensiones.

Sarcófago del conde santo (Iglesia del Monasterio de San Salvador de Lourenzá) con un estratégico agujerito debajo para meter el dedo, tocar las reliquias y conseguir un deseo.

En Arjona existe una piedra redonda en la que hay que poner la palma de la mano y pedir un deseo. ¿Se te concederá? Compruébalo.

Hay Cristos que inducen a la devoción y otros a la exclamación. El Cristo de la Cepa, de la catedral de Valladolid, es de una belleza singular y no deja indiferente a nadie.

Las glosopetras son en realidad dientes fósiles de tiburón y desde antaño se han utilizado para mordeduras de víboras, como si fuera un talismán, como esta de Portalrubio (Teruel).

La historia del zapato oculto de Vicálvaro es de lo más curiosa e insólita ya que en España no se han encontrado muchos de estos objetos en casas o iglesias. (Con su director Valentín González).

En el siglo XVI se difundió la creencia de que en aguas del Ártico había unicornios marinos que atacaban los navíos, hasta que los científicos comprendieron que eran narvales provistos de un largo diente, como este que se ve en el Alcázar de Toledo.

Marcos y Jesús contemplando un diente de narval que, durante siglos, muchos creyeron que era un verdadero cuerno de unicornio. (Museo de la Farmacia Hispana de Madrid).

La pezuña de la Gran Bestia contra la epilepsia, la piedra bezoar, la carne de momia, la triaca magna… eran remedios que formaban parte de una botica o apoteca insólita y nauseabunda.

> de toda la sien izquierda, algún día separada y hoy pegada nuevamente al cuerpo. Ojos hundidos, nariz de base ancha y gran prognatismo de maxilares. Brazos plegados y cruzados sobre el pecho, con mano derecha más corta y ocultada en parte debajo de la izquierda.

¿A santo de qué los castellonenses identificaron la reliquia de alabastro —con cientos o miles de años de antigüedad— con la representación de la Virgen? Cabe pensar que esta diminuta estatuilla ya debía de ser objeto de devoción desde un tiempo anterior a la normalización del modelo mariano. Así lo confirma el profesor Joaquín Campos cuando afirma que «si la figura no hubiera venido avalada por un anterior y viejo prestigio religioso, su veneración inicial hubiera repugnado dentro del cristianismo». Lógico. Identifica la estatuilla como una plasmación de la diosa Isthar, datada en el tercer milenio a. C. En su tesis doctoral, mossén Joan Llidó Herrero coincide con Campos en el origen mesopotámico de la pieza, retrasando incluso más su cronología.

Quizá esa talla pasó al mundo romano hispano, que era muy dado al uso de amuletos relacionados con la gestación y la veneraban como hacían con los dioses manes, lares y penates (dioses protectores del hogar, cuyas pequeñas imágenes estaban en lugares destacados de las viviendas). La estatuilla lledonera pudo ser tenida como uno de estos talismanes por alguna familia pudiente local en los tiempos del bajo imperio.

Lo cierto es que, a partir de 1638, la *troballa* se coloca en el pecho de una figura mayor de la Virgen a modo de hornacina, asumiendo así desde este momento la condición de imagen-relicario. Con motivo de la proclamación de la imagen como patrona de Castellón por parte del papa Pío XI en 1922, la figura mayor de la Virgen comienza a vestirse con mantos bordados.

Es decir, que en pleno siglo XVII, a alguien se le ocurrió camuflar a Ishtar dentro de una imagen cristiana, convirtiéndola en una suerte de virgen matrioska. Así, ambas figuras se fusionaron en una coexistencia divina que habría sacado de quicio al Concilio de Trento.

¿Cómo sobrevivió semejante audacia a los tiempos inquisitoriales? Solo podemos aplaudir el ingenio, la tolerancia y la discreta irreverencia de los castellonenses. Chapó, de verdad.[36]

---

36 Mas datos en Jorge Sánchez: *50 lugares mágicos de la Comunidad Valenciana.* Cydonia, 2018.

83. LA SOPA DE LETRAS DE LA VIRGEN DE LA CANDELARIA

Ubicación: Iglesia de Santa Úrsula. Adeje, Tenerife.

En Tenerife, en la iglesia de Santa Úrsula, Adeje, descansa una copia de la Virgen de la Candelaria que, como su original, viene con un enigma bajo el brazo: una auténtica sopa de letras.

Todo empezó en 1400, cuando dos guanches paseaban por la playa de Chimisay y sus cabras, más sabias que ellos, se negaron a pasar junto a una figura femenina de madera. «Debe de ser Chaxiraxi, la diosa del sol», pensaron. Porque cuando encuentras una figura con manto azul, túnica roja y una vela en la mano, eso grita «divinidad solar». El jefe de la tribu, ni corto ni perezoso, se la llevó a casa, y la figura pasó de ser pagana a cristiana tras la conquista, porque así se hacían las cosas en el siglo xv.

El enigma de esta virgen, más allá de su habilidad para cambiar de religión, está en su vestimenta, que parece salida de un juego de «descifra el código». Letras latinas adornan cuello, ceñidor, bocamangas y orlas con combinaciones.

En 1579 llegó a Canarias el dominico fray Alonso de Espinosa, primer cronista de la isla de Tenerife, que habla de la historia de la isla en su libro *Del origen y milagros de la Santa Imagen de nuestra Señora de Candelaria, que apareció en la Isla de Tenerife con la descripción de esta Isla*, impreso en Sevilla en 1594. La última parte del libro recoge cincuenta y siete milagros atribuidos a la imagen de la Virgen de Candelaria en el siglo xvi. Y dice que la imagen porta un niño que tiene un pájaro en su mano y está vestida con una ropa toda dorada desde la garganta hasta los pies. Y menciona las letras que aparecen en toda la escultura de madera policromada.

En el collar o cuello del vestido tiene un letrero con letras latinas coloradas: «TIEPFSEPMERI».

En la orla baja del vestido tiene estas letras: «EAFM * IRENINI * FMEAREI».

En la bocamanga de la mano izquierda, en la que tiene una vela de color verde, un letrero que dice: «LPVRINENIPEPNEIFANT».

En el ceñidor del vestido, por debajo de los pechos, y con letras de oro en ella, aparecen las siguientes letras: «NARMPRLMOTARE».

La orla del lado derecho del manto: «OLM * INRANFR * IAEBNPFM * RFVEN * NVINAPIMLlFINVIPI * NIPIAN».

Las letras de la orla de la mano izquierda: «APVIMFRI * PIVNIAN * NTRHN».

Por lo bajo de la orla del manto, en la parte trasera, dice así: «NBIMEI *ANNEIPERFMIVIFVF».

Vamos, que ni Da Vinci lo habría puesto más difícil. Fray Alonso de Espinosa, cronista y curioso profesional, admitió en 1579 que nadie entendía nada: «Si alguien descifra esto, que me avise.» Y, hasta hoy, seguimos igual.

Hay jeroglíficos que no están en Egipto sino en Tenerife.

Ah, pero hay teorías para todos los gustos. Desde plegarias cristianas hasta rutas secretas templarias hacia América. ¿Por qué no? Ya que estamos, el historiador y filólogo canario Ignacio Reyes García ha realizado otro intento de descodificación y comprobó las doscientas letras que componen el texto. Tras su análisis, concluyó que el mensaje tenía partes de amazigh, lengua bereber, y resultó ser una plegaria franciscana. La traducción del mensaje que propone Ignacio Reyes en su obra, usando como clave el amazigh, empieza así:

> El padre amparado por la Virgen María
> ¡Oh, tu hallazgo aumenta la protección contra la superstición!
> Se clemente en la victoria Señor de la luz eterna.
> Compartir es un deber hacia el necesitado
> Tu corazón, el lugar del tesoro más importante.[37]

Lo demás lo dejo para que leáis el libro de Ignacio Reyes. Por cierto, las imágenes de la Virgen del Pino y del Santo Cristo de La Laguna en las mismas islas Canarias muestran también enigmáticas inscripciones. Ahí lo dejo.

Luego está la copia de la Virgen en Adeje, que, según los rumores, podría ser la original. Los marqueses de Adeje, supuestamente habrían hecho un cambiazo en el siglo XVII. ¿Por qué? ¿Qué ganaban? Nadie lo sabe, pero lo cierto es que las letras en la copia no coinciden. Porque si vas a copiar, ¿para qué hacerlo bien?

La historia se enreda más con los prodigios asociados a la Virgen de la Encarnación, que preside el altar en Santa Úrsula. Su mayor hazaña: enfrentarse a los piratas ingleses en 1746. En plena metralla, cien personas rezaron a la Virgen, y aunque los proyectiles ingleses jugaron al «casi te doy» con ellos, nadie salió herido…, excepto un conejo. Sí, un conejo.

Este es un extracto de los testimonios recogidos donde ni un proyectil inglés hirió a nadie, aunque los rozó:

> Y llevando las balas a unos los sombreros, a otros las hachas que aquella noche traían en las manos, a otros dándoles tan cerca que les cegaba el polvo que levantaban las balas, a otros les pasaba por las piernas y caían como amortecidos y después se levantaban sanos con las balas en las manos, a otros dieron pedazos de riscos que quebrantaban las balas y preguntados respondían alegres que nada les había sucedido; y viendo estos prodigios más y más clamaban todos a gritos llamando por Nuestra Señora de la Encarnación.

---

37 Ignacio Reyes García: *La Madre del Cielo: Estudio de filología ínsulo-amazighe*. Le Canarien Ediciones, 2007.
Más datos: José Gregorio González: *Canarias, territorio del misterio*. CSB Ediciones, 2011.

Las crónicas de la época son claras: las balas pasaban tan cerca que se llevaban sombreros, hachas y trozos de roca, pero los feligreses salían ilesos.

Una virgen con mensajes encriptados, posibles cambiazos históricos y un récord de milagros frente a piratas. Si esto no es material para una serie de Netflix, no sé qué lo será.

84.
UNAS VIDRIERAS A LA VIRGEN DISEÑADAS POR UN GINECÓLOGO

Ubicación: iglesia de la Purísima Concepción en Turre, Almería.

El templo es de estilo mudéjar del siglo XVI, pero reconstruido a finales del siglo XIX con un estilo neogótico-mudéjar, tres naves y con planta de cruz latina. En principio una de tantas de las más de 22000 parroquias que hay en España. Sin embargo, hay algo que convierte a esta iglesia en algo único y excepcional en el mundo entero.

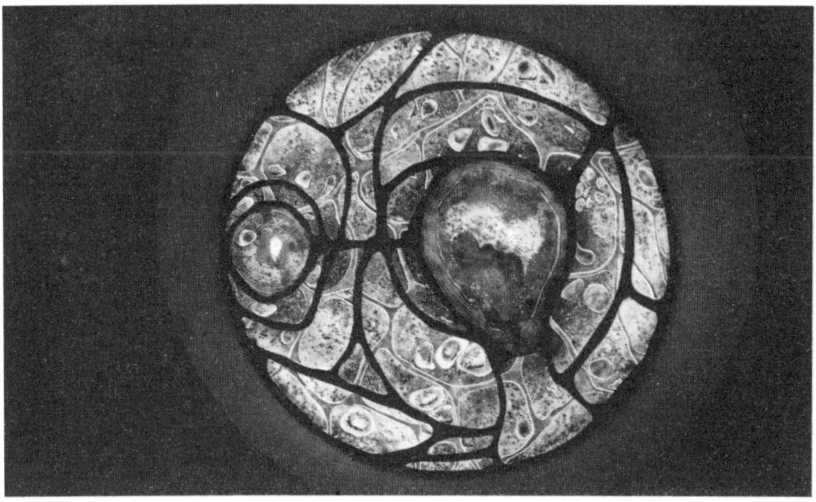

Desde luego, ninguna otra iglesia de España tiene vidrieras tan virginales y originales.

Sus rosetones cuentan una historia que, si no la ves, no te la crees. Están dedicados a la Virgen y a la vida. Pero con osadía, pues no a cualquier vida. Lo que describen sus imágenes es el embarazo de la

Virgen María como nunca antes se había hecho en un templo. Vemos un feto encaminado hacia el canal del parto, el útero materno, un ovario, células, embriones… ¡Por Dios bendito!

Contemplar las vidrieras de la iglesia de Turre es ver la gestación de Jesucristo con los ojos de un ginecólogo del siglo XXI. Su nombre es Blas Carrillo, y ha logrado que la iglesia de Turre sea un monumento sin parangón. Lo ha conseguido a través de tres rosetones que representan la fecundación, la gestación y el parto de Cristo. El proceso de colocación —siguiendo el sentido de las agujas del reloj— se inició en 2013 con el rosetón que campea en la fachada principal. Las tres piezas, de una extraña belleza, fueron diseñadas por el propio Carrillo, y representan el útero de la Virgen María con un Jesús en estado embrionario, el momento de la fecundación y los instantes previos al alumbramiento

Fue a finales de 2015 cuando el doctor Carrillo inauguró las primeras vidrieras, coincidiendo con el día de la Purísima Concepción (8 de diciembre). Nada es casual, y era consciente que de esta manera inmortalizaba esta iglesia al representar cómo sería Jesucristo dentro de su madre antes de nacer.

¿Cómo surgió la idea? Fue tras la muerte de su padre, estando Blas Carrillo en el funeral, cuando sintió la necesidad de convertir el templo de su pueblo en un homenaje a la vida. Y así lo hizo, con cinco vidrieras en forma de rosetón. Un deseo que podría quedar inconcluso por su inesperado fallecimiento, en septiembre de 2021, cuando solo tenía setenta y tres años.

Actualmente hay cinco vidrieras que representan diferentes fases de la gestación. A saber:

- La fecundación, ubicada a sol naciente (a la derecha del altar), por lo que cada mañana, el primer rayo de luz del día fecunda el óvulo y da paso a la vida.
- La gestación, que representa un embrión de once semanas.
- El parto, ubicado a sol poniente (a la izquierda del altar), es el más impactante, porque muestra un feto en el momento de iniciar el parto.

Sobre la nave principal del templo hay otras dos vidrieras, las más nuevas, instaladas en agosto de 2018. Una con un embrión en fase mórula (masa esférica con aspecto de mora que resulta de la primera segmentación del huevo fecundado al iniciarse el desarrollo embrionario) y otra con un embrión en fase blástula (una fase posterior que consiste en una única capa de células, los blastómeros, que cierran una cavidad). Están elaboradas con termofusión, con estructura de acero corten y segmentadas con una técnica milimétrica de agua a presión.

El proyecto total que se denomina «Deípara» y cuenta con el apoyo del obispado de Almería y la colaboración de ayuntamiento de Turre. Cuando esté terminado, incluirá un total de trece vidrieras. De esas que cuando el visitante las vea, no le quedará más remedio que exclamar: «¡Coño!».

85.
EL NIÑO ASADO Y RESUCITADO (UN MILAGRO A FUEGO LENTO)

Ubicación: en la calle de la Madre de Deu de Vallivana, número 51. Morella, Castellón.

Un mural cerámico cuenta una historia que es el equivalente medieval de una película de terror con final feliz. Y sí, involucra a san Vicente Ferrer, el campeón indiscutible de los milagros.

Durante su canonización, se le adjudicaron 872 milagros, el doble de los de san Isidro Labrador. Dicen que el poder de Vicente Ferrer era tal que con solo levantar el índice derecho lograba lo que se le antojara. Imagina si llega a levantar el puño…

Eso sí, no era precisamente la alegría de la huerta valenciana. Vicente se dedicó a anunciar la destrucción total de la humanidad, a perseguir judíos y moriscos, y miles de europeos lo escuchaban, aterrados ante su apocalíptica oratoria (a veces sus sermones duraban hasta seis horas). Con el paso del tiempo, su vida se convirtió en un sermón andante: subido a un burro, recorría medio continente con una agenda más apretada que la de un cantante de moda.

Resulta que, en 1414, mientras el santo andaba predicando por Morella, se alojó en una casa (iba de paso para reunirse con el papa Luna y el rey Fernando I para hablar del final del Cisma de Occidente) y ocurrió uno de sus supermilagros. Una madre, con la lucidez emocional de una piedra, decidió que lo mejor que podía ofrecer al santo era su propio hijo guisado. Sin pensárselo dos veces, lo mató, lo descuartizó y lo cocinó. Pero antes de que te atragantes de indignación, espera, que aquí entra san Vicente al rescate.

Al descubrir el macabro menú, el santo reunió todos los trozos del niño, los encajó como si montara un rompecabezas y, tras unas fervorosas oraciones, resucitó al pequeño. Eso sí, con un detalle: la madre, que no pudo resistir la tentación de probar su obra culinaria, se había zampado un pedacito del dedo del niño.

La leyenda quedó tan grabada en el pueblo que una placa sigue recordando el milagro a locales y turistas, quienes probablemente se preguntan cómo es posible que algo tan truculento forme parte de la historia del lugar.

En la obra del padre maestro fray Andrés Ferrer, se da una versión ligeramente diferente y algo más literaria:

> Una mujer lunática que a las lunas todas perdía el juicio, se le antojó, estando preñada, de comer carne humana. No tuvo más a mano para cumplir su antojo, otra que la de un hijuelo suyo que estaba traveseando por la casa. Matóle, y cortando dos pedazos de él, los puso a cocer en una olla. Vino el marido, vió la sangre, y entre ella lo demás que había quedado del cuerpo de su hijo muerto. Quedó helado y yerto como un carámbano por el dolor. Cobróse algo, quiso matar a su mujer, y como vió que estaba con el frenesí, no lo hizo; sacó los pedazos de la olla, medio cocidos; con los demás que estaban en el suelo y envueltos en un paño, los llevó al sepulcro de San Vicente. Los puso encima y se puso de rodillas pidiendo con mucho dolor y lágrimas que resucitase a su hijo, pues su madre había hecho aquella crueldad no sabiendo lo que hacía porque estaba sin juicio. Lloró, suspiró y rogó hasta que llegó a cerrar la noche, y siendo preciso cerrar las puertas de la Iglesia, le mandaron salir.
>
> Salió y fue a dar cuenta de su desgracia y tribulación a sus amigos, dejando los pedazos de su hijo muerto sobre el sepulcro del santo. Así que pisó el padre los umbrales de la Iglesia saliendo, resucitó al muchacho, y fuese derecho a su casa muy alegre y contento. Cuando entró su padre en ella con sus amigos (que le venían consolando), halló a su hijo vivo que estaba pidiendo que le diesen pan. Mas yerto quedó el padre cuando le vió vivo que cuando lo halló muerto.[38]

38 *Historia de la Vida Maravillosa, y admirable del Segundo Pablo, Apóstol de Valencia, San Vicente Ferrer* (1729).

San Vicente Ferrer hizo todo tipo de milagros espectaculares.

San Vicente Ferrer no se limitó a resucitar niños cocidos. Por donde pasaba, hacía cosas memorables. En la fuente de San Vicente, en Traiguera (Castellón), dijo en 1413 con contundencia: «nunca faltará agua en esta fuente», la bendijo, y hasta ahora nadie ha encontrado el grifo de cierre. Además, en Valencia, aún guardan reliquias del santo, como un trozo de costilla y un hueso de la pierna, porque en aquella época cualquier cosa relacionada con él era el equivalente religioso a tener un bono que cotizaba en la bolsa de valores del cielo.

El dominico valenciano no es el único santo que devuelve de la muerte niños cocinados: dicen que san Nicolás de Bari —el obispo famélico que inspiró la figura del orondo Santa Claus— resucitó no a uno, sino a tres niños estofados por un posadero.

Intolerante y firmemente convencido del bien y el mal, nuestro san Vicente Ferrer se dejó la vida proclamando el juicio final, hasta que en Vannes, Bretaña, se quedó sin fuerzas. Literalmente, predicó hasta quedarse seco.

Y hablando de milagros y comida (tema recurrente, al parecer), el lunes de san Vicente se celebra en la comarca dels Ports comiendo unas buenas *rosques*. Pero no te preocupes, que aquí los ingredientes son normales y no incluyen a nadie de la familia. Es una tradición mucho más tranquila y sin sobresaltos.

86.
LAMBERTO: EL SANTO QUE NUNCA PIERDE LA CABEZA

Ubicación: Utebo , Zaragoza.

¿Qué tienen en común Justo de Beauvés, Dionisio de París, Cutberto de Lindisfarne, Valeria de Limoges, Donino y Nicasio de Reims o Lamberto? Que todos ellos son santos cefalóforos.

Dentro del santoral más peculiar encontramos a este grupo de santos, un exclusivo club celestial donde los miembros, decapitados por sus enemigos, no dejan que algo tan trivial como perder la cabeza los detenga. La recogen, hablan y luego caminan hacia el lugar donde han elegido ser enterrados. En sus representaciones, llevan su testa entre las manos, como si fueran a devolverla en el departamento de objetos perdidos. Hay catalogados ciento veinte de estos valientes descabezados, como San Dionisio, cuyo retrato adorna la fachada de Notre Dame en París.

La mayor parte de los cefalóforos son franceses, y solo se tiene constancia de tres españoles: Lamberto de Zaragoza, Laureano de Sevilla y Vítores de Cerezo, todos entre el siglo IV y X. Son nuestros ejemplares locales. San Vítores de Cerezo, tras ser decapitado, recogió su cabeza, bendijo a sus verdugos (que quedaron tan alucinados que se convirtieron al cristianismo) y caminó tranquilamente hacia su pueblo, Cerezo de Río Tirón (Burgos). Predicó un rato más, hizo unos cuantos milagros y, finalmente, decidió que ya estaba bien de andar con la cabeza en la mano y murió en una cueva.

Otro miembro de este curioso club es el agricultor san Lamberto, el aragonés más testarudo del siglo IV, que se negó rotundamente a renunciar a su fe cristiana. Y tanto se negó que lo martirizaron y le cortaron la cabeza. Pero siendo maño, no se quedó ahí. Recogió su cabeza del suelo, probablemente murmurando algo como «¿esto es todo lo que tenéis?», la limpió de polvo y paja y caminó tras sus bueyes hasta la tumba de los mártires de Zaragoza, donde pidió ser enterrado. ¡Qué entrada más triunfal!

Se puede ver su figura, al estilo de *Sleepy Hollow* (ya sabéis, el relato de Washington Irving) integrada en la Capilla de Santa Bárbara, junto a san Isidro, en la magnífica Iglesia de San Pablo, en Zaragoza.

La cosa no acabó ahí. Cuando el papa Adriano VI visitó Zaragoza en 1522 ocurrió algo muy bizarro y extemporáneo: brotó sangre de la mandíbula de san Lamberto en su presencia. Esta fue recogida en un paño que se conserva en la Basílica de Santa Engracia, en pleno centro de la ciudad. En la cripta, adosados a los muros, se encuentran varios sarcófagos fabricados en yeso y, en el lado izquierdo, bajo un arcosolio, hay una urna con los relicarios de los cráneos de santa Engracia (con el clavo de hierro que le clavaron en la frente durante su martirio) y san Lamberto. En el centro de la cripta se conserva el brocal del pozo donde yacen los Innumerables Mártires, también llamados las Santas Masas.

Lamberto: el santo que nunca pierde la cabeza.

En la localidad de Utebo se representa a san Lamberto de una manera un tanto peculiar, con la testa ajustada entre las dos manos como si fuera un balón de fútbol a punto de ser chutado.

Por cierto, para los más golosos, son muchos los dulces que se vinculan a santos y celebraciones religiosas. Por ejemplo, los roscones de san Valero, las rosquillas de san Blas, las yemas de santa Teresa o la teta de santa Águeda. Cada 3 de noviembre se celebra santa Engracia, patrona de Zaragoza desde 1480, y desde el año 2020 se conmemora con un nuevo postre de chocolate. ¿Su nombre? Los clavos de santa Engracia. Eso es *marketing* a nivel divino.

El cantautor aragonés José Antonio Labordeta no fue ajeno a su peculiar biografía y le dedicó su canción *Parábola al modo Brechtiano: El milagro de Lamberto* (1976). Algunas de sus estrofas dicen así:

Salió Lamberto de casa
para ir a su ocupación
y a la mitad del recorrido
le detuvo un centurión:

—¿A dónde vas saldubiense
por esta tierra cercada?
—Voy a entrecavar tomates,
a sembrar trigo y cebada.

El centurión indignado
con este marxicristiano
le dio un tajo en la cabeza
y se la puso en la mano.

Lamberto por propio pie
se enterró con Santa Engracia
los dos habían caído
por querer la democracia.
El milagro de Lamberto
fue anti imperio romano;
anduvo unas cuantas leguas
con la cabeza en la mano.

87.
BALANDRÁN: EL SANTO QUE MEDÍA A LAS CASADERAS

Ubicación: Monasterio de Nuestra Señora del Pueyo,
en Barbastro, Huesca.

Es un santo medieval que, además de haber tenido un encuentro cercano con la Virgen, se convirtió en el filtro matrimonial más peculiar del Somontano. Hablamos de san Balandrán, un pastor que, tras ver luces fosforescentes sobre un almendro, recibió una visita celestial de la Virgen. Esta, como buena promotora divina, le pidió que organizara la construcción de un templo en su honor. Balandrán se fue al concejo, convenció a los señores, y nació el monasterio de El Pueyo, todo muy sencillo y milagroso.

Pero lo realmente interesante de san Balandrán no es tanto su historia sagrada como su utilidad en temas matrimoniales. Resulta que su tumba guarda una estatua yacente de él, tamaño gigantón majo, que en tiempos medievales servía como la vara de medir para las jóvenes casaderas.

La iglesia es de libre acceso y allí está la imagen de N.S. del Pueyo, al igual que un sencillo monumento funerario en recuerdo de los dieciocho monjes benedictinos que fueron inmolados en el año 1936, junto con algunas de sus reliquias. También hay una mesa en la que vendían mermeladas, miel y dulces y una máquina por si quieres pagar electrónicamente. Adelantos del siglo XXI.

Un hábil sistema para evitar matrimonios inconvenientes.

El sarcófago de san Balandrán no está aquí. Era la hora de la cena cuando visitamos la iglesia, el sol enrojecido se estaba poniendo en el horizonte y, como quería ver al santo, tuve que pedir el favor a uno de los hermanos benedictinos del Instituto del Verbo Encarnado (así se llama su congregación) para que me abrieran la pequeña sala anexa a la iglesia que ejerce de sacristía, donde se conserva el sepulcro gótico de san Balandrán. Allí estaba su estatua en posición yacente, vestido con ornamentos sacerdotales. A juzgar por las dimensiones de los mismos, el santo debía de tener una buena estatura. Una escueta inscripción reza: «San Balandrán, afortunado vidente de la Santísima Virgen del Pueyo (siglo XI o XII)».

Está su tumba, pero no sus restos, que fueron profanados en 1936, conllevando la destrucción de gran parte de sus huesos. Aunque me comentó el monje que en pocos meses (fui en agosto de 2024) iban a volver a abrirlo para ver qué se conservaba en su interior. La idea es restaurarlo y repintar el sarcófago, así como la estatua yacente, que ya tuvo sus reparaciones (en concreto sus manos en posición orante).

La tradición era clara: las chicas que soñaban con pasar por el altar tenían que estirarse frente a la estatua y demostrar que podían abarcarla con los brazos extendidos, desde la cabeza hasta los pies. Si la moza no daba la talla, literalmente, se le recomendaba esperar un poco más antes de pensar en campanas de boda.

¿Por qué semejante ritual? Pues, como suele pasar, tenía un truco.

Me explico. Es sabido que en la Edad Media muchos matrimonios eran concertados, quisiera o no la moza. Los padres la obligaban a casarse con el joven más conveniente para los intereses económicos familiares, fuera éste guapo, feo u horroroso. Lo importante es que tuviera bienes, títulos, tierras o dinero. Precisamente, una de las tramas más frecuentes de los cuentos de hadas europeos se basa en la lucha de su protagonista contra el matrimonio acordado por sus padres.

La mayoría de los matrimonios, los del ámbito aristocrático y también plebeyo, se pactaban, y muchas veces se consumaban a edades demasiado tempranas, cuando los contrayentes casi eran unos niños. Estos bodorrios no se veían con buenos ojos ni antes ni ahora. ¿Cómo evitarlo? Creando una argucia. Los de Barbastro se sacaron de la manga esta prueba «balandraniana». Si la novia no alcanzaba la medida, es que era demasiado joven y el matrimonio se posponía. Una genialidad preventiva para tiempos donde las bodas eran más transacción que romance.

Hoy en día, la tumba de san Balandrán sigue en el monasterio, aunque sus restos no están porque fueron destruidos en 1936. Eso sí, la estatua ha sido restaurada, y su fama como medidor de casaderas sigue viva, aunque ahora más como curiosidad histórica que como filtro matrimonial.

Ah, y por si se te ocurriera intentarlo, mide bien desde los hombros hasta los pies.

88.
EL CRÁNEO-EMBUDO DE SAN VÍTOR (EFICAZ ANTIJAQUECAS)

Ubicación: Ermita de San Vítor. Gauna, Álava.

Si alguna vez te han dolido tanto las sienes que sientes que necesitas algo más fuerte que un ibuprofeno, podrías considerar un viaje a la ermita de San Vítor. Este santo, patrón de los sembrados y defensor oficial contra los males nerviosos (especialmente los dolores de cabeza), tiene un enfoque peculiar para aliviar los males: su cráneo convertido en herramienta sagrada. Sí, un embudo y un poco de agua y bendiciones líquidas listas para usar.

Pasar un líquido por un cráneo santo para adquirir virtud.

Según cuenta la tradición, san Vítor fue un vecino estimado de Elorriaga allá por los siglos IX o X. Tanto lo quisieron que cada año los habitantes del concejo le pasaban la propina: catorce reales para mantener su culto. Al hombre no le faltaban tierras ni popularidad, pues hasta una parcela llevaba su nombre.

La leyenda cuenta que, mientras el santo labraba el campo tranquilamente, sus mulas se desbocaron y, con más energía que un toro en San Fermín, arrastraron al pobre conductor hasta una roca, donde una mula resbaló, pateó la piedra y —¡milagro!— brotó un manantial con propiedades milagrosas.

Un día se muere, lo entierran y se pierde el rastro de su tumba. En 1587, alguien se topó con un cuerpo incorrupto y, por ciencia infusa, concluyeron: «¡Este es san Vítor!». Su cráneo acabó convertido en una pieza clave del santuario, alojado en un relicario de plata barroco. El resto de sus huesos, menos glamurosos, quedaron guardados debajo del altar.

Lo especial de este cráneo es que no solo se exhibe, sino que también actúa como instrumento de riego espiritual. Se filtra agua a través de él mediante un embudo, y esa agua se vuelve mágica, lista para curar jaquecas y bendecir los cultivos. Como detalle curioso, se dice que el orificio por donde pasa el agua es resultado de los grandes dolores de cabeza que sufrió el atribulado san Vítor.

Cada 12 de junio, el relicario preside la misa y los romeros aprovechan para llenar sus botellas con agua bendecida. Se filtra agua a través del relicario donde descansa el cráneo del santo —que además es el patrón del Deportivo Alavés, porque hasta los santos tienen equipo de fútbol favorito— y hacerla salir por la boca del cráneo. Es un kit multipropósito, porque sirve para aliviar migrañas, equilibrar nervios, asperjar campos e incluso prevenir resacas (aunque este último uso no está oficialmente documentado). Eso sí, no basta con el agua: hay que acompañarla con un padrenuestro, un avemaría y un gloria para activar el «modo milagroso».

Por si el agua no fuera suficiente, los peregrinos aprovechan para tocar el cráneo con todo tipo de objetos: boinas, pañuelos, rosarios y quién sabe qué más. Todo para recargar esos accesorios con un poco de poder sanador. Además, el aceite de la lámpara del santuario también tiene su protagonismo: lo recolectan con cuidado para untarse la cabeza y mantener los males a raya.

En resumen, la ermita de san Vítor es un lugar donde tradición y creatividad se dan la mano (o el cráneo).

Los rituales con calaveras humanas se han producido desde el Paleolítico siempre con una mentalidad mágica o funeraria. La cabeza era la parte esencial del cuerpo, lugar central de la fuerza física, psíquica y espiritual. Ya Diodoro y Polibio hablaban de los celtas que coleccionaban las cabezas de sus enemigos como si fueran trofeos de caza, colocándolas en los cuellos de sus caballos. Por ello, no nos debe extrañar que el culto a los cráneos fuese una de las primeras manifestaciones religiosas. Con el tiempo, el cristianismo asumió una variante que se mantiene con las calaveras de varios santos, a saber: la de san Vítor, la de san Gregorio Ostiense (en Sorlada) y la de san Guillén (en Obanos), hoy encerradas en magníficos relicarios cefalomorfos de plata, los cuales se emplean una vez al año en sus respectivas localidades para bendecir líquidos (agua o vino).

En Obanos tienen una peculiaridad, porque además del agua, que se utiliza para los niños y los ganados, el cráneo del santo sirve para bendecir unos cuantos litros de vino clarete que se almacena en garrafones, luego se vierte mediante un embudo de plata por un agujero de la coronilla y mana por el cuello a borbotones. Los asistentes toman su vaso y se dan unos buenos tragos brindando por san Guillén o lo reservan en sus casas para, llegado el caso, aliviar dolores de todo tipo, incluidos los de garganta o el reuma.

89.
ENTRE MUELAS GIGANTES Y SANTOS IMPRESIONANTES

Ubicación: catedral de Astorga.

Abro el libro de *La leyenda Dorada* o *Flos sanctorum*, escrito por Jacobo de la Vorágine en el siglo XIII. Me voy al apartado de san Cristóbal y leo:

> Cristóbal, de origen cananeo, en su edad adulta llegó a medir doce codos de estatura; por su corpulencia y su aspecto de gigante infundía terror a quienes le veían.

Una supuesta muela de Santa Apolonia en la catedral de Oporto y con tenazas.

Y no me extraña que diera susto, porque doce codos equivalen a unos cinco metros y medio de altura.

De san Cristóbal sabemos muy poco, salvo que no existió. La leyenda cruzando un río con el Niño Jesús sobre sus hombros se debe a que fue tomado literalmente el sentido espiritual de su nombre: el que lleva a Cristo en su corazón. Se sabe que hubo un mártir alrededor del siglo III, en tiempos de la persecución de Decio, y poco más. Además, por si fuera poco, su fiesta se movió al 10 de julio porque el 25, día de su supuesto martirio, era la fiesta del apóstol Santiago.

Que no existiera san Cristóbal no es óbice para que no haya culto y reliquias suyas repartidas por varios lugares. Tampoco para que su figura esté presente en grandes pinturas murales dentro de las catedrales, siempre representado como un gigantón, ya que se extendió la creencia de que su simple visión garantizaba protección y era un seguro de vida durante 24 horas. Algunos fieles tenían por costumbre entrar cada día para visionar su imagen y... Listo, otro día más de vida.

En la descripción del Corpus de 1532 de Sevilla aparecen seis reliquias, llevadas en andas con relicarios, relativas a huesos y dientes de dudosa procedencia y veracidad, incluida «una muela de San Christoval».

Es una reliquia absurda por lo inverosímil por su tamaño; pese a ello, fue objeto de culto hasta bien entrado el siglo XVIII. Antonio de Torquemada, en su *Jardín de Flores curiosas* (publicado en 1570), nos ofrece una descripción de la reliquia y del porqué de sus admirables dimensiones, sin mostrar en ningún momento el menor asomo de duda:

> Y viniendo a otros tiempos que han sido cerca de los nuestros, a todos nos es notorio lo que está escrito y confirmado por autoridad de la Iglesia de la vida de S. Christóval, por la cual se entiende haber sido tan grande como los más de los que aquí habemos nombrado, y conforme a un colmillo suyo, que me dicen que está en la iglesia de Coria, y la parte de una quijada, que está en la iglesia de Astorga y tiénenla por muy preciosa reliquia, la cual yo he visto muchas veces, no podía dejar de ser tan grande como una muy alta torre. Porque la muela entera es tan grande como un puño de un hombre cerrado, y, proporcionado todo el cuerpo conforme a ella o conforme a la parte de la quijada, viene a ser tan grande que pone admiración a los que lo están considerando.

Hay que destacar que, dado el tamaño de la misma, el santo «no podía dejar de ser tan grande como una alta torre». Es para hacérselo mirar.

Ambrosio de Morales también la vio. Hizo una descripción de las reliquias de la catedral de Astorga en el año 1572. Hablaba de una arqueta de plata que contenía dos huesos grandes de santa Bárbara y una muela de san Cristóbal con parte de la quijada de considerable tamaño. Estaba claro para él y para cualquiera que tuviera dos dedos de frente que el fragmento de la quijada no era más que el resto fosilizado de un animal mamífero prehistórico de cuyo nombre no tenían constancia en aquella época; pero, ante la duda, se lo adjudicaron a san Cristóbal. ¿Querían prodigios? Pues ahí tenían uno.

La reliquia volvió a ser registrada y descrita por el escribano astorgano Santos García el 2 de mayo de 1589: «En él está una parte de la quixada del señor San Cristóbal con una muela e media y están aparte della dos pedazos grandes e otros dos pequeños, que pesó todo ello con un tafetán morado siete libras e media e una onza». O sea, casi cuatro kilos.

Si te topas un día con un diente o muela de san Cristóbal (o también de santa Apolonia, la patrona de los odontólogos), mírala con mucha atención. No por ver si tiene indicios de caries, sino por si le hueles tufillo a falsa. Obsérvala y ponla luego en cuarentena. Que digo cuarentena: en la sección de prehistoria, pues lo más seguro que pertenezca a un elefante o un mamut.

Por cierto, tras el Concilio Vaticano II se hizo un nuevo calendario litúrgico del *Novus Ordo*, y Pablo VI decidió, en el año 1969, retirar del santoral nada menos que a treinta y tres de ellos por su poca consistencia histórica, entre los cuales se encontraban san Cristóbal, santa Apolonia y santa Bárbara. Tampoco santa Úrsula (bajo cuyo patronazgo puso santa Ángela de Mérici la Orden de las Ursulinas que fundó en 1535) y santa Filomena (a quien san Juan Vianney profesó tal devoción que le dedicó un santuario). En otras palabras, quedaron sin peana y descatalogados porque no tenían por donde pillarlos cronológicamente. No pasa nada, en la actualidad hay aproximadamente 7000 santos y beatos de la Iglesia Católica a los que dirigir nuestras plegarias.

Por cierto, santa Apolonia vivió en el siglo III d. C. en Alejandría y, al igual que san Cristóbal, poseía una generosa anatomía. En su iconografía se la muestra con un par de tenazas en la mano, debido a que a Apolonia le arrancaron los treinta y dos dientes, uno por uno (ocho incisivos, cuatro caninos, ocho premolares y doce molares) durante su largo martirio. Las versiones no coinciden en la forma en que fue desdentada, pues hay quienes dicen que se debió a los puñetazos propinados por los verdugos, otros que con una piedra y aun quienes aseguraron que se emplearon unas tenazas. Varios templos se jactaron de poseer una muela de la santa, algunas de ellas asnales. En la iglesia de Santa Apolonia, en Roma, uno de esos incisivos gigantescos se conserva entre las tenazas con las que se lo habrían arrancado. Otro lo tiene la catedral de Croacia y otro más la catedral de Oporto, también aquí con sus respectivas tenazas.

Pocos me parecen.

A la santa se le atribuyen más de quinientas piezas dentales repartidas, a modo de reliquias, entre ermitas, iglesias y catedrales de todo el mundo. Hubo piezas dentarias en una iglesia barcelonesa que le estaba dedicada, pero desapareció durante la Guerra Civil, y con ella se perdieron también los santos relicarios dentales. Muchas muelas para una sola mujer por muy santa, fuerte y alta que fuera. Los más descreídos e informados han apuntado a que son molares de brontosaurio. ¿No habrá alguna auténtica?, pensarán los más creyentes. Mejor no preguntar.

Como curiosidad graciosa, hubo en la calle Santa Polonia. en el barrio de las Letras madrileño, un retablillo en la puerta de la casa del doctor López Madera, médico de Felipe II. Allí se encontraba una imagen de esta santa, abogada contra el dolor de muelas, para que sus aprensivos pacientes se encomendaran a ella antes de pasar a la consulta y sufrir la sangría que les esperaba. Resignación no les faltaba.[39]

39 La fotografía de la muela de san Cristóbal está sacada de «Notas de Archivo. Revista de investigación del Archivo Diocesano de Astorga». Número 1 (021). Aparece el artículo de Manuel Arias Martínez: «La reliquia de san Cristóbal de la catedral de Astorga: otra noticia documental del siglo XVI sobre su singularidad y su fama».

90.
EL CRISTO MÁS FEO DEL MUNDO (PERO CON ESTILO PROPIO)

Ubicación: Museo Diocesano de la Catedral de Valladolid.

Este no es un cristo digno de portada de revista: es bastante feo, rústico y parece que lo talló alguien con prisa y sin gafas. Eso sí, lo compensa con su historial de milagros.

La figura, de apenas 20 centímetros y hecha de una retorcida cepa de vid, está tan bien custodiada en su urna de cristal que parecería que temen que alguien le robe su peculiaridad. O su capacidad para obrar prodigios climatológicos. Pero ¿cuál es su origen? Según la leyenda, en el siglo xv, un judío toledano encontró esta curiosa figura mientras trabajaba en su viña. Se debatió entre destruirla con la azada o convertirse al cristianismo. (Espóiler: ganó el cristianismo). Fue bautizado ni más ni menos que por el arzobispo de Toledo, Sancho de Rojas, quien aprovechó la ocasión para llevarse la cepa «milagrosa» como recuerdo.

Un Cristo milagroso cuyo origen es una cepa.

El cronista Casimiro González, allá por 1900, narró el evento con dramatismo digno de telenovela:

> Allá por el tiempo en que los judíos invadieron a España, vivía en la ciudad imperial de Toledo uno tan aferrado a su ley y por ende enemigo acérrimo del cristianismo, que haciendo alarde de sus creencias y mofa constante de los cristianos, no encontraba otra satisfacción ni gusto mayores, que burlarse de las doctrinas enseñadas por éstos y muy principalmente de la de que Jesucristo es el verdadero Mesías prometido, que es Dios y Hombre y que por su muerte afrentosa, clavado en la cruz, el patíbulo de los malhechores, ha obrado la redención del género humano.
>
> Absorto se hallaba cierto día en tales ideas mientras podaba una de las hermosas viñas de sus extensas posesiones, cuando de improviso le llamó la atención un objeto extraño que apareció sobre una cepa: se acercó lleno de curiosidad y vio sorprendido que era un Crucifijo. Obrando entonces la gracia de Dios en su alma, cayó de rodillas anonadado, tomó en sus manos la efigie bendita, besola con humildad profunda, inundola de lágrimas y reconociendo sus errores, abrió los ojos a la luz esplendorosa de la Fe, el corazón al amor divino y la inteligencia al conocimiento de la verdad. Convirtiose y pronto recibió el bautismo, administrándole este Santo Sacramento el Reverendísimo señor Cardenal Arzobispo de Toledo, Don Sancho de Rojas.[40]

Conocer el nombre del arzobispo nos permite situar la datación de la leyenda entre los años 1415 (año de su nombramiento) y 1422 (su fallecimiento). El cristo en cuestión tiene una anatomía, digamos, peculiar: brazos levantados, piernas cruzadas y una cabeza desproporcionada con *look* de melenudo medieval gracias a las raíces de la cepa. Entre repulsión, respeto y algo de fascinación, esta figura rústica conquistó a fieles que comenzaron a invocarla para resolver problemas climatológicos. ¿Sequía? ¡Procesión con el cristo! ¿Inundación? ¡Otra procesión!

Hay documentos que avalan sus éxitos, como el relato del historiador Manuel Canesi, que en 1714 cuenta cómo, tras dos meses de sequía, apelaron a esta imagen:

40 Casimiro González García-Valladolid: *Valladolid, sus recuerdos y sus grandezas* (1900).

> y le colocaron en la capilla mayor para una rogativa y en un día de ella que estaba muy claro y sereno y sin ninguna señal de que pudiese sobrevenir lo que de allí a un rato repentinamente fue anuncio de una deseada felicidad, porque disponiendo por la tarde la procesión para que saliese por la calle, apenas le pusieron a la puerta de la iglesia, cuando se armó un batallón de nubes y, tan denegridas y cargadas de agua limpia, que empezó a descargar con tanta fuerza que dio motivo a una porfía devota y piadosa, entre el noble concurso de los ciudadanos y los monjes, sobre si había de salir o no, y resolvieron conformes que prosiguiese la procesión por la calle y ámbito del monasterio, y aunque todos nos mojamos mucho, volvimos todos muy consolados al sagrado templo, dando repetidas gracias por el singular beneficio al admirable simulacro del Cristo de la Cepa, pues todos los campos reverdecieron y recuperaron y fue la cosecha en todo copiosísima...[41]

En el siglo XVIII, esta figura milagrosa residía en el monasterio de San Benito el Real, donde la sacaban ante toda emergencia meteorológica: en 1739, para frenar una inundación, y en 1753, para terminar con una sequía. ¿Funcionó? Según los registros, ¡claro que sí! Aunque no sabemos si los meteorólogos estarían de acuerdo.

Ahora el Cristo de la Cepa reposa tranquilo en una vitrina del museo diocesano, con un cartel que dice «imagen milagrosa».

¿Le sacarán a la calle durante la próxima pertinaz sequía o cuando se desencadene una terrible borrasca pucelana? Yo lo tendría en cuenta y llevaré un paraguas, por si acaso.

91. ¿QUÉ TENDRÁ LA TUMBA DEL «SOLDADO DE LOS MILAGROS»?

Ubicación: Cementerio municipal de la Purísima Concepción. Melilla.

Además del listado de santos oficiales reconocidos por las iglesias cristianas, existen otros que no tiene peana ni aureola, ni falta que les hace, porque han sido dignos de recibir veneración por las clases

41 Manuel Canesi: *Historia de Valladolid* (1750).

más populares. Reciben muchos nombres y suelen tener sus pequeñas capillas donde se les ofrece culto y flores con sus respetivos exvotos en muestra de las curaciones y los agradecimientos espontáneos de los que se han sentido beneficiados. Esas capillas a veces no están en una ermita, sino en la propia tumba del santo. Esto es lo que pasa con Amelia Goyri, La Milagrosa, en la necrópolis de Colón (en La Habana), con el Santet de El Poblenou (Barcelona), con el Santo Custodio (en Noalejo, Jaén) o con el soldado de los milagros (en Melilla).

Un soldado al que «suicidaron» y desde entonces empezó a obrar prodigios.

¿Quién era Benito López Franco?

Nació en Cetina (Zaragoza) en 1928 y falleció a los veintidós años, un 17 de enero de 1950, en muy extrañas circunstancias, dentro del acuartelamiento de Santiago. Entre esas dos fechas, tuvo una vida breve, parte de ella como militar, salpicada de una historia de amor que no acaba bien y cuya fama le sobreviene a nuestro soldado post mortem.

Lo que llama la atención es que su tumba se haya convertido en un lugar de peregrinaje para muchos melillenses, puesto que su vida no está marcada por ningún rasgo de santidad ni tampoco por acontecimientos milagrosos o portentosos. La mayor afluencia tiene una fecha específica: el Día de Todos los Santos. Ese día, los devotos acuden con el anhelo de pedirle algo a veces inconfesable, ya que le atribuyen la cualidad de conceder pequeños y grandes deseos.

Entonces, ¿qué fue lo que hizo Benito para tener tal fama milagrera?

Aquí viene una trágica historia digna de un culebrón venezolano o turco que, hoy en día, sigue coleando, y cuyos flecos no han sido desvelados en su totalidad. Le tocó como destino hacer la mili en Melilla en el Grupo de Regulares número 5, y conoció en la ciudad a una atractiva joven. La unión estaba bendecida por Cupido, pero no por personas más terrenales. A Benito un buen día lo encontraron muerto. Muerte repentina, certificó el médico militar. Así, de sopetón y no por causas naturales. La versión oficial del Ejército fue que el soldado se quedó solo en el botiquín del cuartel a la hora de la comida y posteriormente un superior lo encontraron ahorcado con la cadena del váter. Todo muy raro. Todo muy sospechoso.

Para colmo, al día siguiente, sin autopsia, sin informe forense y con sus restos metidos en una bolsa, fue enterrado. Asimismo, el caso se archivó con cierta rapidez. Oficialmente, se suicidó. Por eso no pudo ser sepultado en tierra santa, sino en el entonces cementerio civil, destino de quienes no merecían un enterramiento cristiano, que estaba separado por una tapia del camposanto de la Purísima Concepción.

La familia, como era de esperar, nunca creyó esta versión. Primero el mosqueo, luego la conspiración y, por último, la certeza, que saltó al cambiarle de sepultura en el año 1977. Estuvo en una fosa común y, al sacar sus huesos, se confirmó lo que muchos sospechaban: que se trataba de un crimen. ¿Pruebas contundentes? Descubren que el cuerpo tenía el cráneo y un brazo partido.

Comenzó a circular la teoría de que se había enamorado de la persona equivocada, una chica que no pertenecía a su clase social. El padre de esta era un mando importante del Ejército y no quería que esta unión fructificase. Le advirtió al soldado que, si no dejaba de cortejarla, le pasaría algo malo. Y así fue.

Un crimen no resuelto. El asesino se fue de rositas, en un pacto de silencio, para que se olvidarán de él cuanto antes. No lo consiguieron, el dios Cupido o cualquier ángel benefactor hizo de las suyas para que la tumba del soldado adquiera cierta virtud y empezara a obrar milagros.

Es la más vistosa de todo el cementerio. La familia quiso en su día trasladar la tumba de Benito a su localidad natal para que estuviese con los suyos, pero los melillenses les pidieron que lo dejasen donde estaba. Algunos son de donde nacen, otros de donde pacen y otros de donde palman. Por lo que sea, esta tumba se convirtió en centro de atención y peregrinaje de muchas personas, y no hay viernes que no haya flores frescas, porque murió ese día.

En la tumba de mármol se encuentra un busto y una cruz adornada con una gorra de la Legión, aunque fuera un soldado de las Regulares, junto a figuras de vírgenes, ángeles, cruces, rosarios y exvotos dejados en agradecimiento por alguno de los muchos milagros que se le atribuyen.

En la lápida, colocada debajo del busto del soldado maño enamorado aparece una emotiva frase: «Siempre estarás en nuestros corazones». Amén.

92.
¿LA CASA DE DIOS O EL REINO DE LUCIFER?

Ubicación: A dos kilómetros de Épila, Zaragoza.

Julio Basanta, el artista autodidacta más sobrenatural de Épila, dejó como legado una casa que parece sacada de una fiesta entre Dante, Picasso y el carnaval de Halloween.

La casa de Dios es una obra de arte bruto (qué nombre más feo) que esconde tras de sí no solo las obsesiones de su creador, sino también dos hechos luctuosos: la muerte de su hermano y de su hijo a manos de la policía. ¿Cómo procesó todo eso Julio? Pues construyendo su propia versión del paraíso perdido. Ambas muertes fueron el motor de una obra personal e inquietante a la que dedicó toda su vida.

Decoró la casa con figuras que van desde espeluznantes hasta «¿en serio eso es un demonio o un alienígena?». Durante cuatro décadas, llenó la propiedad de espectros, zombis y monstruos de colores que harían que Tim Burton se sintiera minimalista. Todo ello con materiales reciclados, porque el presupuesto no daba para mármol.

Los demonios y los ángeles conviven con personajes históricos como Juana de Arco y Adolf Hitler (porque, ¿quién no querría a Hitler en una casa apocalíptica?) en un conjunto de esculturas que pueblan los muros y tejados del edificio.

Julio Basanta decidió hace años abandonar la ciudad de Zaragoza y comprar unos terrenitos en un cerro a las afueras de Épila, a unos 40 kilómetros de donde residía. Allí comenzó a construirse una nueva vivienda abatido por las penurias que le acechaban. Empezó a modelar figuras y estructuras sin tener conocimiento alguno de arte ni de ingeniería ni arquitectura. La ilusión y la fe mueven montañas.

En esta vivienda de Épila, que él denominaba os Castillicos, hay un poco de todo eso. Basanta instaló durante cuatro décadas inquietantes esculturas de vivos colores: muchas calaveras, espectros sin rostro definido y cruces. Por si no fuera suficiente, la casa también tiene su propia campaña de concienciación espiritual. En varios rincones aparece el mensaje: «No matarás». Aunque, viendo la cantidad de calaveras, da la sensación de que el consejo llegó un poco tarde.

El sueño visionario de Julio Basanta.

El imaginario popular de Basanta rebosa de criaturas esperpénticas basadas en esos relatos de la historia o de la mitología cristiana: Moisés, Nerón, Judas Iscariote, Adolf Hitler con esvástica, etc. Todos ellos aparecen combinados, formando una especie de ejército apotropaico de figuras terribles y de aspecto primitivo.

Los materiales que empleaba eran reciclados: hierros, cemento, plástico y lo que encontraba por los alrededores o le regalaban los que pasaban por allí. Así estuvo durante cuarenta años, con una pensión mediocre, alternando el mantenimiento de lo ya realizado con la creación de nuevas «visiones», como si quisiera exorcizar de esta manera sus demonios internos.

Murió el 8 de julio de 2018 a los ochenta y cinco años. Su mujer, también octogenaria, se ocupó del proyecto mientras pudo, junto con un sobrino, hasta que los achaque la obligaron a mudarse a la capital. Y entonces la casa, con todo el ajuar, salió a la venta en 2020 en el portal inmobiliario Idealista por solo 50000 euros, con ocho estancias, dos cuartos de baño, un salón comedor con chimenea, jardín y barbacoa, en un terreno cerrado e independiente de 660 m^2. Eso sí, las fotos del anuncio parecían más interesadas en los azulejos del baño que en las decenas de criaturas que parecen listas para perseguirte en tus pesadillas.

En definitiva, es el sueño de una mente visionaria y original que quiso dejar huella en una construcción un tanto extravagante, al igual que ocurrió en su día con la catedral de Justo Gallego (en Mejorada del Campo, Madrid), el castillo de Colomares de Esteban Martín (en Benalmádena, Málaga), el Monumento a los Ojos, de Federico Díaz Falcón (en Ambite, Madrid), la Casa de Piedra, de Lino Bueno (en Alcolea del Pinar, Guadalajara), el territorio Artlanza, de Félix Yáñez (en Quintanilla del Agua, Burgos) o la casa de las botellas, de Félix Sampériz (en Monesma de San Juan, Huesca).

VIII.
Amuletos que sirven para un rato, un roto (y un descosido)

«¡*Expecto Patronum*!»

Estas dos palabras corresponden a un hechizo poderoso que utiliza Harry Potter para convocar un *patronus*, es decir, una criatura mágica que actúa como protector contra los perversos dementores. El hechizo aparece en los libros de *Harry Potter y el prisionero de Azkaban, Harry Potter y las reliquias de la muerte y Harry Potter y la Orden del Fénix,* todos de J. K. Rowling.

93.
EL SOMBRERO MILAGROSO DE SAN PANTALEÓN

Ubicación: ermita de San Pantaleón. Zalla, Vizcaya.

Aquí, la receta para aliviar las migrañas y lo que surja es tan sencilla como extravagante: un vetusto sombrero, un santo, una oración y un poco de fe. San Pantaleón, que acabó decapitado, ejercía su profesión como médico en el siglo IV sin retribución alguna. Su nombre significa: «aquel que se compadece de todos».

La fecha más propicia para este ritual es el 27 de julio. A la par que se licua su sangre en el monasterio madrileño de la Encarnación, los fieles vascos se arrodillan ante la imagen del santo médico (una estatua robusta y algo recatada del siglo XVII), se ponen en la cabeza su sombrero —un accesorio añadido con más creatividad que tradición— y rezan con devoción un padrenuestro, una salve y tres avemarías para preservarse de los dolores de cabeza y de las enfermedades de «consunción», que es como nuestros antepasados llamaban al deterioro físico, enflaquecimiento y cansancio continuados. «Ponte el gorro, y adiós a las cefaleas», podría ser el eslogan, pero antes hay que pronunciar la siguiente invocación a modo de mantra: «Danos por tu amor la salud que te pedimos, danos también un corazón grande y generoso, que te sepa ver a vos en el rostro de los otros».

Eso era antes, porque ahora la fe ya no es la misma. El ritual a veces se hace a medias, y arreando para casa.

Aunque se desconoce cómo llegó el sombrero a coronar al santo (¿tal vez un regalo de un fiel con sentido humor?), lo que está claro es que ahora es el protagonista de este peculiar ritual. Eso sí, el gorro ya luce algo desgastado, porque no todos los días un accesorio tiene que cumplir funciones tan terapéuticas.

Zalla, conocida como la tierra de los brujos, siempre ha tenido un toque mágico. Por ejemplo, si el sombrero no te convence, puedes probar con san Pedro de Zarikete, otro santo local especializado en combatir el mal de ojo y los espíritus malignos. El rito de desembrujamiento consistía en acudir a la ermita el día del santo (1 de agosto) por un camino y regresar por otro, despistando así a cualquier mal espíritu con ganas de acompañarte.

Un santo cuyo típico sombrero vale para casi todo.

La primitiva ermita se encontraba en el barrio Aretxaga, donde nace la leyenda de Lucía conocida como La Bruja. Porque allí fue acusada de brujería y quemada Lucía de Aretxaga, que vivía de limosnas y de hacer curaciones. Sus capacidades sanadoras no pasaron desapercibidas a los peregrinos del Camino de Santiago; tampoco al Santo Oficio, que convirtió tal habilidad en sospecha suficiente y condena segura. Cuentan que fue acusada de relacionarse con el diablo y hacer negocios infernales por un cliente insatisfecho. Moriría entre llamas.

Entre sombreros milagrosos, santos protectores, brujas y caminos contra el mal de ojo, Zalla es el lugar perfecto para quienes buscan ponerse el mundo por montera y combinar tradiciones pintorescas con un toque de fe (y de humor).

94.
LOS SEÑORES DE LOS NUEVE ANILLOS (MONJES, MITRAS Y MAGIA)

Ubicación: Monasterio de San Estevo de Ribas de Sil. Nogueira de Ramuín, Ourense.

Ahí va un pareado con sabor medieval: «Monasterios llenos de misterios, con historias que son imperios». En el corazón de la Ribeira Sacra (este sombre ya es sugerente), tierra de iglesias románicas y espiritualidad gallega, se alza el monasterio de San Estevo, en el municipio de Ribas de Sil, un lugar digno para ser escenario de una saga fantástica. De hecho, ya lo fue, aunque no haya un Tolkien firmando el guion.

Este monasterio fue hogar y última morada de nueve obispos en fuga, huyendo de las incursiones musulmanas allá por el siglo x. Estos mitrados no solo dejaron tras de sí un aire solemne, sino también nueve anillos milagrosos que, según cuenta la leyenda, curaban enfermedades, devolvían la vista y espantaban demonios con más efectividad que un exorcista de película.

Sus nombres —que suenan más a *casting* para una serie medieval que a jerarcas religiosos— eran Isaura, Vimarasio, Gonzalo Osorio, Froalengo, Servando, Viliulfo, Pelayo, Alonso y Pedro. Cuando fallecieron, sus anillos se guardaron en un cofre de plata que se convirtió en el santo grial para todo tipo de males, partos incluidos. Eso sí, la canonización de estos prelados quedó en suspenso porque, según el Vaticano, la evidencia histórica era un poco, digamos, difusa.

Los señores de los nueve anillos (monjes, mitras y magia).

¿Y los anillos? En una novela de María Oruña, la búsqueda de esos anillos la emprende el profesor de antropología Jon Bécquer, personaje literario inspirado en Arthur Brand, un cazatesoros holandés con fino olfato para encontrar piezas como cuadros de Picasso, Dalí o *el evangelio de Judas* que se dan por perdidas hace décadas. Y, lo que son las causalidades, justo unos meses después de publicarse dicha novela de Oruña, durante unos trabajos de restauración de los relicarios laterales de la iglesia donde precisamente se hallan los restos mortales de los obispos, se descubrieron cuatro de los anillos perdidos y casi olvidados. Fue a finales del 2020 (el año de la pandemia), y la noticia pasó desapercibida salvo para aquellos que saben de la trascendencia que tiene la España mágica.

Aparecieron en una bolsa de seda con bordados de oro. Una etiqueta rezaba (literalmente):

> Estos quatro anillos son de los que quedaron de los nueve Santos Obispos. Son los que han quedado. (sic) Los demás desaparecieron. Por ellos se pasa agua para los enfermos y sanan mu[chos].

Así, sin rodeos.

Los anillos resultaron ser de plata con un toque de oro, y tres aún lucían piedras preciosas, aunque algo desgastadas.

El monasterio de San Estevo no solo guarda anillos, sino también el llamado Claustro de los Obispos, siete retratos de los susodichos y leyendas adicionales. Como la de doña Goto, quien, tras soñar con su difunto esposo encadenado entre demonios, decidió rezar, ayunar y viajar al monasterio. El resultado fue que su marido apareció liberado, y un trozo de manto que llevaba en el sueño encajó perfectamente en la tela que cubría la imagen del santo. Casualidad o milagro, tú decides.

Entre reliquias perdidas, anillos mágicos y sueños milagrosos, el monasterio de San Estevo es un paraíso para los amantes de las leyendas. Si visitas este rincón de la Ribeira Sacra, recuerda: puede que los anillos no te conviertan en un Frodo, pero, quién sabe, tal vez te curen un dolor de cabeza o te den tema de conversación para meses.

95.
GLOSOPETRA: CONTRA EL VENENO DE VÍBORA

Ubicación: hogar de la familia Domingo Cardo. Portalrubio, Teruel.

Hace unas décadas, en la comarca del Jiloca, si te picaba una víbora tenías una opción bastante pintoresca: acudir a Portalrubio, donde un fósil con aires de reliquia milagrosa prometía salvarte la vida y el verano.

El tesoro de esta historia no es una piedra cualquiera, sino un diente de tiburón fosilizado, más conocido en los círculos del misticismo como glosopetra. Y, aunque a primera vista parece sacado de un museo de historia natural, este fósil fue traído desde Cuba a finales del siglo XIX, cuando España todavía tenía colonias y las reliquias se paseaban en barco. Por si fuera poco, alguien lo montó en un colgante de plata, dándole un toque de joyería que lo hacía aún más especial.

Las «lenguas de piedra de serpientes» han sido utilizadas como amuletos.

Encontré la casa, hablé con la familia, me enseñaron el amuleto óseo y me preguntaron cómo me había enterado de su existencia. Les dije que por el libro de *Litica* y la Revista Xiloca, del año 1988, de la cual extraigo este artículo titulado «La Folkmedicina en Torres los Negros», escrito por Juan José Sebastián Domingo y que nos habla no solo de sus virtudes extraordinarias, sino también del modo de aplicarla al paciente:

> Es una piedra de nácar con morfología triangular que recuerda a una cabeza de víbora y que está embutida en un estuche de plata del que sale una cadena para poder cogerla. Nos contaba su dueña, María Cardo Azuara, que la piedra en cuestión, ahora en Portalrubio (pueblo situado a 7 km. de Torre los Negros), procede de Cuba y, al parecer, solo hay otro ejemplar como éste en todo el mundo. Es una piedra que hace ya muchos años se venía usando por sus características curativas en caso de picaduras de víboras; según nos contaba la dueña actual, hubo ya tres generaciones pasadas que usaron de ella, los tres hombres de sendas familias, dos de los cuales vivieron 90 años y otro de ellos 70. Como ya hemos dicho el poder de tan valiosa piedra consiste en poder curar a una persona que ha sido mordida por una víbora sin necesidad de tener que sajar ni recurrir a ningún otro remedio médico actual, como pueda ser la administración del

suero antiofiúrico (que, por otra parte, no se disponía de él antes). Con esta piedra, parece ser, que han sido curadas más de cien personas de la siguiente forma: cuando una persona era mordida por una víbora, especialmente cuando se estaba segando y recogiendo la mies, ya que las víboras se escondían debajo de las gavillas, inmediatamente, si tenía fe en ello, acudía a Portalrubio para que le pasasen la piedra.

Y luego nos cuenta el procedimiento suigéneris para expulsar la toxina del cuerpo:

> La piedra había que pasarla de una forma muy especial y, así, una vez mojada la piedra en agua, debían de frotarla fuertemente por encima de la mordedura —donde, claramente, se veían los dos puntitos de la inyección de los crótalos— en dirección hacia aquella, en el sentido contrario de la circulación venosa, en un intento de arrastrar el veneno hacia la incisión de la mordedura. Esta maniobra había que hacerla repetidas veces y durante los días que fuese necesario, razón por la cual muchas de las personas que allí acudían tenían que quedarse alojados en casa de su propietario. Parece ser que, cuando se pasaba la piedra, las personas entraban en trance, de tal forma que tenían unas crisis vertiginosas, mareos, sudoración profusa, pérdida de conocimiento e incluso incontinencia esfinteriana (estas personas llegaban incluso a defecar y orinarse espontáneamente). El miembro donde se localizaba la picadura, brazos o piernas, inicialmente era recorrida por una gélida sensación y al poco tiempo se ponía extraordinariamente tumefacto, tomando incluso un color negruzco; pasados algunos días tornábase amarillo y, poco a poco, la extremidad iba recuperando su tamaño y morfología normales.

En resumen, el ritual del diente viborero era un proceso tan sencillo como intrigante. Primero, el colgante se sumergía en un cubo de agua y luego se usaba para frotar con fuerza la zona de la mordedura. El objetivo era arrastrar el veneno hacia la superficie. Porque, al parecer, este diente no solo daba estilo, sino que también absorbía toxinas por ósmosis espiritual. ¿Lo mejor? Si el paciente sobrevivía, la familia anfitriona lo alojaba como invitado hasta que se recuperara.

Pasar la piedra podía provocar una serie de efectos secundarios: mareos, sudoración excesiva, desmayos y, en algunos casos, incontinencia espontánea. Eso sí, todo esto era parte del proceso de curación, porque al final el miembro afectado pasaba de «hinchado y negruzco» a «amarillito saludable» antes de volver a la normalidad.

Estos dientes no solo eran famosos en Portalrubio. Según la leyenda, se relacionan con san Pablo, quien fue mordido por una víbora en Malta sin sufrir daño alguno. ¿La explicación? El santo habría maldecido a las serpientes, convirtiendo sus lenguas en piedra. Naturalistas medievales, con su particular lógica, pensaron que estos fósiles eran lenguas de animales petrificadas. Así nació su fama como amuletos contra venenos, brujerías y hasta el mal de ojo.

Aunque hace más de cuarenta años que este diente no «pasa consulta», la familia Domingo Cardo lo guarda como un preciado recuerdo de la abuela María, la última sanadora oficial. No cobraban por sus servicios, pero los agradecimientos solían llegar en forma de dinero o alimentos.

Hoy, la glosopetra sigue siendo un testimonio de cómo la creatividad medicinal ayudó a nuestros antepasados a enfrentarse a retos que, en su momento, parecían mordiscos mortales del destino.

96. BEZOAR: ANTÍDOTO CONTRA ENVENENAMIENTOS

Ubicación: Museo Nacional de Ciencias Naturales (MNCN-CSIC).

Si te dijeran que el antídoto universal contra venenos y enfermedades es básicamente una piedra formada en el estómago de una cabra, ¿te entusiasmarías o sentirías un poquito de repelús? Pues bienvenido al fascinante (y algo asqueroso) mundo de los bezoares, esas cosas que parecen gemas mágicas, pero son más bien una bola de grasa y pelos con superpoderes.

Primero, aclaremos: no son piedras. Son concreciones de materiales no digeridos que algunos animales (en su mayoría rumiantes como cabras, venados y rebecos) acumulan en el estómago, convirtiéndolas en algo así como las bolas de pelo que vomitan los gatos, con un toque más sofisticado y redondeado.

La piedra donde residía la energía de un animal.

El nombre, «bezoar», proviene del hebreo «*beluzaar*», que significa «antídoto». Y vaya si lo fue: durante siglos, estas bolas fueron el remedio estrella para enfermedades que iban desde la peste hasta la melancolía. Se pensaba que los bezoares concentraban la esencia vital del animal del que provenían, como si el poder del bicho se hubiera coagulado mágicamente en una pelota de pelo y minerales. El resultado: precios desorbitados, gabinetes de curiosidades llenos de bezoares y boticarios que te vaciaban el bolsillo más rápido que el veneno que intentabas neutralizar.

En 1590, el jesuita José de Acosta publicó en Sevilla *Historia natural y moral de las Indias*, fruto de sus casi veinte años de estancia en el continente americano, y dedica un capítulo al bezoar que se encuentra en el estómago de los guanacos, señalando que son alabados por sus maravillosas virtudes:

> En caso de intoxicación, cualquiera sea el veneno causante... en la melancolía, el mal de corazón y las calenturas pestíferas. El efecto principal de la piedra bezoar es contra los venenos y las enfermedades

> venenosas… se aplica molida y echada en algún licor que sea a propósito del mal que se cura. Unos la toman en vino, otros en vinagre, en agua de azahar, de lengua de buey, de borraja y de otras maneras… No tiene sabor alguno.

En Francia, Carlos IX poseía uno de esos valiosos bezoares. Pues bien, uno de los cocineros del rey, acusado de haber robado su cuchillería de plata, fue condenado a muerte. En ese momento intervino el médico de la corte, Ambroise Paré, que quería demostrar la inutilidad médica de los bezoares. Para ello, propuso un experimento de ética un tanto dudosa, pero científicamente llamativo. Pidió al monarca cambiar la horca por el envenenamiento y que luego se le administrara al condenado un trozo de bezoar para comprobar si contrarrestaba los efectos tóxicos. Si sobrevivía, recuperaría la libertad.

El rey accedió, el reo bebió una buena dosis de un veneno (no sabemos cuál), se le aplicó el bezoar real y… ¿qué pasó? Espóiler: transcurridas siete horas, el cocinero murió en medio de intensos dolores. Con ello, Paré dejaba constancia de la ineficacia de los bezoares como antídoto. Aunque Carlos IX barruntó que tal vez había sido engañado al adquirir uno falso, y de inmediato ordenó comprar otro. Laval nos dice: «No obstante esta prueba tan demostrativa la piedra bezoar continuó gozando del favor ilimitado de médicos y pacientes».

Los bezoares no solo se usaban en la medicina; también llegaron a la literatura. Miguel de Cervantes, Luis Vélez de Guevara, Oscar Wilde y, más recientemente, J. K. Rowling, mencionan estas piedras mágicas. En *Harry Potter*, por ejemplo, un bezoar de cabra era la solución rápida y eficaz para salvar vidas en el Colegio de Hogwarts, siendo el profesor Severus Snape quien lo prescribía en esos casos: «Simplemente empujar un bezoar en la garganta». Y listo.

En tal alta estima estaban que, entre los bienes del pintor Velázquez, se encontraba una piedra bezoar, el poeta Luis de Góngora había regalado otra, bellamente montada, a la marquesa de Ayamonte, y Francisco de Gama, virrey de la India, se había hecho engarzar uno de estos bezoares en filigrana de oro por los joyeros de Goa.

Hoy, más que en botiquines, están más en museos, como reliquias de tiempos en los que la medicina era casi arte de magia. El

Museo Nacional de Ciencias Naturales conserva algunos ejemplares, aunque no tantos como hace siglos. Eso sí, si visitas su Gabinete Real, puedes ver un bezoar del siglo XVIII bien decorado con anclajes de plata, junto con otras rarezas como un esqueleto de elefante y un armadillo que parece pelota de fútbol.

Aunque ahora sabemos que no son tan milagrosos, los bezoares siguen fascinando por su historia y sus usos extravagantes. Puede que no curaran la peste ni salvaran a cocineros condenados a muerte, pero su lugar en la historia y la cultura está garantizado.

97.
EL FABULOSO CUERNO DEL «UNICORNIO DEL MAR»

Ubicación: Biblioteca de Castilla-La Mancha, en el Alcázar de Toledo.

¿Dragones de dinosaurios? ¿Krákenes de calamares? Pues claro, ¿por qué no ibas a sacar un unicornio marino de un narval?

Se dice que los dinosaurios inspiraron las leyendas de los dragones, y los pulpos gigantes la del kraken. Entonces, quizá el colmillo del narval favoreció la creencia en la leyenda del unicornio. Tener uno era una joya muy preciada. La primera referencia escrita se la debemos al historiador griego Ctesias (sobre el año 400 a. C.), que ya atribuía a su cuerno poderes curativos contra la epilepsia, el envenenamiento o problemas estomacales.

En realidad, hay dos clases de cuernos míticos atribuidos al unicornio. El terrestre, que pertenece al rinoceronte, cuya existencia se comprobó en el siglo XVII, y el marino. En este caso se trata del diente del narval, conocido gracias a los marinos irlandeses. Con toda probabilidad, los vikingos aprovecharon la leyenda del unicornio para comercializar con este tipo de colmillos, difundiendo y reafirmando así la creencia en este animal.

El narval, conocido como el unicornio del mar, no tiene un cuerno para ensartar enemigos al estilo medieval, sino un diente convertido en espiral de casi dos metros y medio que parece salido de un taller de carpintería celestial. Solo los machos llevan este accesorio *premium*, aunque a veces alguna hembra se apunta al club del colmillo. ¿Para qué sirve? No, no es para pelear como gladiadores acuáticos. Según los estudios más modernos, es más bien un sensor de alta tecnología marina: detecta salinidad, temperatura y hasta posibles *snacks* nadando cerca. También se usa como un elegante bate de béisbol para noquear a los peces despistados.

Tanto el cuerno del unicornio de tierra como el de mar fueron buscados y codiciados.

En el siglo XVIII, el cardenal Francisco Antonio de Lorenzana montó su propio gabinete de maravillas, lleno de tesoros tan curiosos como útiles para presumir. Entre monedas, globos terráqueos y animales disecados, destacaban dos colmillos de narval que habrían hecho llorar de envidia a cualquier coleccionista vikingo. Uno de ellos, el que ahora se encuentra en la Biblioteca de Castilla-La

Mancha, mide casi dos metros, aunque, espóiler: no está completo. Falta medio metro, probablemente perdido en alguna fiesta aristocrática o reparto diplomático.

En la Edad Media, poseer uno de estos colmillos te aseguraba fama, fortuna y, si creías en cuentos, inmunidad contra el veneno. Para usarlo, simplemente lo molías, lo mezclabas con tu bebida favorita, ¡y *voilà*! Eso sí, no había garantías de eficacia. Incluso había obispos que usaban narvales para fabricar báculos, como si decir misa con uno te hiciera más convincente. Hoy, la leyenda persiste con un toque de realidad. Los inuits de Canadá y Groenlandia siguen cazando narvales de forma controlada, usando no solo sus icónicos colmillos, sino también su carne y grasa. Y mientras tanto, en Toledo, uno de estos tesoros se alza arrinconado en la biblioteca, esperando a que alguien le devuelva la gloria que tuvo cuando Casanova visitaba colecciones y los reyes pensaban que podían beberse la magia de los mares.

Efectivamente, el donjuanesco aventurero veneciano Giacomo Casanova, en su visita a Toledo, pudo contemplar esta colección, en su sección de Naturalia donde se incluían objetos animales, vegetales y minerales, y describe en sus libros de viaje un reptil o «dragón» que contempló expuesto en el Palacio Arzobispal:

> Al día siguiente se nos llevó a ver los gabinetes de física y de historia natural, donde, por lo menos, nos estaba permitido reír. Se nos mostró un dragón disecado, lo que prueba —me dijo su propietario— que el dragón no es un animal fabuloso; y después del dragón se nos hizo ver un basilisco, cuyos ojos, en vez de espantarnos, nos hicieron reír.

Porque al final, ¿qué sería de la historia sin un poco de fantasía y un colmillo que lo mismo sirve para inspirar cuentos que para hacer reír a Casanova?

En una sala conocida como la colección Borbón-Lorenzana, en la última planta del Alcázar de Toledo, queda muy poco del gabinete de curiosidades del cardenal Lorenzana. Uno de esos elementos es un extraordinario colmillo de narval que pude ver y tocar, y hasta me fotografié con él (y también mi amigo Luis Dévora). Todo gracias a las gestiones de Antonio López, quien gestiona la agenda cultural de la biblioteca y me lo mostró no en la Sala Borbón-Lorenzana del Alcázar, que es donde suele estar junto con gran parte de la biblioteca de este cardenal, sino en otra sala adyacente, arrinconado y solitario, sin darle la importancia que tuvo en su día y que se merece.

Hubo otro en la antigua catedral de Lleida en el siglo XIV. En la Seu Vella, en la capilla de Sant Pere donde están los sepulcros de Montcada y su mujer, Teresa. Este matrimonio fue enterrado con el objeto más valioso que poseían: un cuerno de unicornio, aunque sin saberlo se enterraron en realidad con un colmillo de narval. Su destino final fue de lo más sorprendente. El rey aragonés Juan I se hizo con él y pronto empezaron a pedirle el cuerno para manosearlo otros grandes señores, condes y obispos. Así que el rey comenzó a repartir fragmentos óseos, utilizándolos en sus relaciones diplomáticas como moneda de cambio. Un trozo se lo dio al conde de Armañac, otro al conde de Flandes, otro al duque de Borbón, otro al rey de Armenia e, incluso, al papa de Aviñón, a quien entregó un anillo con un trozo de cuerno para protegerse de los envenenamientos. Había para todos. Así es como el cuerno de unicornio de la Seu Vella quedó repartido por Europa.

La gárgola del unicornio en la catedral de Barcelona, en lo que sería el ábside, es un ejemplo del valor que en esa época tenían estos cuernos al pensar que realmente procedían de estos animales equinos de la mitología. Recordad que el unicornio es el animal oficial de Escocia.

98.
LA NÓMINA-AMULETO DE BARCARROTA

Ubicación: Biblioteca de Extremadura, en la Alcazaba de Badajoz.

La palabra «nómina» nos suele llevar a soñar con la llegada del sueldo mensual, pero en Barcarrota va más allá de los euros: hablamos de un auténtico amuleto. ¿Qué es? Pues, a simple vista, poca cosa: un trocito de papel, papiro o pergamino lleno de textos mágicos y dibujos místicos.

Todo comenzó en agosto de 1992, cuando se descubrió de manera casual un lote de libros emparedados en la antigua casa del médico judeoconverso Francisco de Peñaranda, natural de Llerena. Un albañil realizaba una obra en el desván de la casa y en el interior de la pared encontró una alacena con diez libros impresos, un manuscrito y una nómina. Todo muy polvoriento. Este buen doctor había dejado tras de sí un botín literario oculto en un rincón que ni los ratones habrían encontrado por casualidad. El motivo fue que tuvo que salir pitando hacia Portugal para evitar una charla no deseada con el Santo Oficio.

Las sorpresas de una biblioteca emparedada.

Entre el tesoro literario escondido y hallado, se encuentra nada menos que una vieja edición de *El Lazarillo de Tormes*, un manual de exorcismos (por si acaso), un ejemplar único de la *Oración de la Emparedada* en portugués, una edición latina de la *Lingua* de Erasmo, un tratado de quiromancia y hasta un texto italiano picaresco y picantón. Para rematar, una pequeña nómina en espiral, llena de datos y con un diseño que no pasa de moda.

El preciado lote de esta biblioteca prohibida fue comprado por la Junta de Extremadura, que pagó quince millones de pesetas, aunque solo *El Lazarillo* podría valer diez veces más.

Nos interesa destacar la nómina, de 11 centímetros de diámetro, fechada el 23 de abril de 1551 y elaborada en Roma, que está más cargada de simbología que una novela de Dan Brown. En su espiral, puedes encontrar la estrella de David de cinco puntas, el tetragrámaton (un trabalenguas para referirse al nombre de Dios) y un mensaje en latín que promete sanar dolencias y dar mucha vidilla. El texto, escrito en círculos concéntricos, tanto en anverso como en reverso, una vez traducido se parece a una oración y dice así:

> Dichoso tú que has creído en mí, sin haberme visto. Porque de mí está escrito que los que me han visto no creerán en mí y que aquellos que no me han visto creerán y tendrán vida. Mas acerca de lo que me escribes de llegarme hasta ti es necesario que yo cumpla aquí por entero mi misión y que, después de haberla consumado, suba de nuevo al que me envió. Cuando haya subido, te mandaré alguno de mis discípulos que sanará tu dolencia y os dará vida a ti y a los tuyos.

La palabra «tetragrámaton» proviene del griego y significa «cuatro Letras». Es el nombre más sagrado de Dios, tanto que, por respeto, los antiguos judíos no lo pronunciaban y preferían referirse a Yahvé como Adonai (en hebreo, «El Señor»).

Y por si todo esto no era suficiente, en la orla exterior de la nómina aparece el nombre del dueño original en letra bien grande: Fernão Brandão, un portugués por lo visto experto en guardar secretos.

En definitiva, es una biblioteca olvidada durante quinientos años que sobrevivió a la Inquisición y al tiempo. Los libros de Peñaranda no eran cualquier cosa. Incluían textos heterodoxos que el Santo Oficio habría quemado sin dudar y joyas culturales que hoy en día serían el sueño de cualquier bibliófilo coleccionista.

Y no podía faltar una novela, en concreto la titulada *El Secreto de Barcarrota*, del profesor y escritor portugués Sérgio Luís de Carvalho, que está basada en estos hechos reales acecidos en esta localidad pacense.

Hoy, la nómina de Barcarrota se ha convertido en el logo de la Editora Regional de Extremadura, un recordatorio de que los pequeños detalles —aunque escondidos detrás de una pared durante siglos— pueden terminar brillando en el mundo contemporáneo.[42]

---

42 Más datos en Fernando Serrano Mangas: *El secreto de los Peñaranda: el universo judeoconverso de la Biblioteca de Barcarrota, siglos XVI y XVII*. Badajoz: Biblioteca de Extremadura, 2010.

99.
EL EXVOTO CÁNTABRO CON SU AMULETO LUNAR

Ubicación: Museo de Prehistoria y Arqueología
de Cantabria (MUPAC), Santander.

Imagina un día cualquiera de 1955: un joven explorador de las Falanges Juveniles, emocionado por la belleza de la naturaleza y quizás buscando más rocas que reliquias, se tropieza con algo que ni él ni nosotros terminamos de entender del todo. En el Pico del Cueto, cerca de Castro Urdiales, apareció lo que podría ser un pequeño dios marino en bronce de 12 centímetros de altura que data del siglo I de nuestra era.

Este Neptuno cántabro, como lo bautizaron en un primer momento, es una figura que rompe moldes. No se sabe bien dónde clasificarla. ¿Es el dios Neptuno cuando era niño? No lo parece. Olvídate del clásico señor barbudo con un tridente en la mano. Este Neptunito va a lo minimalista: joven, imberbe y desnudo, con melena estilo «recién salido del agua». En una mano sostiene un delfín y en la otra, no lo sabemos, probablemente un tridente que alguien se llevó. Pero lo que más intriga es su colgante: una media luna de oro sujeta por un hilo de cobre.

Observándolo de cerca, para mí que tiene las características de un *lar permarini*, o sea, uno de esos dioses protectores romanos de la navegación y las rutas marítimas que se colocaban dentro de un larario en las proas de los barcos. El culto a esta deidad debe ponerse en relación con el puerto de Flavióbriga, en el que se desarrolló un intenso tráfico comercial y la consiguiente necesidad de contar con un dios al que implorar la benignidad de las aguas marinas.

Lo que no cuadra es que esté desnudo porque estos dioses lares llevaban una túnica corta. En lo demás coinciden: personajes jovenzuelos que en una mano tenían una cornucopia y en la otra un vaso ritual, y con una pierna adelantada en señal de movimiento.

A los expertos no les cuadra que sea el Neptuno romano clásico. Algunos consideran que se trata del dios Apolo y otros piensan que es una deidad menor de los amanos, tribu local. ¿Y qué pinta una lúnula en todo esto? Por su rareza, este bronce parece ser una mezcla de divinidades indígenas y romanas; un cóctel sincretista.

Hay figuras que a día de hoy siguen sin explicación clara como esta estatuilla prerromana.

En la antigüedad, la media luna tenía varios significados: protección, fertilidad, sanación e incluso defensa contra el mal de ojo. Era un amuleto versátil que llevaban desde niñas romanas hasta los soldados más supersticiosos. En este caso, podría simbolizar la conexión con la luna, el mar y el más allá, todo al mismo tiempo. Según Estrabón, los celtíberos y los otros pueblos del norte festejaban las noches de plenilunio con danzas en honor de la divinidad lunar.

¿Era el Pico del Cueto un lugar sagrado? Es muy posible. Este bronce también podría ser un exvoto ofrecido por alguien que pedía favores a los dioses del agua o de la luna. La Iglesia medieval, siempre a la caza de tradiciones con tufillo pagano, trató de erradicar estas lúnulas. Por suerte, esta se salvó para darnos de qué hablar.

Puede que nunca sepamos quién lo hizo ni por qué, pero algo es seguro: este joven imberbe con un delfín en mano sigue siendo el mejor misterio que nos ha dado el Pico del Cueto.

100.
EL MISTERIO DEL ZAPATO OCULTO
(OLOR A HISTORIA)

Ubicación: Museo de Vicálvaro, Madrid.

¿Esconder un zapato roto? ¿Qué sentido tiene eso? No suena mucho a ritual mágico, más bien a «aquí lo dejo porque ya no sirve». Sin embargo, el pequeño zapato marrón hallado en 2013 durante las obras en la iglesia de Santa María la Antigua de Vicálvaro tenía una misión más noble: proteger, purificar y, posiblemente, espantar las malas vibras. Eso sí, con mucho sigilo.

Este zapato, que por su tamaño debió pertenecer a un niño, no es un caso aislado. Resulta que esconder calzado usado en las estructuras de edificios era una práctica popular en varias partes del mundo. ¿Por qué? Porque, según las creencias, nada tan práctico para alejar a un espíritu maligno que colocar un zapato en zonas estratégicas de un edificio; un zapato usado que haya sobrevivido al desgaste y al sudor de una vida bien andada.

El de Vicálvaro tiene su propia historia. Fue encontrado mientras se remodelaba el coro de la iglesia para instalar un órgano. Al levantar el suelo y quitar algunas maderas para limpiar la bóveda, encontraron objetos del retablo y ornamentos, recortes de libros religiosos, una madera policromada, la portada de un libro, una pequeña escoba, una zambomba... y el zapatito de marras más gastado y sucio que el trapo de una cuadra. Un zapato derecho del siglo XVII que apareció junto a otros objetos curiosos y zarrapastrosos.

Aunque el hallazgo de estos objetos en España es poco común, en Gran Bretaña parece que la imaginación iba a tope: allí han encontrado desde gatos momificados hasta jarras llenas de uñas, alfileres y líquidos desagradables (que mejor no detallar) contenidos en las llamadas «botellas de brujas». Todo esto, por supuesto, con la esperanza de lograr que los malos espíritus se dieran media vuelta al ver semejante arsenal.

El zapato de Vicálvaro, ahora en una vitrina del museo local, pasó años siendo un objeto curioso, pero sin gran importancia. Hasta que llegó la investigadora Leticia Cortina Aracil en 2021 y lo identificó como un talismán. No es el único. En la lista hispana hay otros dos más: una polaina del siglo xv en Toledo (que acabó en el Victoria & Albert Museum) y unos chapines del siglo xvi en la Alhambra de Granada. Ambos forman parte del pequeño club de calzado con poderes. Recientemente, Leticia identificó otro del siglo xviii en la provincia de Ourense.

Cuando la pregunté por el significado de esta ocultación, me contestó por escrito explicando que:

Zapatos que se ocultan en casas e iglesias con un objetivo apotropaico.

> Hay lugares en los que deseamos sentirnos amparados porque nos permitimos una vulnerabilidad peculiar o porque en ellos guardamos aquellas partes de nuestras vidas que son distintamente frágiles o especialmente valiosas. A estos lugares les ponemos puertas, cerraduras, cortinas, ventanas... que sirven para hacer posible la intimidad que les es propia, constituyéndolos en espacios separados, refugio y abrigo de los múltiples peligros de la vida. Ahora, una puerta cerrada puede mantener fuera a un ladrón o a un visitante indeseable, pero no tiene poder para impedir el paso a la enfermedad, a la miseria, a un intruso incorpóreo o al influjo de malas artes, más sutiles que el mecanismo de una cerradura. Es para entorpecer el paso a estas amenazas que se cuelan por los más ínfimos resquicios, que los edificios importantes se proveen de mecanismos defensivos a medida de éstas: los amuletos ocultos. Estos dispositivos parecen diseñados tanto para ahuyentar a estas fuerzas malignas como para invitar a lo propicio, funciones que con frecuencia son dos caras de la misma realidad. Eso sí, han de ser secretos, para poder actuar sobre lo secreto. Y es por este secreto que con frecuencia nos pasan desapercibidas.

Cuando visité el museo de Vicálvaro y hablé con su director y presidente de la asociación Vicus Albus, Valentín González, hombre con un entusiasmo contagioso y una locuacidad digna de mención, me di cuenta que, sin el conocimiento adecuado, estos viejos objetos pasarían desapercibidos. Su abigarrado museo es más bien una colección de piezas etnográficas, casi todas referentes a Vicálvaro cuando este todavía era un pueblo independiente, antes de unirse a Madrid como un distrito más en 1970.

El zapato de Vicálvaro se data en torno a 1620 y debió de ser colocado por los constructores de la iglesia. ¿Para qué? Lo más seguro que con una intención protectora, defensiva o purificadora para con el culto y la feligresía, al instalarse en la fase final de la edificación.[43]

Quizá nunca lo sabremos, pero lo que está claro es que este zapatito tan gastado ha pasado de ser el trapo de una cuadra a convertirse en una pieza histórica única.

43 Más datos en: Leticia Cortina Aracil, «Zapatos guardianes: El descubrimiento de un «zapato oculto» en la parroquia de Santa María la Antigua de Vicálvaro». *Aracil. Revista de folklore*, número 478 (2011), pp. 56-73.

101.
LA MANO SABAZIA
(PARA EVITAR NAUFRAGIOS)

Ubicación: Museo Nacional de Arqueología Subacuática (ARQVA). Cartagena, Murcia.

Ves esta mano de bronce y no tienes claro si te está haciendo una peineta, unos cuernos o bendiciéndote.

Esta curiosa pieza con tres dedos extendidos y los otros dos recogidos es tan intrigante como [illegible] historia. Aunque ahora está en una vitrina, en el siglo I d. C. era el equivalente romano de un sancristóbal de barco: un amuleto para que los mares fueran benévolos.

La mano fue hallada en 2001 en el pecio romano Escombreras 4, un barco que salió de la Bética cargado de ánforas llenas de vino y pescado en salazón. Desafortunadamente, su travesía hacia Carthago Nova (hoy Cartagena) terminó en el fondo del mar, amuleto y todo. A simple vista, los expertos reconocieron que era una mano sabazia, un objeto de culto al dios Sabazio, divinidad oriental que llegó a Roma a través de las legiones y se convirtió en una especie de Júpiter alternativo, pero con más serpientes y un toque esotérico.

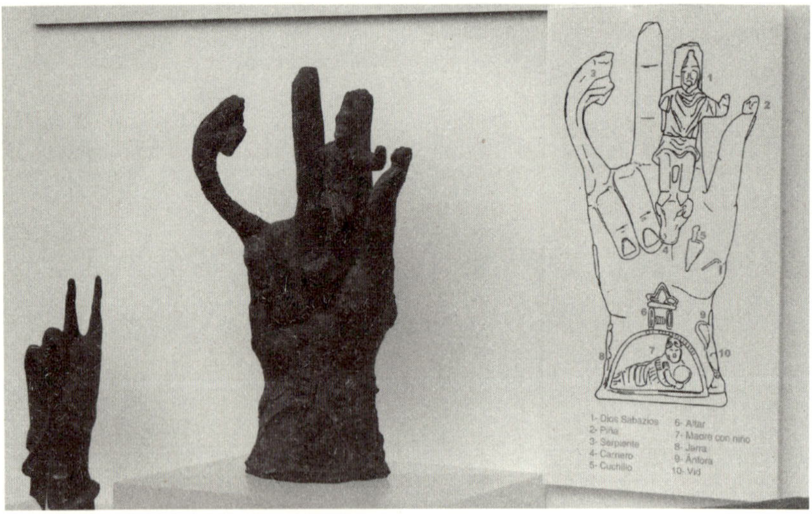

Si era un amuleto para naufragios no funcionó.

La escultura metálica representa una mano derecha y arranca debajo de la muñeca, que está hueca, lo que nos da una pista importante, porque se colocaría en un clavo o mástil para ser vista, a modo de amuleto de protección. Aparece representada con los dedos pulgar, índice y corazón extendidos, y el anular y el meñique doblados sobre la palma. Esta actitud no es la *benedictio latina* que encontramos en numerosos ejemplos de iconografía cristiana. Ni se parece. En uno de sus dedos se encuentra el propio Sabazio sentado en majestad, con los pies sobre la cabeza de un carnero, con la misma posición iconográfica que un Pantocrátor, representación de Dios todopoderoso típica del arte bizantino y románico.

Este amuleto no es solo una mano, es un resumen de creencias, símbolos y referencias religiosas compactadas en un pedazo de bronce. ¿Qué hay en ella? Nada menos que:

- Sabazio sentado sobre un carnero, con túnica corta, gorro frigio y esa barba que grita «soy un dios serio».
- Una serpiente barbada que sube por el dorso de la mano.
- Detalles que aluden a la vida, la muerte y el renacimiento, como un lagarto, una rana, un escarabajo y una piña (sí, hasta las piñas tenían simbolismo).
- Instrumentos rituales como el cuchillo y símbolos de otras deidades romanas como Dioniso, el dios del vino, y Hermes, representado por su famoso caduceo.

El culto a Sabazio no era para cualquiera. Se practicaba de noche, tenía tintes monoteístas y un toque místico que incluía ritos de iniciación bastante peculiares. Por ejemplo, pasar una serpiente de metal bajo las ropas del iniciado para simbolizar una unión con el dios o enterrarlo en arena por la noche para luego resucitarlo.

No existen muchas de estas reliquias, y menos en España, aunque hay otras dos manos sabazias en el Museo Arqueológico Nacional, procedentes de la colección del marqués de Salamanca.

Pese a todo su simbolismo protector, parece que la mano Sabazia no pudo salvar al barco que la transportaba. Naufragó, y ahora la pieza reposa en el Museo Nacional de Arqueología Subacuática, un lugar tan lleno de historia como de desafíos técnicos, ya que se inunda cada vez que llueve con fuerza. Quizá deberían pedirle a la mano Sabazia un poco de ayuda con este tema… Aunque, a la vista de su historial, mejor no.

En cualquier caso, esta mano es un recordatorio fascinante de cómo los antiguos intentaban llevarse bien con los dioses mientras navegaban por mares inciertos. Eso sí, con resultados como mínimo cuestionables.

Epílogo: Apoteca nauseabunda

«Boticario que se equivoca de tarro,
manda al enfermo a mascar barro»

Refrán español

Los Museos de Farmacia Hispana (en la Universidad Complutense de Madrid hay uno) son verdaderos y genuinos gabinetes de curiosidades. Hechizos no hay, pero sí los ingredientes necesarios para realizar dichos hechizos, además de otros potingues y emplastos ideados como remedios para contrarrestar diversas enfermedades o a buscar la panacea universal. Y no se ha reparado en gastos ni en moralidad para encontrarla.

Se han utilizado todo tipo de sustancias de origen mineral (bolo arménico oriental, esmeraldas, granates, jacintos, lapislázuli, rubíes, topacios, zafiros, plomo, cobre, oro, plata…), vegetal (ricino, genciana, romero, aceite, vino…), animal (aljófar, almizcle, ámbar pardo, coral blanco, coral negro, cuerno de ciervo, marfil, piedra bezoar…) y orgánicas (leche, grasa, huesos, orina, sangre menstrual, vísceras de animales…). Esto constituye una apoteca nauseabunda donde la conexión con el mundo mágico nunca ha desaparecido.

Cuanto más vistosa, mística, exótica, singular, fantástica, increíble, prometedora y prodigiosa fuera la supuesta medicina, más se vendía.

Si crees que tu botiquín es raro, espera a conocer las maravillas que aparecen en algunos de estos museos sobre la historia de la Farmacia. Estas en concreto se encuentran en el Museo de Farmacia

Hispana de Madrid de la UCM:

- Cantáridas o «mosca española» (más bien un escarabajo de color verde esmeralda): Se usaban como afrodisíaco y su fama llegó a oídos de la aristocracia francesa. El empleo de la cantárida para mejorar la vida entre las sábanas ha dado origen a la expresión «echar un polvo», porque algunas celestinas preparaban un polvo a base de cantárida y lo esparcían en la ropa interior de hombres o mujeres para que, por contigüidad, excitara sus zonas íntimas. Eso sí, el marqués de Sade, muy adicto a ellas, casi provoca un episodio de *CSI: Marsella* con sus chocolatinas adulteradas que utilizó en una orgía en el verano de 1772. Fernando el Católico tampoco fue ajeno a esta viagra medieval: se pasó de dosis, y la palmó.
- Carne de momia: recomendada por muchos médicos desde la Edad Media hasta el siglo XIX para tratar diversas dolencias. Según se creía, comer momias, restos humanos molidos y tintados, era la cura para cualquier cosa, desde la peste bubónica hasta el dolor de cabeza. No apto para estómagos delicados, este líquido sospechoso extraído de momias egipcias se empleaba como alexifármaco (antídoto contra venenos). Una de las pocas veces que se permite comer carne humana sin caer en un pecado mortal.
- La usnea del cráneo de un ahorcado (una especie de musgo) para tratar trastornos mentales, hemorragias, la epilepsia y la disentería. Según el naturalista inglés Robert James (1703-1776), es uno de los ingredientes del *unguentum armarium* recomendado para tratar trastornos mentales, hemorragias, epilepsia y disentería. El musgo craneal formó parte de las boticas hasta el siglo XIX. Con él se formaba la «usnea humana» o «moho de cráneo», que gozaba de gran fama como agente curativo. Estaba elaborada con el musgo raspado de la calavera de un criminal decapitado o ahorcado con cadenas. Con soga no valía. ¿Quién necesita vitaminas cuando puedes consumir el cerebro de un ajusticiado?
- Píldoras perpetuas de la larga vida: Pequeñas bolitas de plata, de oro o de antimonio, literalmente reciclables, que se tragaban con la creencia de que así se alargaba la vida. Al igual que

se comían, se descomían. Por tanto, se tenía mucho cuidado de que no se perdieran en el retrete, y eran reutilizadas una y otra vez por toda la familia debido a lo caras que salían. No se podían desperdiciar.

- Pezuña de la Gran Bestia. En realidad, no es la del cuento *La Bella y la bestia*, y menos la de un yeti o un mastodonte. Era la pata posterior izquierda de un alce. Y si procedía de Polonia o Suecia, mucho mejor. Su uña gozó, hasta el siglo XVIII, de una gran reputación como antiepiléptico.
- Lacrimatorios romanos: porque guardar tus lágrimas en un frasco siempre es útil, sobre todo para colirios sentimentales.
- *Triaca Magna*. Representaba la quintaesencia del arte farmacéutico, pues era considerada como un medicamento universal, un remedio infalible para toda enfermedad hasta su declive en el siglo XIX. Se crearon mixturas, algunas de las cuales contenían más de setenta sustancias exóticas, a cada cual más ineficaz. Uno de los ingredientes principales era el opio, y se usó mucho contra la mordedura de animales venenosos. Fue incluida con todos los honores en la *Pharmacopea* del Royal College of Physicians, de Londres en 1724. Otro elemento estrella era la víbora hembra, virgen e ingrávida.
- Tierra sellada o *terra sigilata*. Son pequeñas bolitas o pastillas de arcilla procedentes de la isla de Lemnos o de Jerusalén, es decir, de Tierra Santa. Muy buenas para combatir la peste, o eso decían. Las auténticas tenían una te grabada en el dorso (te de Tierra) o una cruz.
- Polvos del cuerno de ciervo. Según Dioscórides, quemados valían para curar la disentería, la ictericia, y también servían como estomáquicos y antihemorrágicos. Cocido, el cuerno de ciervo con vinagre era útil como analgésico para mitigar el dolor de muelas

Existía la creencia de una cierta inmunidad para con quien portaba un amuleto de origen animal o vegetal, basada en la ley del *similia similiabus*: un animal o una fuerza maléfica no ataca a quien lleve sobre sí una parte de la vida de ese animal o de esa fuerza. Por ejemplo, el zulú se embadurna con excrementos de cocodrilo antes de atravesar un río. Por si esto fuera poco, la Edad Media añadió un toque macabro al incluir reliquias de santos, desde rótulas hasta uñas, pasando por pelos y sangre. La fe, después de todo, era el ingrediente principal para estos milagros portátiles.

Los retratos de los infantes de la casa real española pintados en el siglo XVII por Velázquez, Juan Pantoja de la Cruz o Bartolomé González no podrían ser más elocuentes. Están ornados con pequeños relicarios, cruces de Caravaca, nóminas, caracolillos, campanillas, espejuelos, ramas de coral, patas de tejón, figas de azabache, castañas de indias (contra el mal de garganta y el dolor de cabeza), caracoles marinos, colmillos de jabalí, astas de venado y medias lunas. Sin olvidarnos de las medallas marianas (la Inmaculada Concepción y la Guadalupana quizá sean las más usadas), la de san Antonio de Padua, la de san Benito y la de santa Elena.

Apoteca nauseabunda.

Estuve de nuevo en el Museo de Farmacia Hispana (creado por el catedrático Rafael Folch Andreu) en el año 2025. Pertenece a la Facultad de Farmacia de la Universidad Complutense de Madrid, y en esta ocasión fui acompañado por Marcos Carrasco. Especial mención se merece nuestra guía Alejandra Gómez Martín, historiadora del arte y conservadora del museo, cuyas explicaciones fueron tan didácticas que hizo que el tiempo se parara mientras nos iba guiando por distintas estancias.

Nos llamó la atención la reproducción de una farmacia árabe y un laboratorio de alquimist, inspirado en los existentes en la Edad Media y el Renacimiento. En él vimos, a modo de atrezo, un búho y dos caimanes de pega, junto con dos astas de alce. Se construyó en los años 40 con su horno (o atanor, con bombillas rojas representado el fuego), matraces, alambiques y redomas (algunas pertenecientes a la farmacia del Monasterio de Santo Domingo de Silos) para servir de aula inmersiva, con unas escaleras que conducen a una estancia falsa.

De todos los objetos expuestos en las distintas vitrinas del museo, los que más nos llamaron la atención, dentro de su farmacopea más mágica (aparte de los ya citados), son los siguientes:

- La sangre de dragón o raíz del drago canario, con propiedades cicatrizantes en su savia.
- Los ojos de cangrejo; que de ojos nada, sino que son concreciones calcáreas que se crían en el interior de estos animales, empleados para purificar la sangre y evitar la acidez de estómago.
- Un cuerno de rinoceronte.
- Un tarro con «carne de mumia».
- Un par de dientes de pez sierra.
- Muñecas chinas de diagnóstico. Muchas mujeres eran tan pudorosas a ser vistas desnudas por el médico que indicaban por medio de estas muñecas la parte en la que tenían molestias.
- Dos piedras bezoares, una tan grande como un balón de futbol, totalmente esférica y pulida (fechada en 1860) y la otra como una pelota de tenis de color marrón; ambas al lado de un pez globo.
- Puchera de Riaza, un objeto especifico del siglo XIX.

La verdad es que muchos de estos productos aseguraban velar por la salud del prójimo, pero la mayor parte de las veces era el interés crematístico lo que predominaba en su composición y actividad.

Algunos boticarios, médicos y curanderos llegaban a hacer grandes fortunas con la venta de los mimos. En palabras del salmantino Diego de Torres Villarroel (1693-1770), que algo sabía de muchos de estos remedios secretos:

Se logró el desinterés,
porque en piedad tal es,
que estima más con decoro,
de la caridad, el Oro,
que el Oro del interés.

Anexo: Objetos mencionados por provincias

Álava (Araba): Cráneo de San Vítor (Gauna).

Albacete: Clavo mágico del Pasaje de Lodares (Albacete). Muñecas articuladas (Ontur).

Alicante: La Diablesa (Orihuela). Monumento a La Encantada (Rojales).

Almería: Vidrieras de la iglesia (Turre).

Asturias: El pleito de delfines (Candás). La Cruz de los Ángeles (catedral de Oviedo).

Ávila: Zarpa de oso (Navacepeda de Tormes).

Badajoz: La Nómina (Barcarrota). Bota del gigante (Puebla de Alcocer).

Barcelona: Melocotón alquímico (Museo de Barcelona).

Burgos: Huevo de tiranosaurio (catedral de Burgos). Aeroplano de Diego Marín (Coruña del conde).

Cáceres: Muerte Pelona (Tejeda de Tiétar). Estatua de la Serrana de la Vera (Garganta de la Olla). El caimán y el trabuco (Calzadilla de Coria).

Cádiz: Sarcófago de dama fenicia (Museo de Cádiz). Bomba napoleónica (iglesia de Santa Cruz). La Chacha (Jerez de la Frontera).

Cantabria: Neptuno cántabro (Santander). Hombre pez (Liérganes).

Castellón (Castelló): La Virgen de Lledó (Basílica). Mosaico del niño cocinado (Morella).

Ciudad Real: El corazón de Anselmi (Museo de Almagro).

Córdoba: La estatua de Maimónides (Córdoba). La campana de la muerte (Santuario de Santo Domingo de Scala Dei). Estrella de los deseos (catedral).

Cuenca: Los falos pétreos (Los Hinojosos).

Gerona (Girona): Estatua de la leona (Girona). La gárgola de la bruja (catedral). La olla de San Gil (Santuario de Nuria, Queralbs).

Granada: Cabezón de Gabia (La Gabia).

Guadalajara: El duende capuchino (Mondéjar).

Guipúzcoa (Gipuzkoa): La cruz de hierro (Legazpi).

Huelva: Estatua del piloto anónimo (capital).

Huesca: Piedra del Venerable (Loscos). Sarcófago de San Balandrán (Barbastro). El cerrojo de san Medardo (Benabarre).

Islas Baleares (Illes Balears): Capelo de Gil Sánchez (catedral de Palma de Mallorca).

Jaén: Jamón indultado (Bar el Gorrión). La esfera de los deseos (Arjona).

La Coruña (A Coruña): La hidria de Caná (Cambre). Estatua de Vákner (Dumbría). Estatua de Mariña (isla de Sálvora).

La Rioja: La cruz misógina (Santuario de Valvanera). Herraduras del caballo de Santiago (Monasterio de Cañas).

Las Palmas: El cráneo cortado a espada (museo de Las Palmas).

León: Arcón del moro (Santuario de la Virgen del Camino). Quijada de San Cristóbal (catedral de Astorga). La piedra Muria (Puente Almuhey).

Lérida (Lleida): Capitel de los dictadores (La Seu d'Urgell).

Lugo: Maruxaina (Cervo). Ataúd del conde Santo (Monasterio de Lorenzana). Clave jocosa (monasterio de Samos).

Madrid: Mapa de Juan de la Cosa (Museo Naval). Piedra bezoar (Museo de Ciencias Naturales). Garrote Vil (Museo Reverte Coma). Tinaja del milagro (Alcobendas). La joya maldita (Museo de la catedral de la Almudena). Pacto diabólico torero (Archivo Histórico Nacional). Laboratorio alquimista (Museo Farmacia Hispana).

Málaga: Muñeca maldita (Antequera). Estatua de San Antón (Mijas).

Murcia: La Leche de la Virgen (museo de la catedral de Murcia). La mano Sabazia (museo ARQVA de Cartagena). Vasijas pseudo argáricas (museo de Jumilla).

Navarra (Nafarroa): El brujo cura (Bargota). Tirar de la manta (Tudela). La laringe de Gayarre (Roncal).

Orense (Ourense): Los anillos obispales de Estevo (Ribas de Sil).

Palencia: La estela del milagro (Frómista). La coleta de doña Inés (catedral de Palencia). El pimiento precolombino (Villalcázar de Sirga). Garra de oso (Saldaña).

Pontevedra: los sambenitos (Tuy).

Salamanca: Los pastores de Belén (Ledesma). El busto de Torres Villarroel (Salamanca). La cruz del rayo (Alba de Tormes).

Santa Cruz de Tenerife: La Candelaria críptica (Adeje).

Segovia: Estatua de Segodeus (Segovia). La anaconda disecada (Santa María la Real de Nieva). La piedra del reuma (ermita de San Frutos).

Sevilla: La Canina (capital). Tablilla de maldición (Museo arqueológico Sevilla).

Soria: Almohada de sor María Jesús (Agreda).

Tarragona: Muñeca de marfil (Museo de arqueología de Tarragona).

Teruel: La glosopetra (Portalrubio).

Toledo: La mano de gloria (Museo de la España Mágica). La bandera pirata (Museo del Ejército). El cuchillo de Nerón (Convento de San Pablo).

Valencia: Moneda de Judas (catedral).

Valladolid: El sillón del diablo (Museo Provincial). El Cristo de la Cepa (catedral). La piedra del buey (Vega de Ruiponce).

Vizcaya (Bizkaia): El falso meteorito (Urkiola). El sombrero de San Pantaleón (Zalla). Campana de San Juan de Gaztelugatxe (Bermeo).

Zamora: Anillo de san Atilano (iglesia de San Pedro y San Ildefonso). La cruz de carne (catedral). Boa disecada (iglesia Virgen del Camino).

Zaragoza: Cíngulo de san Benito (Luna). Cabeza de san Lamberto (Utebo). Diablo con cara de rector (iglesia de San Miguel, Zaragoza). La Casa de Dios (Épila).

Dos ciudades autónomas:

Ceuta: El bastón de mando (Santuario de la Virgen de África).

Melilla: La tumba del soldado del milagro (Cementerio).

Agradecimientos

A Begoña y a mi hijo Javier, una familia maravillosa que han sido participes de muchas de mis aventuras viajeras para conocer y fotografiar algunos de los objetos aquí citados.

A Álvaro Pulido, un digno referente de la nueva generación de jóvenes investigadores de nuestra España Mágica, por su magnífico prólogo.

A Ángeles López, nuestra editora, que ha tenido la paciencia y la confianza de darnos la llave que abre este gabinete de curiosidades para mostrar a veces lo indemostrable.

A Ángel Garí por sus consejos y observaciones antropológicas de algunos objetos navarros.

A Ana Caballero por la visita que hicimos al museo de Sabero y suministrarme mejores fotos que las mías sobre el resucitador de canarios y a José María Escapa García por sus comentarios sobre este aparato tan curioso.

A Nacho Ares en nuestra búsqueda de bombas de cañón por Cádiz para hacer «un poquito más de historia».

A Francisco José Rodríguez de Gaspar, por sus gestiones ante las monjas del convento de las Jerónimas y poder ver de cerca la espada de san Pablo.

A Luis Dávila por ser cómplice en algunas de mis investigaciones toledanas.

A Antonio López por hacer accesible la visita a ciertas salas en el Alcázar de Toledo para ver el diente de narval.

A Toni Leal por su exhaustiva investigación en la catedral de Palma de Mallorca tras la pista de nuevos datos y fotos del capelo del antipapa Gil Sánchez.

A Noelia Centelles y Josep Gomar por sus valiosas aportaciones en torno a las reliquias de la catedral de Valencia y pasarme una foto del anverso y reverso de la moneda de Judas.

A Fran Izuzquiza por las fotos que me envió del clavo mágico del Pasaje de Lodares.

A Leticia Cortina, por su aportación y valoración sobre el descubrimiento del zapato oculto.

A Valentín González por su amabilidad al explicarme las diferentes piezas de su museo de Vicálvaro, entre ellas el zapato oculto.

A Salva Valverde por hacerme de intermediario para poder hablar con el director del museo de Antequera sobre la muñeca maldita.

A Pepe Escalante, director del museo de Antequera, por sus explicaciones sobre la vida del pintor José María Fernández.

A Luis Silva por su sabia opinión sobre el melocotón alquímico

A Raúl Alonso por ponerme en conocimiento de las andanzas de El Corro y El Rosao.

A José Manuel Morales Gajete por su aportación de la foto de campana de la muerte y más datos de la vida de San Álvaro.

A Juan Antonio López, de la Oficina de Turismo de Mondéjar, por su información sobre el caso de María Medel y el duende Martinico.

A Alejandra Gómez por sus explicaciones en la visita que hicimos al museo de Farmacia Hispana de Madrid y el envío de documentación sobre medicamentos legendarios.

Sin olvidarme de la ayuda obtenida en Barbastro, Orihuela, Loscos o Frómista donde la compra de un libro, la explicación de un vecino o la muestra de una fotografía me han servido para ampliar este auténtico Cuarto de Maravillas convertido en libro.

El presente libro, por encomienda de la editorial Almuzara, terminó de imprimirse el 11 de abril de 2025. Tal día, del año 491, Flavio Anastasio asciende al trono del Imperio bizantino y adopta el nombre de Anastasio I.